2015年主题出版重点出版物

依法治国研究系列

丛书执行主编
董彦斌

依宪治国

THE
CONSTITUTION-BASED
GOVERNANCE

韩大元 主编

社会科学文献出版社
SOCIAL SCIENCES ACADEMIC PRESS (CHINA)

丛书出版前言

改革开放以来，中国既创造出经济振兴的成绩，也深化了治理方式的探索、筑基与建设。法治的兴起，是这一过程中的里程碑事件。法治是一种需求和呼应，当经济发展到一定阶段，一定要求相应的良好的法律制度来固化成果、保护主体、形塑秩序；法治是一种勇气和执念，作为对任意之治和权力之治的否弃和超越，它并不像人们所喊的口号那么容易，其刚性触及利益，其锐度触及灵魂，所以艰难而有意义。

中国法治现代化是万众的事业，应立基于中国国情，但是，社会分工和分工之后的使命感，使得法学家对法治的贡献不小。中国的法学家群体以法治为业，又以法治为梦。法学家群体曾经"虽千万人吾往矣"，呼唤了法治的到来，曾经挑担牵马，助推了法治的成长，如今又不懈陈辞，翘首以盼法治的未来。

文章合为时而著。20 世纪 80 年代，法治话语起于青蘋之末，逐步舞于松柏之下。20 世纪 90 年代以来，法治话语层出迭现，并逐步精细化，21 世纪后更呈多样化之势。法学理论有自身的逻辑，有学术的自我成长、自我演化，但其更是对实践的总结、论证、反思和促动，值得总结，值得萃选，值得温故而知新。

与世界范围内的法治话语比起来，中国的法治话语呈现三个特点。一是与较快的经济增速相适应，发展速度不慢，中国的法学院从三个到数百个，时间不过才三十来年。二是与非均衡的经济状况、法治状况相适应，法学研究水平参差不齐。三是在客观上形成了具有特殊性的表达方式，既不是中体西用，也不是西体中用。所以，法治话语在研究着法治和中国，而法治话语本身也属于有意味的研究对象。

鉴于为法治"添一把火"的考虑，又鉴于总结法治话语的考虑，还鉴于让各界检阅法治研究成果的考虑，我们组织了本套丛书。本丛书以萃选法治话语为出发点，努力呈现法治研究的优秀作品，既研究基本理论，也指向法治政府、刑事法治、商事法治等具体方面。文章千古事，得失寸心知。一篇好的文章，不怕品评，不怕批评，也值得阅读，值得传播和流传。我们努力以这样的文章作为遴选的对象，以有限的篇幅，现法治实践与理论的百种波澜。

各卷主编均系法学名家，所选作品的作者均系优秀学者。我们在此对各卷主编表示感谢，对每篇文章的作者表示感谢。我们更要对读者表示感谢。正因为关心法治并深具问题意识和国家发展情怀，作为读者的你才捧起了眼前的这本法治书卷。

目 录
CONTENTS

依宪治国与宪法实施

序　言

宪法是国家的根本法，是中国特色社会主义法律体系的统帅。中国共产党在 90 多年的革命和建设实践中，一直追求正义、民主、自由、人权与法治的理想，逐步形成了依宪治国、依宪执政的理论体系与制度体系，开启了中国特色社会主义宪政的伟大实践。党的十八届四中全会提出建设社会主义法治体系与社会主义法治国家的总目标，并明确提出"坚持依法治国首先要坚持依宪治国，坚持依法执政首先要坚持依宪执政"①。"依宪治国"作为治国理念，终于正式写进党的全会文件之中，成为执政党治国理政的基本方式。

（一）

1997 年 9 月，党的十五大报告明确提出"依法治国，建设社会主义法治国家"的治国方略，随后这一治国方略被写入宪法，作为社会主义民主政治发展的目标，确立了法治在社会治理中的作用。

进入 21 世纪，随着经济全球化的发展与改革的深入，中国的发展面临着一系列新情况、新挑战，特别是执政党的执政能力面临着新要求，即如何适应时代的变化和顺应人民的要求，加强执政能力建设，不断提高中国共产党的执政水平。2002 年召开的党的十六大把发展作为党执政兴国的第一要务，从改革和完善党的领导方式和执政方式、

---

① 中国共产党第十八届中央委员会第四次全体会议：《中共中央关于全面推进依法治国若干重大问题的决定》，《人民日报》2014 年 10 月 29 日，第 1 版。

建设社会主义政治文明的目的出发，明确提出了坚持依法执政的要求。2004 年，党的十六届四中全会通过了《关于加强党的执政能力建设的决定》，提出"依法执政是新的历史条件下党执政的一个基本方式"，并且明确对党的执政能力进行了科学界定。为此，党的十七大报告指出："要坚持党总揽全局、协调各方的领导核心作用，提高党科学执政、民主执政、依法执政水平，保证党领导人民有效治理国家。"党的十八大报告进一步指出全面实施依法治国方略的治国目标，强调法治在国家治理和社会治理中的作用，把法治确定为"治国理政的基本形式"。

（二）

从依法治国与依宪执政的关系看，在依法治国已经写入宪法成为治国的基本方略之后，依宪治国自然成为国家治理的基本形式，依宪执政成为执政党的基本执政方式。无论如何理解依法治国，如果没有有效的宪法治理，任何意义上的法治都可能不复存在。在"依法治国，建立社会主义法治国家"这一治国方略的实施中，执政党依宪执政具有特别的意义。"党在宪法和法律范围内活动"是具有普遍意义的宪法观念。党领导人民制定法律，又领导人民遵守和实施法律，被视为社会主义民主与法制建设的必由之路，这无疑是执政党依法执政和推进民主政治的具体体现。"党在宪法和法律范围内活动"意味着执政党依照宪法和法律在国家政权中居于主导地位，并通过国家政权将自己的治国主张依照法定程序上升为国家法律，将其贯彻于国家事务管理的活动。同时，无论是党对国家的领导，还是党对国家政权的执掌，其活动都是在国家政权体制内进行的，它们既不能置身于宪法与法律之外，也不能凌驾于宪法与法律之上，而只能在宪法与法律的范围内活动。因为"如果党组织可以在法律框架之外活动，那么，即使再强调依法治国，我们至多可以有法制，但不会有法治"①。因此，依宪治国、依宪执政，既是党的领导的题中应有之义，也是依法治国的必要前提。

（三）

随着依法治国进程推进，依宪治国和依宪执政的思想开始体系化。2002 年，胡锦涛同志在现行宪法颁布实施 20 周年大会上提出"实行依法治国的基本方略，首先要全面贯彻实施宪法。这是建设社会主义政治文明的一项根本任务，也是建设社会主义法治国家的一项基础性工作"。2004 年 9 月在首都各界纪念全国人民代表大会成立 50 周年大会上胡锦涛同志进一步指出，"依法治国首先要依宪治国，依法执政首先要依宪执政"。这是执政党执政理念与执政方略的进一步发展，标志着执政党自觉地将依法执政提升到依宪执政，明确依照宪法治理国家的思路与途径。

时隔 10 年后的 2012 年 12 月 4 日，习近平总书记在纪念现行宪法公布施行 30 周年大会上的讲话中高屋建瓴地指出："宪法的生命在于实施，宪法的权威也在于实施"，并将宪法实施上升到了与国家前途、人民命运息息相关的高度。习近平强调"依法治国，首先是依宪治国；依法执政，关键是依宪执政"，并要求"必须依据宪法治国理政"，以"履行好执政兴国的重大职责"②。2014 年在全国人民代表大会 60 周年的纪念大会讲话中，习近平再次指出"宪法是国家的根本法，坚持依法治国首先要坚持依宪治国，坚持依法执政首先要坚持依宪执政"③。

可见，党的十八届四中全会关于依宪治国理念的提出经过了长期

---

① 俞可平：《依法治国必先依法治党》，《学习月刊》2010 年第 8 期。
② 习近平：《在首都各界纪念现行宪法公布施行 30 周年大会上的讲话》，《人民日报》2012 年 12 月 5 日，第 2 版。
③ 习近平：《在庆祝全国人民代表大会成立 60 周年大会上的讲话》，《人民日报》2014 年 9 月 6 日，第 2 版。

的探索过程，是执政党治国理论的重大发展，体现了法治的中国经验与实践。

（四）

进入新世纪以后，国际局势发生深刻变化，世界多极化和经济全球化在曲折中发展，科技进步日新月异，综合国力竞争日趋激烈，各种矛盾错综复杂。我国改革发展正处在攻坚期，社会利益更加多元化，新情况新问题层出不穷。在机遇和挑战并存的国内外条件下，必须坚持依宪治国、依宪执政的理念，只有这样才能保证执政党在变幻莫测的历史进程中方向明确并走在时代前列，在建设中国特色社会主义的历史进程中始终成为坚强的领导核心。

要落实依法治国，必须全面实施宪法，使宪法具有生命力。换句话说，宪法得不到有效实施，就没有生命力。因此，宪法理念的树立，必须从全面实施宪法着手，坚决维护宪法和法律权威，摒弃一切形式的"宪法虚无主义"影响。

首先，执政党要毫不动摇地坚持依宪治国理念，彻底摒弃治国理念上的"人治"观念。现实中有些党的机关和领导干部，口头上虽然也在喊"依法执政""依法行政"，但在具体的政策制定和推动法治方面仍习惯于人治，以人治代替法治，或者以人治推动"法治"，沉迷于法外特权，这些都是严重缺乏依宪治国理念的表现。执政党应坚持宪法原则，从国家发展战略高度落实依宪执政的具体措施。

其次，高度重视宪法实施，完善宪法监督机制与程序，正确认识违宪审查制度的功能，采取有效措施纠正各种违宪现象。在相当长的一段时期里，我国的执政方式以党的政策和决定为重要行为依据，没有充分认识到违宪审查制度对国家稳定、执政基础的合法性以及利益的合理协调等方面发挥的作用。有人把违宪审查功能与依宪执政对立起来，认为如果实行违宪审查，则对党的执政地位构成挑战。目前，宪法实施效果不尽如人意，其原因是多方面的，其中重要原因之一是对违宪审查制度的功能仍存在着严重误解。四中全会提出完善宪法监督机制的具体措施，强调全面实施宪法的重要性，并通过设立国家宪法日和宪法宣誓制度，强化宪法权威，提高宪法意识，为依宪治国提供制度保障。

再次，切实贯彻"党在宪法和法律范围内活动"原则。实现"依法治国，建设社会主义法治国家"的目标，党既要"依宪执政"，又要"依法执政"，二者互为表里，都是党执政的基本方式。我们在实践中既要坚持两者的统一性，同时也要分析两者在性质、功能与表现形式上存在的区别，始终坚持依宪执政的基本理念与目标。执政党在执政活动中可以规定适用于党内的各种规范，以调整党内活动。包括党章在内的所有党内法规应遵循的原则之一是"遵守党必须在宪法和法律范围内活动的规定，不得与国家法律相抵触"。法治国家建设要求无论中央还是地方各级国家机关都依据宪法授予的职权履行自己的职责，凡宪法没有授予的，就不得行使。

要从依照法律治理国家，转向依照宪法治理国家，进入依宪治国的阶段，需要从完善监督程序入手，设立专门的宪法监督机构。在目前的情况下，成本最低、最具可行性的一个方案就是在全国人民代表大会之下设立宪法委员会，明确宪法监督的职责与程序，把宪法实施提高到新水平。这是落实四中全会有关宪法监督制度的举措之一。

最后，进一步提高党的领导干部的宪法意识，把宪法教育制度化。从国家领导人到普通干部都应尊重法律、尊重宪法，养成尊重规则的氛围。四中全会强调了法治教育，特别是公务员宪法教育的重要性，提出"完善国家工作人员学法用法制度，把宪法法律列入党委（党组）中心组学习内容，列为党校、行政学院、干部学院、社会主义学院必修课"①。要把宪法教育作为党员干部教育的重要内容，使各级党员干部掌握宪法的基本知识，树立忠于宪法、遵守宪法、维护宪法的自觉意识。

总之，宪法作为国家根本法体现了国家共同体的价值观与共识。宪法没有权威必然"误国"。因此，我们需要继续凝聚社会共识，重建社会信任，普及宪法知识，充分认识依宪治国对国家治理体系现代化的重要意义，充分发挥宪法在建设社会主义法治国家进程中的作用。

韩大元

2016 年早春

---

① 中国共产党第十八届中央委员会第四次全体会议：《中共中央关于全面推进依法治国若干重大问题的决定》，《人民日报》2014 年 10 月 29 日，第 1 版。

依宪治国与依法治国

依宪治国是破解中国难题的有效法宝

肖　扬*

党的十八届四中全会做出《中共中央关于全面推进依法治国若干重大问题的决定》，这是我们党的中央全会历史上第一个关于加强法治建设的专门决定。这次全会点燃了全党和全国人民心中的盛火，赢得了党内外的拥护，获得了国内外的好评，人们欢呼迎来了法治的春天。

回顾改革开放以来，1978 年十一届三中全会提出"发展社会主义民主，健全社会主义法制"和"有法可依，有法必依，执法必严，违法必究"；1997 年党的十五大确立"依法治国"基本方略和"建设社会主义法治国家"；2002 年党的十六大将"依法治国基本方略得到全面落实"列入全面建设小康社会的重要目标；2007 年党的十七大提出"加快建设社会主义法治国家"；2012 年党的十八大提出"全面推进依法治国"并确立了"法治是治国理政的基本方式"。2012 年 11 月，在党的十八届一中全会上，习近平同志当选中共中央总书记。刚过 20 天，他就在纪念现行宪法公布施行 30 周年大会上，向全国和全世界庄严宣告："依法治国，首先是依宪治国；依法执政，关键是依宪执政"，重申了宪法是万法之母、百法之首，宪法高于一切法律的理念，把依法治国的理念提高到一个更高的新境界，树立了全国人民"依宪之治可化神州悬崖百丈冰"的坚强信心，努力实现经济发展、政治清

---

*　肖扬，原最高人民法院院长。

明、文化昌盛、社会公正、生态良好的和平发展，以达到中华民族伟大复兴的目标。

十八届四中全会以"依法治国"为主题，再次明确"坚持依法治国首先要坚持依宪治国，坚持依法执政首先要坚持依宪执政"。对此，作为一位在法律系统工作三十多年的法律人，我倍感振奋与喜悦。谈谈自己对依宪治国的几点认识。

一　强调依宪治国，首先要在认识上厘清法治思路

十八大以来，强调"依法治国首先是依宪治国，依法执政关键是依宪执政"，我认为这可谓是思想观念上的"定海神针"，可以厘清社会各种混乱思潮，从根本上解决"人治"与"法治"的争论，消除"权大"与"法大"的疑惑。而十八届四中全会的特殊贡献在于对依法治国认识上的深化和提升，是法治理论上的一次新突破，也是法治理念上的一次新转型，鼓励全党和全国人民在困难中探索，在争议中觉醒，在实践中前行，具有重大历史意义和深刻现实意义。

十八大以来，强调依宪而治，使依法治国的内容更加丰富。十八届三中全会明确提出"法治中国"的要求，指出"必须坚持依法治国、依法执政、依法行政共同推进，坚持法治国家、法治政府、法治社会一体建设"。这些内容都使"依宪而治""法治中国"有了更踏实的内涵，表明我国所致力的"法治"不仅要注重制度建设，而且要注重文化建设，涉及执政、行政、国家制度建设、社会建设等各个方面，选择的是一条古为今用、外为中用的中国特色社会主义法治道路。

十八大以来，强调依宪而治，使依法治国的地位更加突出。三中全会通过了《中共中央关于全面深化改革若干重大问题的决定》，加上四中全会通过的《中共中央关于全面推进依法治国若干重大问题的决定》，将"推进法治中国建设"确立为我国新时期法治建设新目标和全面深化改革的重大内容，"依法治国首先要依宪治国"和"法治

中国"已经成为"中国梦"宏伟蓝图的重要组成部分。将此梦想具象化为行动，就是继续完善中国特色社会主义法治体系，加快推进司法改革，进一步规范行政执法，使宪法和法律为全国人民一体遵行。沿着法治化的轨道，相信中国之崛起将逐步变为现实，"两个一百年"的奋斗目标也定能实现！

二　强调依宪治国，就要实现依法治国水平的提高

十八大以来，强调依宪而治，就要更加自觉地落实"依法执政首先是依宪执政"。长期以来，我们十分重视执行十一届三中全会确立的"有法可依，有法必依，执法必严，违法必究"的社会主义法制建设"十六字"方针，实践证明这是非常正确的，也是完全符合实际的。十八大以来，以习近平同志为总书记的新一届党中央，对法治方针做了新的概括，提出和强调"科学立法，严格执法，公正司法，全民守法"这一新的"十六字"方针，这是对原"十六字"方针的丰富和发展。"法"的含义包括宪法和全国人大及其常委会通过的法律，国务院及各级政府通过的法规规章，地方人大和政府各部门通过的法规规章等。立法机关、行政机关、司法机关通过的"法"是否科学？"不良的法"是否也要"必依""必严""必究"？科学的法律必定是符合宪法的，必定是受到人民拥护的，必定是符合实际的。所以科学的"法"必定是"良法"，科学的"法"必然是"善"法，科学立法是针对法律、法规和规章的好坏和质量而言的，所以新的法治"十六字"方针更加追求法律的质量和价值。依法治国基本方略的提出，不仅仅要解决"人治"或"法治"问题，而且应当同时解决"良法"和"善治"的问题。因此，这一表述更加进步，更加科学，法律的社会效果更好。

方略，顾名思义，就是方向和策略，也即方法和战略。就一个国家而言，战略可以很多，如科教兴国战略、人才强国战略、可持续发

展战略、构建和谐社会战略等，但称之为方略的只有 1999 年写进宪法的"依法治国，建设社会主义国家"。方向决定道路，道路决定命运，足见"依法治国基本方略"何等重要。

十八届四中全会上，习近平同志根据依法治国的实施情况，做了《中共中央关于全面推进依法治国若干重大问题的决定》的说明，进一步丰富和发展了这个"基本方略"的内涵。他说："全面推进依法治国涉及很多方面，在实际工作中必须有一个总揽全局、牵引各方的总抓手，这个总抓手就是建设中国特色社会主义法治体系。依法治国各项工作都要围绕这个总抓手来谋划、来推进。"

十八届四中全会不仅提出了建设中国特色社会主义法治体系，而且还提出建设社会主义法治国家的总目标。这是一个宏伟的、立体的、全面的概念，是包括法治思想、法律制度、法律运行、法律程序、法律监督、法律队伍等在内的有关中国特色社会主义法治体系各项内容、各项因素的总和。要形成以宪法为核心的法治规范体系、高效权威的法治实施体系、严密有力的法治监督体系、充分而实在的法治保障体系、完善的党内法规体系五大体系建设，确保依宪治国和依法治国制度的构建与具体内容落到实处。

三　强调依宪治国，必须完善宪法，狠抓各项法治措施的落实

三分部署，七分落实。宪法法律的生命在于实施。从依法治国方略的确立，到法律体系的形成，是我国法治建设的历史跨越。

中国并不缺法律。根据 2012 年底的统计数据，全国人大及其常委会共制定现行有效的法律 243 部，国务院制定的现行有效的行政法规 721 部，地方性和部门性的法规规章 9200 多部。我国用了 30 多年的时间，走完了西方 300 多年的立法进程，是当之无愧的法律大国，但远远不是法治强国。

　　为此，我们必须按照四中全会的要求，完善立法体制和机制，坚持立、改、废、释并举，增强法律法规的及时性、系统性、针对性和有效性。当务之急，我认为要以宪法为核心进一步完善法律体系，要完成编纂民法典的任务，要清理和废止计划经济时期、阶级斗争为纲时期、群众运动时期的法律和法规。

　　四中全会提出要"健全宪法实施和监督制度，完善全国人大及其常委会宪法监督制度，健全宪法解释程序机制"，可谓一针见血，直指要害。现行宪法是一部好宪法，但在涉及保障公民权利、国计民生和完善国家机构科学合理配置、严密的宪法实施程序、建立有效的宪法制度、实现宪法权力资源均衡等方面都还有进一步完善的空间。这就需要实现由法律体系到法治体系的立体性转变。全国人大常委会做出将每年的 12 月 4 日确立为"国家宪法日"的决定。对此，我深表赞同。这将会对提高全民宪法意识起到重要的推动作用。现行宪法颁布 30 多年，从 1954 年宪法算起已经整整 60 年了。但是破坏宪法权威，践踏宪法尊严，甚至将宪法抛诸脑后的违宪事件还时有发生。"举重以明轻"，宪法权威尚且如此，更无须说其他法律权威了。违宪行为得不到及时惩处和纠正，是对宪法和依法治国的最大破坏，而对一次违宪行为及时追究的重大意义要胜过 1000 次对宪法条文的宣讲价值。要树立宪法和依法治国的观念，一定要加强"依宪治国"运行机制建设，完善宪法实施制度，健全宪法解释程序，专门审查法律文本的合宪性，对违反宪法的单位和个人，必须予以追究，决不允许违反宪法和法律的特权行为存在。要惩罚违宪者，保护合宪者，把宪法精神融入人民的心里，把实施宪法落实到依宪治国的实践中。可以预见，中国特色社会主义法治体系形成之日，就是法治中国建成之时。

四　强调依宪治国，应进一步强化公正司法和维护社会公平和正义

　　作为公平正义最后一道防线的司法，是良法得以善治的最终保障，科学立法的成果将经由司法得到落实与维护，全民守法的习惯养成也会经由司法得到指引与强化。十八届四中全会决定指出，"公正是法治的生命线。司法公正对社会公正具有重要引领作用，司法不公对社会公正具有致命破坏作用"。确保公正司法，除了按照中央部署，落实好本轮司法体制改革的各项任务外，全国人大及其常委会也要在适当时候，启动宪法和相关法律的修正工作，完善司法管理体制和司法权力运行机制，为保证公正司法、提高司法公信力保驾护航。

四中全会对于依法独立公正行使审判权、检察权做了制度化的设计：第一，强调党政机关和领导干部要带头支持司法机关独立公正地履行职责，"建立领导干部干预司法活动、插手具体案件处理的记录、通报和责任追究制度""对干预司法机关办案的，给予党纪处分；造成冤假错案或者其他严重后果的，依法追究刑事责任"；第二，要求健全行政机关依法出庭应诉、支持法院受理行政案件、尊重并执行法院生效裁判的制度；第三，建立健全司法人员履行法定职责保护机制。这些制度，有利于解决长期影响司法机关依法公正独立行使审判权、检察权的困扰因素，为在制度上确立司法权威，提高司法公信力提供了有力保障。

面对发展的良好契机，司法系统应当进一步解放思想，及时制定改革方案，扎实推进各项改革措施。既不能违反司法规律，也不能贻误改革时机。要在党中央领导下，以更大的决心和勇气去啃改革的"硬骨头"，去蹚改革的"深水区"。要切实贯彻四中全会精神，从思想理念和制度保障两个方面确保宪法原则的落实，"建设公正、高效、权威的社会主义司法制度""确保依法、独立、公正行使审判权、检察权"。

我有幸在公安、检察、法院和司法行政机关为法律事业工作几十年，见证了共和国法治发展的许多重要时刻。历史告诉我们，法治的发展虽无坦途可走，但却势不可当。我相信，社会主义找到了依法治国和依宪治国这条道路，就找到了治国理政的最佳方略。只要我们坚持行走在法治的大道上，就能够保障和促进经济的发展，推动社会的进步。我也充分相信，我们党有胆识、有魄力、有能力依靠广大民众的聪明才智，依靠法治的力量解决好中国的问题，真正实现中华之崛起，实现中华民族伟大复兴的中国梦。法治发展的新时刻已经到来，让我们拿出改革的锐气，实干的勇气，共迎法治的春天！

（本文原载于《法制日报》2014 年 12 月 4 日，第 1 版）

依宪治国的深刻意涵

黄　进[*]

　　宪法是一个国家的根本大法，是一个国家法治的基石，也是一个国家文化和文明的标志性载体。毋庸置疑，宪法在国家的政治、经济、文化和社会生活中发挥着极为重要的作用。党的十八届四中全会审议通过的《中共中央关于全面推进依法治国若干重大问题的决定》（以下简称"四中全会《决定》"）特别强调，坚持依法治国首先要坚持依宪治国，坚持依法执政首先要坚持依宪执政，凸显了宪法在全面推进依法治国中的地位。

我国现行宪法是一部好宪法

　　新中国成立以后，我国先后制定过四部宪法。1954 年宪法是一部比较好的宪法，1975 年宪法是"文革"的产物，1978 年宪法也受"文革"较大的影响，而 1982 年宪法，也就是我们的现行宪法，是在党的十一届三中全会之后，在改革开放初期修订完成的。我认为，在当时那样一种社会背景下能够制定 1982 年宪法，本身就是一个历史性的进步。1982 年宪法是以 1954 年宪法为基础修订的，它继承和发展了 1954 年宪法的优良传统和基本原则，适应改革开放新时期需要，符合中国国情和实际，具有中国特色，是四部宪法中最完善的一部。从内容上讲，1982 年宪法不仅规定了国家的根本制度和国家生活的基本

---

　　*　黄进，中国政法大学校长、法学教授。

原则，而且还做了许多开创性的规定，比如，把关于公民权利和义务的规定置于关于国家机构的规定之前，废除领导职务终身制，确立民族自治地方是中国不可分离的组成部分，为"一国两制"提供宪法依据等。特别是它确立了宪法的最高权威，规定"一切法律、行政法规和地方性法规都不得同宪法相抵触""一切国家机关和武装力量、各政党和各社会团体、各企业事业组织都必须遵守宪法和法律。一切违反宪法和法律的行为，必须予以追究""任何组织或者个人都不得有超越宪法和法律的特权"。

而且，1982 年宪法能够做到与时俱进，不断进步和完善。为了适应中国经济和社会的发展变化，全国人大以宪法修正案的形式分别于1988 年、1993 年、1999 年、2004 年对这部宪法逐步进行了修改、完善，这实际上解决了宪法的进步性、长期性和稳定性问题。所以，四中全会《决定》特别强调，要"坚决维护宪法法律权威"。"任何组织和个人都必须尊重宪法法律权威，都必须在宪法法律范围内活动，都必须依照宪法法律行使权力或权利、履行职责或义务，都不得有超越宪法法律的特权"。我们要充分认识到，维护宪法法律权威就是维护党和人民共同意志的权威，捍卫宪法法律尊严就是捍卫党和人民共同意志的尊严，保证宪法法律实施就是保证党和人民共同意志的实现。我们要肯定我国现行宪法颁布实施 30 多年来对我国极其重要的价值、意义、地位和作用。

我国现行宪法还可以不断完善

世界上没有尽善尽美的宪法，我国现行宪法也不是完美无缺的。这使我想起了美国宪法。美国宪法在很多人看来是世界上最好的宪法之一，历时 200 多年仍在适用，但美国人也并不认为它是完美无缺的。被誉为"美国宪法之父"的詹姆斯·麦迪逊曾说："所有各方面都承认，我们的宪法并不是什么抽象理论的产物，而是我们政治特点所不可或缺的互相尊重忍让、友好敦睦精神的产物。"本杰明·富兰克林曾这样说:"我承认,这部宪法有某几个部分我目前是不赞同的,但我不能肯定说我以后也永远不会赞同,因为我活了这么大年纪,曾经历过这样的事例:由于得到了更多的资料,或由于更充分的考虑,我改变了自己的意见,甚至在重大问题上改变了自己的意见。由于这些考虑,我同意这部有各种缺点的宪法。"美国第一任总统华盛顿对美国宪法曾这样评价:"即使对宪法表示最热烈拥护的和支持的人们也并不认为它是完美无缺的。他们发现缺点是不可避免的,且在情理之内。"事实上,美国宪法也并不完美,比如,它起初容忍了奴隶制度,选举权也仅仅赋予白种男人。

我这里不厌其烦地转述上述三个美国历史名人的话是想说明:要有勇气承认我国现行宪法的不足,不然,我国为什么曾经四次修改宪法的相关规定呢?我国现行宪法的确是有不足的,要正视我国现行宪法的不足,不断与时俱进地去修订和完善它。尽管我国现行宪法有不足,你甚至可能不赞同其中的一些规定,但除了要争取修订和完善它之外,你还需要尊重它、遵循它、服从它,要依宪行为、依宪办事,因为它是现行有效的宪法,它是历史和时代的产物,正如詹姆斯·麦迪逊评价美国宪法那样,它也是"我们政治特点所不可或缺的互相尊重忍让、友好敦睦精神的产物",更重要的它是我们依宪治国、依法治国精神的载体。所以,这次四中全会《决定》特别指出,全面推进依法治国的重大任务之一,就是要完善以宪法为核心的中国特色社会主义法律体系。

我国现行宪法应该发挥更大的作用

宪法是根本大法,是母法,是具有最高权威的法律,是治国安邦的总章程,是全体公民维护自己合法权利的武器。但在实际生活中,它还没有得到认真的遵守、执行和实施。现在,人们普遍感到确保宪法和法律的实施还有很大的问题，有法不依，执法不严，违法不究，甚至权大于法、以言代法、以权压法、徇私枉法的现象在一些地方和部门仍然严重存在。所以，这次四中全会《决定》特别强调，全面推进依法治国，要加强宪法实施，"必须维护国家法制统一、尊严、权威，切实保证宪法法律有效实施"。

　　笔者以为，解决这个问题，首先要处理好宪法和法律与党的领导的关系。本来，《中国共产党党章》和1982年宪法已经解决了这个社会主义民主法治的关键问题。党的十二大通过的党章明确规定："党必须在宪法和法律范围内活动。"1982年宪法也很清楚地规定："一切国家机关和武装力量、各政党和各社会团体、各企业事业组织都必须遵守宪法和法律。一切违反宪法和法律的行为，必须予以追究""任何组织或者个人都不得有超越宪法和法律的特权"。宪法和法律是在党领导下制定的，是党和国家的方针和政策的定型化、规范化和制度化，是经过全国人大及其常委会按照法定程序审议通过的，不仅代表了党和人民的意志和利益，而且已上升为国家意志。比如说，1982年宪法的历次修正案都是中共中央政治局原则通过，然后提交全国人大审议通过的。所以，我们可以肯定地说，各级党组织、党员、党政干部严格依法办事、服从法律，在宪法和法律范围内活动，就是坚持党的领导，就是讲党性，就是讲政治。

　　这次四中全会《决定》十分明确地界定了依法治国与党的领导的关系。它强调，全面推进依法治国必须坚持党的领导，坚持党的领导、人民当家做主、依法治国有机统一，把党的领导贯彻到依法治国全过程和各方面。依法治国与党的领导的一致和统一在于依法执政，而依法执政，既要求党依据宪法法律治国理政，也要求党依据党内法规管党治党。必须坚持党领导立法、保证执法、支持司法、带头守法，把依法治国基本方略同依法执政基本方式统一起来，把党总揽全局、协调各方同人大、政府、政协、审判机关、检察机关依法依章程履行职能、开展工作统一起来，把党领导人民制定和实施宪法法律同党坚持在宪法法律范围内活动统一起来，善于使党的主张通过法定程序成为国家意志，善于使党组织推荐的人选通过法定程序成为国家政权机关的领导人员，善于通过国家政权机关实施党对国家和社会的领导，善于运用民主集中制原则维护中央权威、维护全党全国的团结统一。

其次，要建立制度，设计体制机制，把宪法和法律真正交给全体人民掌握，让宪法和法律赋予人民的权利落到实处，让老百姓实实在在感受到宪法和法律的权威，宪法和法律才能得到很好的实施。四中全会《决定》指出，全面推进依法治国，要坚持人民的主体地位。"人民是依法治国的主体和力量源泉，人民代表大会制度是保证人民当家做主的根本政治制度。必须坚持法治建设为了人民、依靠人民、造福人民、保护人民，以保障人民根本权益为出发点和落脚点，保证人民依法享有广泛的权利和自由、承担应尽的义务，维护社会公平正义，促进共同富裕。"要实现这一目标，就要让所有公民学习、认识、掌握、遵守宪法和法律，增强其学法尊法守法用法意识，树立法治观念，学会运用法律武器，维护自己的合法权益，敢于同一切违反宪法和法律的行为做斗争。一旦宪法和法律为广大人民群众所掌握，监督国家机关和个人依法办事，就可以有力地保证宪法和法律的实施，就会变成强大的物质力量。

再次，要强化宪法的实施及其监督。徒法不足以自行。宪法的生命力在于实施，宪法的权威也在于实施。但我国现行宪法颁布实施30多年来，其实施及其监督不力的问题长期存在，没有完备的实施和监督制度，没有健全的解释机制，宪法的权威没有完全地树立起来。这次四中全会《决定》反复强调要切实保证宪法法律有效实施，而且明确提出健全宪法实施和监督制度，完善全国人大及其常委会宪法监督制度，健全宪法解释程序机制；提出加强备案审查制度和能力建设，保证每一项立法都符合宪法精神、反映人民意志、得到人民拥护，依法撤销和纠正违宪违法的规范性文件。应该说，这些决定，方向十分明确，举措针对性、可操作性强，解决了长期实践中存在的与依宪治国、依宪执政的要求不相适应、不相符合的问题。

发挥宪法在社会主义法治文化建设中的关键作用

我国正致力于建设富强、民主、文明、和谐的社会主义现代化强国。在文化建设方面，我国始终坚持中国特色社会主义的文化发展道路，发展面向现代化、面向世界、面向未来的，民族的、科学的、大众的社会主义文化，培养高度的文化自觉和文化自信，提高全民族的文明素质，增强国家文化软实力，弘扬中华文化，努力建设社会主义文化强国。这对开创中国特色社会主义事业新局面、实现中华民族的伟大复兴，具有重大的现实意义和深远的历史意义。社会主义文化强国的建设，离不开社会主义法治文化的培育和建设。

四中全会《决定》明确提出了建设社会主义法治文化的目标，深刻指出，法律的权威源自人民的内心拥护和真诚信仰。人民权益要靠法律保障，法律权威要靠人民维护。必须弘扬社会主义法治精神，建设社会主义法治文化，增强全社会厉行法治的积极性和主动性，形成守法光荣、违法可耻的社会氛围，使全体人民都成为社会主义法治的忠实崇尚者、自觉遵守者、坚定捍卫者。

什么是文化？这是一个仁者见仁、智者见智的问题。文化，是一个内涵丰富、外延宽广的多维概念。比如，有人主张，文化是人类在社会历史发展过程中所创造的物质财富和精神财富的总和，而笔者比较赞成文化是人的生存、生产、生活方式，或者说是人的活法，或者说是人生活的样式的观点。所以我们说，文化是民族的血脉，是人民的精神家园。我们今天所讲的社会主义文化应该是在社会主义中国我们中国人的生活样式，主要表现为精神、思想、传统、习俗、价值观、思维方式、文学艺术、风土人情、行为规范等。而法治也是一种生活方式，尤其应该是当代中国人的生活方式，因此，可以这样说，法治文化是国家依法治国、政府依法行政、司法机关依法司法、所有社会成员依法行为的生活方式。

我们知道，全面推进依法治国的总目标是建设中国特色社会主义法治体系，建设社会主义法治国家，而依法治国是党领导人民治理国家的基本方略。随着中国特色社会主义法律体系的形成和中国特色社会主义法治体系的构建，全面落实依法治国基本方略进入了新的历史阶段，必然从法律制度层面深入到法治精神内核，从法制体系的构建升华到法治文化的培育和建设。培育和建设社会主义法治文化是全面落实依法治国基本方略的必然选择，因为国家长治久安的根本在法治，市场经济的本质是法治经济，社会管理创新的关键也在法治。可以毫不夸张地说，社会主义法治文化的培育和建设对国家的经济发展、政治进步、法治昌明、文化繁荣、社会和谐、生态文明具有基础性和根本性的作用，是全面推进依法治国的当务之急。所以，我们可以进一步肯定：法治是社会主义文化的重要特征和重要内容；社会主义法治理论的完善，是社会主义核心价值体系建设的重要内容；法治文化是社会主义先进文化的重要组成部分，社会主义文化大发展大繁荣离不开社会主义法治文化的培育和建设；社会主义先进文化建设和社会主义文化强国建设离不开法治建设和法治文化建设。

宪法在我国法律体系和法治建设中居于根本大法的地位，培育和建设我国的社会主义法治文化离不开宪法及其实施。法治文化的本质就是依法办事的生活方式，而坚持依法治国首先要坚持依宪治国，坚持依法执政首先要坚持依宪执政，坚持依法办事首先要坚持依宪法行事。所以说，依宪治国、依宪执政、依宪行事的生活方式，是社会主义法治文化的核心。四中全会《决定》将每年12月4日定为国家宪法日，这有利于在全社会普遍开展宪法教育，弘扬宪法精神。四中全会还决定建立宪法宣誓制度，即凡经人大及其常委会选举或者决定任命的国家工作人员正式就职时须公开向宪法宣誓。这样做，有利于彰显宪法权威，增强公职人员宪法观念，激励公职人员忠于和维护宪法，也有利于在全社会增强宪法意识、树立宪法权威，这也是借助宪法权威构建社会主义法治文化的有力举措。

（本文原载于《人民论坛》2014 年第 31 期）

依法治国重在依宪治国

李步云 *

　　1999 年 3 月，九届全国人大二次会议已经将"依法治国，建设社会主义法治国家"的治国方略和奋斗目标庄严地记载在我国的宪法中。从此，依宪治国的问题更加引起了人们的关注。理所当然，这个问题也到了该正式提上我国政治生活议事日程的时候。

　　所谓依法治国重在依宪治国，意思是在我国实施依法治国方略的历史性进程中，依宪治国具有十分重要的意义。为什么呢？

　　首先，这是由宪法的性质和地位所决定的。宪法的主要内容是规定一个国家的基本政治和法律制度，立法、行政与司法机关的相互关系，各项国家权力的界限及其行使程序。同时，宪法详细规定公民的基本权利和义务以及为实现这些权利所应采取的基本方针和政策。宪法是国家的根本法，在一国的法律体系中处于最高的法律地位，具有最高的法律效力；它是所有国家立法的依据，也是指导人们各种行为的根本准则。依法治国首先要保证宪法所规定的国家的各种基本制度和政策具有极大权威而不致遭受任意违反与破坏，并进而影响到国家的各种具体制度和政策的贯彻与落实。宪法无权威，自然会影响到各种具体法律的权威。只有依宪治国，才能从根本上保障人民的利益、社会的稳定和国家的长治久安。"建设社会主义法治国家"作为一项奋斗目标，有其具体的要求和标准：笔者于 1999 年 4 月 6 日发表在

---

　　* 李步云，中国社会科学院教授。

《人民日报》上的《依法治国的里程碑》一文，将其归结为"法制完备""主权在民""人权保障""权力制衡""法律平等""法律至上""依法行政""司法独立""程序公正""党要守法"等 10 项。事实上，这些标准和要求的原则精神和具体规定，都已经明确地、全面地体现在我国的现行宪法中。例如，宪法对人民代表大会制度做了详细规定，这一根本政治制度就是人民主权（即人民是国家的主人）原则在我国的集中体现。宪法对公民的基本权利和义务所做的全面规定，就是人权保障原则的具体化、法制化。宪法对我国国家机构各个组成部分所做的权力界定，也体现了现代"权力分立与制衡"的原则精神。宪法规定"中华人民共和国公民在法律面前一律平等""人民法院依照法律规定独立行使审判权，不受行政机关、社会团体和个人的干涉""人民检察院依照法律规定独立行使检察权，不受行政机关、社会团体和个人的干涉"，是"法律平等"与"司法独立"原则在我国宪法中的具体表述。宪法中"人民法院审理案件，除法律规定的特别情况外，一律公开进行。被告人有权获得辩护"等规定，则是"程序公正"原则的宪法化。宪法序言规定："全国各族人民、一切国家机关和武装力量、各政党和各社会团体、各企业事业组织，都必须以宪法为根本的活动准则，并且负有维护宪法尊严、保证宪法实施的职责。"这里所指"各政党"，自然包括"执政党"在内。这一规定，就是"法律至上"（即法律具有至高无上的权威）和"党要守法"原则的准确而清晰的表达。以上这些宪法规定，虽然具有一定的"中国特色"，但它们同全人类所共同创造的现代法治文明的价值与取向是一致的。虽然，我国现行宪法在今后依法治国的历史性进程中还会不断丰富和完善，但现行宪法为我国法治国家的建设规划了一幅清晰的蓝图和指明了前进的方向，则是无疑的。真正树立起宪法的权威，切实依照宪法的基本精神和具体规定办事，就能有力地推进依法治国的历史性进程。

其次，这同"依法治国首先是依法治官"的现代法治精神相关联。换句话说，我们今天强调要依宪治国，还内含一个基本的精神和主旨，这就是要求国家的各级领导人要带头遵守宪法和法律，对他们的违宪和违法行为不能熟视无睹和置之不理。这对早日实现依法治国，把我国建设成为社会主义法治国家，具有非常重要的意义。依法治国，既要治民，也要治"官"。但在现代，其根本目的、基本价值和主要作用，主要是治"官"。长期以来，我们之中流行一种错误，认为法律只是一种治理老百姓的手段，甚至成了某些干部的一种思维方式和行动准则。这种思想有其深远的历史背景。在古代自然经济和专制政治的体制下，统治者势必把法律看作主要是治民的工具。到了近代，这种情况发生了根本的变化。建立在市场经济之上的民主政治，其理论基础和基本原则是"人民主权"思想和理念。既然"主权在君"已为"主权在民"所替代，国家的一切权力就应当属于全体人民。但是全体人民又不可能都去直接参与执掌政权和管理国家，如此就出现了"代议制"，即由有选举权的公民行使选举权选举国家机构（如议会或总统），由这些民选机构代表人民行使管理国家的职权。然而，民选出来的政府有可能权力无限和滥用权力，或者不好好为人民服务，按人民的意志和利益办事，这就需要一种具有最高权威和法律效力的根本性大法，来规定国家机构的产生和权限以及职权的行使程序，以防止国家权力的腐败与异化；同时，这一由大法根本性详细列举公民应当享有的权利，要求政府采取积极的作为，满足公民在经济、社会、文化方面的权利需求采取消极的不作为，以保障公民的政治权利与自由不受侵犯。这种根本性大法就是宪法。在"主权在君"的古代，不可能出现现代意义上的宪法。在"主权在民"的近代与现代，如果没有一部规范政府权力与保障公民权利，以维护民主、法治、人权、自由与平等的，具有极大权威的宪法，所谓"人民当家做主"就完全有可能成为一句空话。从现代宪法产生的历史背景及其基本使命可以清楚地看出，宪法制定和实施的根本目的、基本价值和主要作用是约束国家机构及其领导人员，要正确行使权力和保障公民的权利，即上面通俗的说法——"治官"。广大公民当然要遵守宪法和法律，但掌握管理国家权力的，不是民而是"官"。所谓依法治国，首先自然是要求国家工作人员尤其是各级领导人必须依法办事、依法治国。一般法律的实施是这样，宪法的实施就更应当是这样。我们今天强调要依宪治国，必将有力地推动各级领导人认真承担起实施依法治国方略的职责。

再次，今天强调要依宪治国，也同我国宪法缺少应有的权威、宪法的实施并不理想、宪法的作用尚未得到充分发挥这一现实状况有关。中国历史上缺少民主与法治传统。新中国成立后，由于僵化的计划经济模式和权力高度集中的政治体制，在很长一段时期里导致法律虚无主义和人治思潮盛行。法的权威受到严重损害，宪法当然也不例外，以致在十年"文革"中出现过那种根本大法"根本无用"的局面。这方面的失误成因，宪法和法律是相同的。但宪法的实施不理想，宪法的作用未能充分发挥，还有某些特殊原因，例如在理论上对宪法的性质与功能缺少全面认识，如否认或忽视宪法的法律性和规范性，把宪法仅仅看作是治国安邦的宣言和纲领，不具有直接适用的法律效力。以上一些客观和主观方面的原因，影响了宪法的权威和作用。例如，现行宪法规定，全国人大常委会有权"撤销国务院制定的同宪法、法律相抵触的行政法规、决定和命令"，有权"撤销省、自治区、直辖市权力机关制定的同宪法、法律和行政法规相抵触的地方性法规和决议"（第 67 条）。但 20 年来全国人大常委会从未行使过这一权力和履行过这一职责。显然，这方面不是没有问题。宪法规定，全国人大常委会有权"解释宪法，监督宪法的实施"，但我国却一直没有建立这方面的专门机构和具体程序。宪法的司法化问题也只是最近两年才有这方面的实践和理论探讨。因此，长期以来，宪法在实践中远远没有能够发挥它应当也可以发挥的重大作用。

怎样才能提高宪法的权威和充分发挥依宪治国的作用？笔者提出以下几点看法。

第一，要肯定宪法具有法律性和规范性。长期以来，我们虽然承认宪法是普通法律的"立法基础"，但却否认宪法具有法律性和规范性，认为它只有"指引"人们行为的功能，却无"规范"人们行为的功能；认为宪法只具有"宣言"和"纲领"的性质，仅起引导国家前进方向的作用；宪法不仅不能进入司法领域，即使司法机关在无法可依的时候也不可以援引宪法的原则精神和具体规定来裁决某些具体个案。同时认为，建立一套监督宪法实施包括违宪审查制度的理论、机制、程序也没有什么必要。这主要是受了苏联宪法观念的影响，1954年宪法的制定和后来的实施，就存在这方面的缺失。到制定1982年现行宪法时，学者们开始提出和重视这个问题。如笔者在1981年11月2日至12月18日期间，曾在《人民日报》连续发表多篇文章，对当时正在进行的宪法修改提出意见和建议。其中一篇是《宪法的规范性》。该文说："宪法虽然是国家的根本大法，但它也是一种法律。宪法规范是法律规范的一种；规范性应该是宪法的基本特性之一。一般说来，宪法的序言没有规范性；宪法的条文则应当具有规范性。以宪法是根本大法为理由，否认宪法的规范性，或者不重视宪法的规范性，这无疑是不正确的。"肯定宪法的规范性，也就肯定了"宪法制裁"的存在和意义。因此该文又指出："宪法制裁，虽然不同于刑事制裁、民事制裁、行政制裁，有其自身的特点；但违宪应有制裁，这是必须肯定的。否则，违反宪法而不招致任何法律后果，那么宪法的条文规定就难于成为宪法规范，那整部宪法也就很难发挥它的最高的和直接的法律效力了。"肯定宪法的法律性和规范性。是宪法进入司法领域和建立违宪审查制度的理论前提。

第二，要探讨什么是违宪，并明确与此相关的理论和概念。这是建立违宪审查制度和监督宪法实施首先必须解决的问题。表面看来事情很简单，其实问题很复杂。例如，什么是违宪的主体？公民个人有没有违宪问题？社会团体与企业事业组织存不存在违宪问题？如果只是限于国家机构及其工作人员，什么样层级的机构及人员的行为才存在违宪问题？我国宪法不仅规定了中央一级国家机构及其负责人员的职权职责和工作程序，而且还对地方各级人民代表大会和地方各级人民政府以及民族自治地方的基本制度做了规定。这涉及违宪审查和宪法监督或宪法诉讼的对象。又如，什么是违宪的客体，即违反宪法的哪些内容和规定才是违宪？无论宪法序言是否具有直接的法律效力，它同宪法的条文都是有区别的。在宪法条文中，有的内容为宪法所独有；有的内容法律应做但未做具体规定；有的内容法律已做具体规定。审判公开问题，宪法和诉讼法都有规定，如果不按法律规定进行公开审判，算不算违宪？再如，宪法监督的程序是什么？什么样的组织或个人可以提出控告，依照怎样的程序提出？有没有时效要求，专门机构根据什么标准接受控告和立案调查？按什么程序进行审理，有哪些违宪制裁形式，其裁决的效力又如何？这些问题过去研究很不够。我们应该参考国际的经验和中国的具体国情，建立起我国自己的一套理论和概念。

第三，要建立起专门的宪法监督机构。现在世界上绝大多数国家都建立有宪法监督制度及其相应的机制和程序，其具体模式主要有：以美国为代表的由司法机关负责；以法国为代表的由专门的政治机关（通常称宪法委员会）负责；以奥地利为代表的由宪法法院负责；以英国为代表的由立法机构负责。前三种模式已成世界性潮流。虽然它们的机构设置、程序设计和具体任务差异很大，但有两点是相同的：一是其专门性，二是其权威性。实践证明，它们对维护各自国家宪法的权威和国家法制的统一，对充分发挥宪法的功能，起了举足轻重的作用。新中国成立 50 多年来，我国还未曾有过处理违宪案件的例子，这在国际上是少有的。笔者曾建议，设立一个同现在 9 个专门委员会的性质与地位大体一致的，对全国人大及其常委会负责的宪法监督委员会（参见 2001 年 1 月 2 日《法制日报》），是一个比较稳妥的方案。它只会对国家政治的稳定起重大促进作用，而不是相反。从 1982 年现行宪法颁布至今已 20 年，学者们一直在呼吁早日解决这一问题。在已经确立依法治国方略和建设社会主义法治国家奋斗目标的今天，是政治家们审时度势、认真考虑如何解决这一问题的时候了。有一点是可以肯定的，宪法监督机制和程序的设立，将成为在我国实行依宪治国方略的决定性步骤。

（本文原载于《中国人大》2002 年第 17 期）

依宪治国：法治中国崛起的必由之路

刘茂林　杨春磊*

　　法治是现代社会政治文明的重要标志。依法治国的实质和起点就是依宪治国。因为，依法治国的前提是有法可依，这就要求尽快建立起比较完善的社会主义法律体系，中国特色社会主义法律体系的形成即是这一要求的初步落实。而中国特色社会主义法律体系本身就是以宪法为中心建构起来的。宪法所具有的根本法属性，决定了宪法不仅为法律体系创立了统一的基础和价值目标，还规定了解决法律体系内部冲突的基本机制，也为法律体系的发展和完善提供了后续依据，[①]各部门法的规定必须受制于宪法的原则、规则和精神。宪法之所以对一国法律体系的建立和完善起着至关重要的作用，一方面是形式意义上对一般法律的统帅地位；更重要的一方面是其自身蕴含的保障人民根本利益的核心价值同时也融入了整个法律体系的形成过程。这就使法律体系达成了形式法治与实质法治的统一。所以，依宪治国就是将国家与社会生活的方方面面纳入以宪法为核心的法治范畴，围绕宪法的基本价值精神构建国家体制，通过实施宪法为国家与社会的和谐发展提供制度化、法律化的保障。

　　从中国共产党十五大明确提出"依法治国，建设社会主义法治国家"的战略目标，一直到十八大再次强调"坚持党的领导、人民当家

---

　　*　刘茂林，中南财经政法大学教授；杨春磊，中南财经政法大学法学院博士研究生。

　　①　参见刘茂林、秦小建《人权的共同体观念与宪法内在义务的证成——宪法如何回应社会道德困境》，《法学》2012 年第 11 期。

做主、依法治国有机统一",近年来的法治建设与实践大幅提升了我国的法治化水平。从"法制"到"法治"的升级、从"以法治国"到"依法治国"的变化,显示出执政者的法律观完成了从工具理性向价值理性的质变。2013 年 2 月 23 日,习近平同志进一步强调要"坚持依法治国、依法执政、依法行政共同推进,坚持法治国家、法治政府、法治社会一体建设,不断开创依法治国新局面"①。这表明了中国建设社会主义法治国家的进程不可逆转,② 也对依法治国方略的推进提出了更高的要求。笔者认为,依宪治国作为法治中国崛起的必由之路,还需要从依宪执政、科学立法、严格执法、公正司法和全民守法五个方面加以完善。

一　在社会转型过程中增强执政党依宪执政的宪法思维和能力

改革开放 30 多年来,我国社会经历了从农业社会到工业社会、从传统社会到现代社会、从封闭社会到开放社会的变迁与发展。整个社会转型以计划经济体制向社会主义市场经济体制的转换为开端,接着,社会经济结构、政治法律体制、公共文化形态和公民价值观念等也随之发生着深刻变化。通常而言,大规模的社会转型都会涉及两个相关的过程:一个是体制的变革,即一整套调整社会生活的规则的改变;另一个是社会力量构成的变化,即社会结构的变迁。③ 但在社会转型的不同阶段,这两个过程的演化步调并非是同步的。而这种不同步的变化又反过来会对转型的过程和初步结果产生巨大的影响。我国社会不同阶层之间的利益摩擦就成为新时期以来矛盾的焦点。

多元利益格局不断分化的现实对执政党的利益整合与协调能力提

① 《习近平主持中共中央政治局第四次集体学习》,http://gx. people. com. cn/cpc/n/2013/0225/c179666 - 18207615. html,最后访问日期:2013 年 3 月 15 日。
② 参见朱力宇、于之伦《论当代中国法治之路的不可逆转性》,《法学杂志》2011 年第 3期。
③ 参见孙立平《中国社会结构的变迁及其分析模式的转换》,《南京社会科学》2009 年第 5期。

出了新的挑战，执政党从维护人民根本利益的角度出发，正确认识各组利益矛盾，妥善应对各个群体的政治压力，通过实现执政方式的转变来积极回应各种挑战，即把在计划经济体制中形成的领导体制转变为与社会主义市场经济体制相适应的依法执政、依宪执政方式。既然依法治国的实质是依宪治国，那么依法执政首先就应当是依宪执政。因为，执政党所依之法不是普通的法律规范，而是与政党政治密切相关的宪法和宪法性法律。像民商法、经济法、刑法这些部门法就不具备在宏观层面规范权力运作、促进政治文明的功能。就宪法所蕴含的民主、法治、人权等价值而言，民主是执政的民意基础，法治是执政的制度保障，人权是执政的终极目的，因而依法执政必须是依宪执政。就宪法的规范作用而言，宪法主要是授予、调整和规制国家权力。在现代政治文明中政党执政并不是自己直接动用某项权力，而大多是通过组织政权和监督其运行来间接实现对国家权力的行使，这必然要求依宪执政。依宪执政无疑是执政党全面落实依法治国方略的战略举措。① 中国共产党在我国历史进步中的重要贡献、在政治生活中的突出作用以及宪法规定中的领导地位，决定了党依宪执政是关乎中国法治国家建设和全面实现小康社会目标的关键环节。为了不断增强执政党依宪执政的宪法思维和能力，还需要进一步解放思想、贯彻推行党政分开。

改革开放的前提是解放思想，改革开放以来的一系列理论创新与体制突破印证着马克思主义理论本身所具有的包容性与开放性。② 正是这种包容性与开放性使马克思主义在中国化的长期实践和发展中形成了中国特色社会主义理论体系与核心价值体系。就宪法领域而言，在现行宪法的制定以及先后四次修改中所确立的各项政治、经济、法

---

① 参见周叶中、伍华军《依宪执政：全面落实依法治国基本方略的战略举措》，《政法论丛》2009 年第 1 期。

② 王长江、朱昔群：《思考执政能力建设的几个视角》，《马克思主义与现实》2004 年第 6 期。

律、文化、社会制度与观念无一不是过去不敢想象的大胆创举，体现了执政党解放思想、求真务实的改革理念。而依宪治国与依宪执政方略的确立则表明了中国特色社会主义理论体系对有关人类前途问题的各种有益探讨所持的积极态度，反映了执政党对共产党执政规律、社会主义建设规律和法治运行规律的认识不断深化。

宪法思维是法治思维的核心，集中表现为全体公民特别是其中的执政党成员根据宪法的原则、规则和精神，理解、分析并解决国家与社会生活中的各类问题的方法与习惯。执政党只有养成宪法思维，才会时刻以宪法为出发点、以捍卫宪法权威和促进宪法价值的实现为行动指南。因此，人们必须清醒地意识到，"政党在宪法和法律的范围内活动，是法治国家对政党行为的基本要求，也是建设社会主义政治文明的应有之义"①。居于领导地位的中国共产党在国家政权中的执政方式是在宪法框架内实行政治领导、组织领导和思想领导，②通过推行党政分开，提高依宪执政的宪法能力。

贯彻推行党政分开意味着依据民主集中制原则，在宪法的规范指引下为政府的运作划定法律边界，在积极促进人民民主权利实现的基础上，建立现代政府的基本框架。在党政分开的前提下，执政党主要通过对整个政府运作过程施加影响的方式来执掌国家政权，具体而言就是：一方面通过组织选举，行使提名推荐权，把党内精英推荐给选民，促成他们依法进入各级各类政府机关行使权力，依靠这些党内精英来落实执政党对政府决策和执行的主张；③另一方面，执政党在推行民主选举的基础上，积极践行协商民主，即通过多种方式将广大民众吸收进政策形成过程，参与协商讨论，达成共识、产生政党政策。

---

① 石泰峰、张恒山：《论中国共产党依法执政》，《中国社会科学》2003 年第 1 期。

② 参见何增科《关于推进党的执政方式改革的若干思考》，《马克思主义与现实》2004 年第 6 期。

③ 参见王长江、朱昔群《思考执政能力建设的几个视角》，《马克思主义与现实》2004 年第 6 期。

然后，再通过在各级人民代表大会中处于多数地位的党员代表以立法方式将这些有利于多元利益整合的政党政策上升为法律，从而为依法治国提供新的法律依据。

分析可知，为了使执政党的执政方式符合宪法的要求和政治文明的标准，关键在于保证代表人民根本利益的政党路线、方针和政策能够通过法定程序成为中国特色社会主义法律体系的一部分。这迫切要求执政党提高宪法能力。宪法能力是执政党将宪法思维与宪法实践有机结合的基本途径。① 就依宪执政而言，执政党宪法能力的提高必须在强化人民代表大会制度和政治协商与多党合作制度的民意表达、民智汇聚、民主决策和民生改善的宪法功能的基础上，② 继续依靠党内精英在具体工作中增强立法能力、行政能力、司法能力，以及教育和引导公民守法的能力。只有坚持党依宪执政，才能保证立法机关科学立法，行政机关依法行政，司法机关公正司法，③ 全体公民自觉守法。这对法治国家的建设具有全局性的深远影响。

二　通过民主立法的民生保障功能实现立法的科学性

立法是立法者有目的、有意识的行为，法律调整的社会内容和社会关系是客观的，有其自身发展的内在规律。立法的科学性问题，实际上就是立法如何反映社会规律性的问题。立法的科学性至少应当包括符合客观规律、体现民主精神、维护公平正义、注重法律效益等内容。④ 在我国，要实现立法的科学性，最重要的就是使立法活动符合我国的国情，满足经济社会可持续发展的需要。在中国特色社会主义法律体系中，经济立法已经相当完善，而关涉民主政治生活和社会民

---

① 参见周叶中、伍华军《依宪执政：全面落实依法治国基本方略的战略举措》，《政法论丛》2009 年第 1 期。
② 参见刘茂林、杨春磊《中国选举理论的回顾与前瞻》，《辽宁大学学报（哲学社会科学版）》2012 年第 5 期。
③ 参见石泰峰、张恒山《论中国共产党依法执政》，《中国社会科学》2003 年第 1 期。
④ 参见王建华、杨树人《地方立法制度研究》，四川人民出版社，2009，第 245～246 页。

生的法律体系还相对薄弱。① 当务之急是通过充分协商的民主立法，协调矛盾、达成谅解，以最紧迫的民生问题的解决为契机，矫正不同阶层对资源占有的差距，实现全民共享改革成果。

　　民生的改善之所以首先需要通过立法来实现，是因为法律的主要内容和功能是规定社会主体的权利与义务，而民生问题的实质就是权利问题，尤其是以生存权和发展权为核心的社会权的保障问题。② "社会权是个人获得完全社会化以及作为社会交往的主体生存和发展所必需的基本权利，是现代社会自身存在和发展的需要，是个人与国家、社会之间互动的产物，属于现代法治国家必须加以保护的基本权利。"③ 弱势群体和贫困阶层的民生问题主要是基于他们的生存状态、发展机会、发展能力和权益保障等方面存在阻碍。其深层次原因不只是各种经济要素的不足，关键在于社会权利的贫困。④ 因此，必须以人权保障为目的，以公民宪法社会权的享有为目标，在劳动就业、收入分配、教育公平、医药卫生、住房保障、社会保险、环境保护等方面出台惠及面广、保障有力的民生立法，不断丰富社会法和相关部门法体系。而且，这些立法应对弱势群体进行倾斜性保护。具体而言，就是必须兼顾保障性与发展性并重的原则，在改善弱势群体生活质量的基础上，通过增强社会参与能力，增加发展机会，最终实现摆脱贫困的目标，⑤ 实现实质平等。

　　在以民生立法为代表的立法活动中，主要问题还不是暂时的生活困难得不到立竿见影的解决，而是弱势群体在立法过程中的缺席。这

---

①　参见刘茂林、王从峰《论中国特色社会主义法律体系形成的标准》，《法商研究》2010 年第 6 期。

②　参见龚向和、左权《地方民生立法审思》，《河南省政法管理干部学院学报》2011 年第 2 期。

③　刘茂林、王从峰：《社会建设的宪法学意义——兼论中国宪法及宪法学的未来发展趋势》，《河南省政法管理干部学院学报》2009 年第 3 期。

④　参见〔美〕洪朝辉《论中国城市社会权利的贫困——中国城市贫困问题的根源与治理路径》，《江苏社会科学》2003 年第 2 期。

⑤　参见何平《完善社会立法是解决民生问题的必由之路》，《江淮论坛》2009 年第 6 期。

就需要充分发挥民主立法作为利益表达和信息沟通渠道的作用，畅通各个阶层反映自己诉求的途径，使普通公民的权利主张能够直达决策层。具体而言，立法伊始应当首先向社会公开征集议案，通过专家咨询和调研规划形成立法草案，做到"有的放矢"。其次，根据《立法法》第 5 条"保证人民通过多种途径参与立法活动"的规定，采用听证会、论证会、恳谈会等多种形式尽可能全面地吸收来自各方的立法建议，① 做到"开门立法"。最后，应当特别重视弱势群体在立法过程中的话语权和表达权，做到"损有余而补不足"。总之，立法过程的民主性只有在开放立法的技术操作中才能完成。② 只有确保公众参与立法的广泛性、代表性和有效性，法律才能获得正当性和权威性，才能有利于执政党在信息对称的条件下实现全社会的利益整合、价值整合与政治整合。

分析表明，民生问题乃至一切社会矛盾的解决，根本的出路还在于立法民主，并且应当是作为一种独立价值追求而不仅仅是手段工具的民主。民生问题是每一个社会的基本问题，但不是唯一的问题。随着经济社会的发展和物质生活的改善，公民的精神追求、政治热情和权利期待必然会逐步增长。一个完整意义上的人必然是社会人、政治人，绝不会满足于"猪栏里的理想"。因为，在一个成熟文明的法治国家里，民主不仅是一种理论，一种实践，更是一种现代生活。③ 这就要求执政党在依宪执政的过程中，必须不断落实公民参与国家与社会事务管理的民主权利，使经济发展、民生保障和法治建设齐头并进。

三　通过转变政府职能和规范行政程序来保证执法的严格性

执法是行政机关通过行使行政权来实现立法所表达的国家意志的

---

① 参见杨宗科《创新社会管理的立法机制》，《法学杂志》2011 年第 12 期。
② 参见关保英《科学立法科学性之解读》，《社会科学》2007 年第 3 期。
③ 参见蔡定剑《民主是一种现代生活》，社会科学文献出版社，2010。

活动，是使法律文本中的治理目标从应然走向实然的主要媒介。在传统的权力结构中，除了立法职能和司法职能以外的国家权力大部分属于行政职能的范畴。"所以行政职能具有一种剩余的特征，从制定宽泛的政策到对日常事务事无巨细的管理，这些都是行政职能的行使范围。"① 行政职能的广泛性、复杂性和专有性凸显了执法在依宪治国中的重要性。而行政机关往往习惯于将执法定位为专属于行政裁量的领域，形成了独特的运作机制，其最为突出的特征就是排除外界参与。② 这样，行政权的扩张性与执法的封闭性相结合，成为滋生违法执法和执法不严的诱因。所以，保证执法的严格性必须从政府职能的转变和行政程序的规范两方面入手。

改革开放以后，在发展社会主义市场经济和建设法治国家的前提下，政府职能朝着宏观经济调控、市场秩序监管、社会事务管理和公共产品供应四大方面集中。但由于传统制度的惯性和行政主体行为的路径依赖性，在经济发展过程中，直接干预和参与微观经济活动，导致市场机制受到抑制，政府的社会服务功能弱化。③ 因此，要保证行政行为的正当性与有效性，就必须实现政府职能从管制型向服务型的转变，以提供公共服务、实现社会福利最大化为宗旨。这是因为：一方面，在客观上财政资源和人力资源的有限性迫使政府必须将宝贵的资源集中投入涉及国计民生的公共事业；另一方面，在主观上行政权也应当秉持谦抑原则，只有在私人主体不愿或无法提供足够公共产品的时候才需要行政介入。所以，保证行政权运行有效性和执法严格性的前提是确定行政执法的合理范围。基于依宪治国和依法行政的要求，首先，应当遵循职权法定原则，即一切行政行为必须获得宪法和法律依据，并且行政机关不得通过行政立法扩大自身的权力或减轻责

---

① 〔英〕布拉德利、尤因：《宪法与行政法（上册）》，程洁译，商务印书馆，2008。
② 参见杨建顺《论科学、民主的行政立法》，《法学杂志》2011 年第 8 期。
③ 参见郁建兴、徐越倩《从发展型政府到公共服务型政府——以浙江省为个案》，《马克思主义与现实》2004 年第 5 期。

任。其次，应当遵循宪法至上和法律保留原则，即行政立法与执法行为不得与宪法和法律相抵触，不能僭越《立法法》第 8 条规定的专属于人大的立法事项。① 最后，应当遵循自由裁量限制原则，即行政执法应根据公正合理原则进行，避免滥用权力、任意裁量。要实现执法行为合法性、合理性与灵活性的统一，就必须在行政程序的规范上下功夫。

程序是法治的生命形式，强大的行政权如果得不到相应机制的约束，公民权利的维护就难以落实，法治的实现也无从谈起。② 因此，解决执法不当的问题不仅需要规范的行政实体法，更需要规范的行政程序法。行政程序法对行政行为的步骤、顺序、方式、时间等要素的规定，不论对于传统的干涉行政，还是新兴的给付行政、服务行政都是至关重要的。改革开放以来，若干行政程序规定开始散见于少数单行的行政法律法规之中；近年来，随着正当程序的意识逐渐增强，《行政处罚法》《行政复议法》《行政许可法》《行政法规制定程序条例》《规章制定程序条例》等程序性规范陆续出台或修订。但由于社会生活的急剧变迁，大量新增的公共领域亟待政府管理，随之便产生了许多新的行政行为类型③以及相应的行政机关的责任和行政相对人的权利，这是现有程序性规范难以全面覆盖的。因此，未来的立法趋势应朝着构建行政基本法即制定一部统一的、完备的行政程序法典的方向发展，从事前和事中监督的角度出发，坚持公民权利和行政效率

---

① 《中华人民共和国立法法》第 8 条，下列事项只能制定法律：（一）国家主权的事项；（二）各级人民代表大会、人民政府、人民法院和人民检察院的产生、组织和职权；（三）民族区域自治制度、特别行政区制度、基层群众自治制度；（四）犯罪和刑罚；（五）对公民政治权利的剥夺、限制人身自由的强制措施和处罚；（六）对非国有财产的征收；（七）民事基本制度；（八）基本经济制度以及财政、税收、海关、金融和外贸的基本制度；（九）诉讼和仲裁制度；（十）必须由全国人民代表大会及其常务委员会制定法律的其他事项。

② 参见应松年《中国行政程序法立法展望》，《中国法学》2010 年第 2 期。

③ 新的行政行为类型如行政管辖、行政协助、行政委托、行政调解、行政合同、行政指导、行政救济、行政仲裁、行政裁决、行政应急行为等。

并重的原则，涵盖行政立法、行政执法及行政司法程序。①

为实现执法的严格性，还必须确保以下程序性原则得以贯彻。首先，执法行为越权无效，即执法除不得超越实体法授权之外，更不得超越执法告知、表明身份、说明理由、调查取证、禁止单方接触、利益回避等程序规定。其次，行政职能相对分离，应当恪守"任何人不得担任自己案件法官"的程序精神，使执法事项的设定权与执行权分离，以避免个人专断和部门本位主义。② 最后，行政参与得以落实，以听证为代表的行政参与是公民与行政相对人监督执法的有效途径，也是政务公开的基本形式，还是保障宪法赋予公民的批评、建议、控告、检举等基本权利的直接方式，这还有助于提升执法的正当性及执法结果的可接受性。

四　通过保证审判权行使的独立性和法官忠实于法律来实现司法的公正性

司法权③既是一种救济性权利，也是一种掌管生杀予夺的重要国家权力。司法公正是司法活动永恒的主题，它要求法官在审理案件、适用法律时，平等地对待所有当事人，排除任何不正当地影响判决结果的干扰。而司法不公不仅会削弱执政党和国家的利益整合功能，阻碍公民权利的终局救济，也会扭曲社会的价值标准与行为准则，降低公众自觉守法的意愿，破坏法律对社会的控制力，导致和谐稳定的社会环境难以维系。④ 近年来，大量涉法涉诉的群体性事件和上访问题⑤突出地反映了我国司法工作的艰巨性和保证司法公正的迫切性。从定

---

① 参见马怀德《行政程序法的价值及立法意义》，《政法论坛》2004 年第 5 期。
② 参见郭道晖《法理学精义》，湖南人民出版社，2005。
③ 限于文章的主旨和行文的方便，本文仅讨论司法权中的审判权，而不涉及检察权。
④ 参见何增科《廉洁政治与构建社会主义和谐社会》，《马克思主义与现实》2005 年第 1期。
⑤ 据 2010、2011 和 2012 年的《最高人民法院工作报告》显示，3 年来，仅最高人民法院就分别接待群众来访 105.5 万人次、106.6 万人次、60.1 万人次。

纷止争、化解社会矛盾的司法功能出发，应当通过保证审判权行使的独立性和法官忠实于法律来实现司法的公正性。

我国《宪法》第 126 条赋予了人民法院依法独立进行审判，不受任何非法干涉的专门权力，其核心是保障审判权的行使完全独立，从程序上为司法公正的实现创造前提条件。然而，在现行司法体制下，一方面，法院在组织、人事和财政的管理上都无法自主，受到同级权力机关和行政机关的掣肘；另一方面，法院在与其他国家机关的外部关系以及内部的管理体制上职业性、专业性不明显，反而在审判工作中贯穿着浓厚的行政管理色彩。结果，司法的地方化与行政化导致审判的独立性受损。因此，司法体制改革的目标应是保证法院独立行使审判权，重点应是各国家机关严格按照宪法和法律的规定履行职责，明确各自在司法工作中的地位与权限，特别是要厘清法律监督的方式和程序。

实际上，无论采取何种司法权的组织、配置模式，如果宪法和法律的贯彻执行这一根本问题得不到彻底解决，一切改革又会不可避免地回到问题的起点，重复"收权—放权"的循环。现实可行的改革思路应当是各级国家机关严格依法为审判独立提供支持。① 毕竟，任何法院的建置和审判工作的开展都不是"空中楼阁"，当然会与所在地方的各行各业尤其是国家机关发生种种关系。只要依法发挥其中的积极性作用、抑制消极性作用就能有效地促成司法公正，比如：一方面，人大充分尊重法院的专业水准和专家意见，对法官的人事任免只做形式审查，政府严格按照人大已通过的财政预算向法院拨付经费和物资，确保法院在组织、人事和财政等事项上拥有足够的自主权；另一方面，执政党、权力机关、检察机关、审判委员会、上级法院、行政机关、新闻媒体、社会组织与普通公民都在宪法和法律授权允许的范围内参与审判活动、依法有序监督。

---

① 　参见朱立恒《司法公正的政府责任》，《政治与法律》2009 年第 5 期。

　　司法体制改革为法院的正常工作赢得组织、人事和财政保障，这是实现司法公正的外部条件。而法官的司法理念则是实现司法公正的内部条件和专业保障。在当前涉法涉诉上访问题困扰法院工作的背景下，部分法官以司法能动为借口，通过歪曲法律的适用和执行满足"缠访""闹访"者的不正当要求，屈从于一味息事宁人的畸形政绩观。其实，能动主义司法的初衷是要求在法律规定模糊不清、相互冲突，或法律与社会发展脱节、出现立法缺失的情况下，法官应能动地运用法律推理、利益衡平、司法解释等法律方法，查清法律原意、明确适用规则、填补法律空白以积极回应社会对公平正义的急切要求。但司法能动绝不意味着法院因为忌惮少数人以聚众滋事等非法手段索要法外利益，而以牺牲法律的统一性和权威性为代价，谋求所谓的"社会效果"。只有坚持司法的逻辑自洽和形式推理才能实现良好的法律效果，根本就不存在罔顾法律效果的社会效果。现实中，法律的安定性和公民对法治的信仰本身才是最为重要的社会效果。①

　　法官追求司法公正的最高境界是既坚持法律标准又符合社会公正，但社会公正本身就是一个难以统一的评价标准。② 正因如此，马克思睿智地指出，"法官除了法律就没有别的上司"③。何况，法律与社会公正并不矛盾且息息相关，法律正是通过民主方式协调不断变动的正义观念和利益诉求，达成社会共识，为人们提供准确、稳定并可预测的实证标准。正是因为公正有张难以把握的普罗透斯似的脸，④才更加需要从忠实于法律文本的原旨出发，做到判决结果有理有据，对实体法与程序法的适用无懈可击，从而弥合当事人对于公正内涵多元理解的分歧，平息人们对不利法律后果的怨气。而脱离法律文本去

---

① 参见江必新《公正司法与法律文本》，《人民司法》2009 年第 17 期。
② 参见吕忠梅《司法公正价值论》，《法制与社会发展》2003 年第 4 期。
③ 《马克思恩格斯全集（第 1 卷）》，人民出版社，1995，第 180 页。
④ 参见〔美〕博登海默《法理学：法律哲学与法律方法》，邓正来译，中国政法大学出版社，1998，第 261 页。

追求社会效果，不过是为了个人私利而损害国家根本利益，既丧失了个案公正，也牺牲了普遍公正。因此，司法能动必须以宪法和法律为底线，允许创造性地适用法律，但不允许越权造法或抛弃法律。① 在审判工作中如确实发现超出司法权限，但有必要及时处理的社会管理漏洞，法院可通过司法建议的方式督促相关部门加以完善，合理延伸审判职能，扩大司法活动的社会效果，② 形成与社会的良性互动。总之，法官只有忠实于法律，平衡司法能动与司法克制之间的张力，才能真正走出"信访不信法"的误区，以维权促维稳，实现司法公正与社会效果的统一。

五　通过引导公民履行宪法内在义务来增进全民守法的意识

守法，从广义上讲，应当既包括消极地遵守法律，也包括积极地守护法律。全民守法作为一项重要的宪法原则是达至依宪治国目标，形成良性宪法秩序的社会基础；毕竟，"徒法不足以自行"③。近代以来，中国的法治化道路与许多外发内生型的后发国家一样，长期面临着立宪主义理想与社会现实相距甚远的困扰。社会精英们试图以引进西方先进法律的方式来复制他们的成功，但却不同程度地忽视了孕育这些制度并使之得以顺利运行的社会生态，结果一些所谓的先进经验因水土不服而发生了变异，甚至适得其反。④ 重新审视法治发达国家的经验不难发现，法治的形成是一个社会自下而上、自发产生、自主运行的过程，在此过程中由于民众的参与和妥协使社会各阶层纷繁复杂的利益诉求达成基本共识，而这种共识便成为催生宪法并塑造宪法秩序的民间动力。然而，许多迷失在经济建设大潮中的国人产生了权

① 参见贾宇《社会管理创新与司法能动》，《法学杂志》2011 年第 12 期。
② 参见董开军《人民法院推进社会管理创新的若干思考》，《法学杂志》2011 年第 12 期。
③ 《孟子·离娄上》。
④ 参见周叶中、李炳辉《社会基础：从宪法到宪政的关键条件》，《法商研究》2012 年第 3 期。

利绝对化、排他化的极端利己观念，时下的违法犯罪现象和社会道德困境与这种享乐主义、漠视责任的观念浑然一体。因此，必须通过引导公民履行宪法内在义务来增进全民守法的意识。

依宪治国的推进与法治国家的建设归根结底离不开宪法与法律的有效实施，其实施的关键和长效机制不能只靠国家的威慑力，而更依赖全民的法治意识与宪法认同，不如此社会共同体的团结便会瓦解，①宪法秩序也会失衡。"假如没有服从法律的道德义务，那就不会有什么堪称法律义务的东西，所能有的只是以暴力为依托的法律要求。"②但是，由于对权利本位学说的片面理解，当今中国产生了一股权利中心论与个人权利至上的强劲思潮，其核心是割裂宪法权利与社会共同体的逻辑关联，无视权利享有的共同体前提，甚至使义务"污名化"，从而遮蔽了宪法作为人权保障之法的真实内涵，也使宪法权利体系陷入了先验性与无逻辑的误区。这导致了现代权利理论的一个悖论：关注个人发展，漠视共同体价值，结果使个人发展失去皈依。③具体表现为某些人在社会转型过程中的唯利是图、不择手段、损人利己、责任推诿和社会道德整体滑坡，甚至出现市场、政府和社会三重失灵的局面。

实际上，人是社会共同体的成员，权利不是先验的，是在人与共同体的生活互动和逻辑关联中历史地产生的。人若不想沦为孤立无助的个体，就必须在共同体中寻求皈依和关怀。共同体的存在就是以人的全面而自由发展作为价值追求和终极关怀的。宪法权利是个体融入共同体生活的资格和凭此获得的利益，人们享有权利的前提全系于共同体的存续。而共同体的存续则依赖于其成员承担的各种义务以及由

---

① 参见刘丹《宪法认同与公民教育刍议》，《北京师范大学学报（社会科学版）》2012 年第5 期。

② 〔英〕A. J. M. 米尔恩：《人的权利与人的多样性——人权哲学》，夏勇等译，中国大百科全书出版社，1995。

③ 参见刘茂林、秦小建《论宪法权利体系及其构成》，《法制与社会发展》2013 年第 1 期。

此形成的彼此之间的信任和互助。这既是共同体自身所具有的共同道德，也是全民守法的伦理基础。因此，宪法作为组织共同体的规则，必须以共同道德为依据，以宪法义务性规范列举的模式，对宪法内在义务加以规定，确认共同体的存续之道，以保证每个个体的利益最终实现。简言之，宪法内在义务是与工具性义务相对应的、具有共同体内在价值的义务，是指个体为维系共同体而担负的义务，是个体对于共同体的责任。① 宪法权利和宪法内在义务是个体成为共同体成员的两个维度，缺一不可。此外，宪法内在义务所体现的我国宪法的集体主义传统有助于匡正个人权利至上论的偏执，发挥价值指引的作用。国家正是通过确保宪法内在义务的履行来形塑人们对于社会共同体的宪法认同和守法意识，引导"群众"成为"公民"，走出社会道德困境，形成和谐的宪法秩序。综上所述，促进宪法内在义务的履行，既是健全公民法治意识的重要途径，也是法治与德治的最佳结合点。

（本文原载于《法学杂志》2013 年第 7 期）

---

① 参见刘茂林、秦小建《人权的共同体观念与宪法内在义务的证成——宪法如何回应社会道德困境》，《法学》2012 年第 11 期。

"依宪治国" 命题的逻辑

沈寿文*

1999 年现行宪法修正案将"依法治国,建设社会主义法治国家"载入《宪法》,表明修宪者认为"依法治国,建设社会主义法治国家"极为重要、关系国本,以至于必须成为整个"国家"治国的基本方略,非经宪法修改不得由政府机关(哪怕是代表多数民意的立法机关)所更改;胡锦涛 2004 年 9 月 15 日在纪念全国人大成立 50 周年讲话中提出的、习近平 2012 年 12 月 4 日在首都各界纪念现行宪法公布施行 30 周年大会上的讲话中重申的"依法治国首先要(是)依宪治国"的命题,则似乎表明了执政党和国家领导人对"法治"内涵理解的进一步深化。然而,抛开"依法治国"与"依宪治国"浓厚的法律工具主义倾向不论,即使是将"依法治国"解读(甚至美化)为"法治"、"依宪治国"解读(甚至简化)为"宪政"(Constitutionalism)①或者更为价值中立的"宪治"时,对"依宪治国"命题的澄清依然有着理论和实践的价值,因为这一看似价值中立的陈述实质上被赋予了特殊的价值内涵。

---

* 沈寿文,云南大学法学院教授。

① 张千帆教授说:"认真对待法律,使之真正成为约束公民行为的规制,社会就实现了法治;认真对待宪法,把宪法真正作为'法'——'更高的法',并控制所有的政府权力——包括立法权力,国家就实现了宪政。"参见张千帆《宪法学讲义》,北京大学出版社,2011,第 154 页。

一 作为事实陈述与价值诉求命题的"依宪治国"

在成文宪法国家,"依宪治国"蕴含于"依法治国"的命题之中,"依宪治国"是在"依法治国"的基础上提出的命题,因此,考察这一命题首先有必要了解"依法治国"的基本内涵。作为一个事实命题,顾名思义,"依法治国",便是某一主体("政府"、"执政党"或者"人民")依据法律(广义)治理国家。按照这一事实命题,"依法治国"的主体尽管在"治理国家"的手段上受到限制(即"依法"进行),但由于对"法律"的品质没有必然要求,因而这种"法律"可以被用以约束"依法治国"的主体、防止其滥用权力、以保障人权、维护社会正义的目标,也可以用于相反的目标,因而"依法治国"并不必然能够实现约束国家公权力、保障人权、维护社会正义的价值目标。与之一致,"依宪治国"这一事实命题的提出,面临着与"依法治国"相同的境况:"依宪治国"的良好目标端赖于所依据的"宪法"的品质,如果所依据的"宪法"并不是用以科学配置国家权力、约束公权力、保障人权的立宪主义(constitutionalism)意义的宪法,"依宪治国"的良好目标同样不可能实现。显然,"依法治国"与"依宪治国"的事实命题与"法治"的两个面相——形式意义上的"法治"与实质意义上的"法治"相互呼应,前者意味着"国家的所有主体,无论私人、企业还是政府部门,都必须依法行事,而违反法律必须接受社会有组织的制裁。法治在这种意义上具有两重含义:政府的合法性与执法。这是一个形式性的原则;我们关心的不是法律的内容,而是执法的必要性,无论法律的内容如何。这种意义上的法治与政体的性质无关,而与公共秩序的原则有关"①。这种形式意义上的"法治",即便是二战期间纳粹德国或中国秦朝也都存在。后者则意味着"法治"所依据的"法"(含宪法)必须具备朗·富勒教授所谓的

---

① 〔以〕巴拉克:《民主国家的法官》,毕洪海译,法律出版社,2011,第57~58页。

"法律的内在道德性"①。如果"依法治国"和"依宪治国"所依据的"法"（"宪"）并不具备这种"内在道德性"，"依法治国"与"依宪治国"不仅达不到良善的目标，恰恰相反，这一事实命题有可能导致相反的价值目标。

　　然而，在中国当前的政治生态环境之下，"依法治国"与"依宪治国"事实命题的提出，本身便被学术界赋予了特殊的价值内涵——尽管这一价值内涵在官方的表述与学术界的论证之间还存在明显的张力，即"依法治国"被等同为"法治"（尤其是实质意义上的"法治"）。这种将"依法治国"等同于"法治"（尤其是实质意义上的"法治"）的典型事例是，学术界普遍强调"依法治国"与"以法治国"的区别，认为后者是"形式上的法治，实质上的人治"②。事实上，纯粹从字面上看，中文"依"指的是"依靠""依从""按照"③，而"以"有"用""依"的含义，④ 二者本是可以互换的；早期有的学者的著述中，也存在将"依法治国"与"以法治国"等同的状况。⑤ 然而，赋予"依法治国"以特殊的价值内涵，使得这一事实命题转变为一价值命题，尤其是"依法治国，建设社会主义法治国家"载入现行宪法之后，"依法治国"便演化为一个正面的、带有"正能量"的命题，"依法治国"与"法治"（尤其是实质意义上的"法治"）接轨（甚至是替换）也就顺理成章了。这种赋予概念或命题以新的价值内涵，"正是政治世界重构常有之事，它与人们的信仰和惯例是同步发展变化的"⑥。然而，有意思的

---

① 〔美〕富勒：《法律的道德性》，郑戈译，商务印书馆，2005，第 49～111 页。

② 杨海坤：《中国社会主义法治论纲》，黄英之主编《中国法治之路》，北京大学出版社，2000，第 2 页。

③ 中国社会科学院语言研究所词典编辑室编《现代汉语词典》，商务印书馆，1983，第 1350 页。

④ 中国社会科学院语言研究所词典编辑室编《现代汉语词典》，商务印书馆，1983，第 1365 页。

⑤ 李步云：《论以法治国》，载李步云《走向法治》，湖南人民出版社，1998，第 37～61 页。

⑥ 〔美〕特伦斯·鲍尔、约翰·波考克主编《概念变迁与美国宪法》，谈丽译，华东师范大学出版社，2010，第 20 页。

是，既然 "依法治国" 与 "法治"（尤其是实质意义上的 "法治"）接轨了，为何还要进一步提出 "依宪治国"？换言之，倘若 "依法治国" 真的可以与实质意义上的 "法治" 等同，"依宪治国" 便没有提出的必要，因为 "依宪治国" 是 "依法治国" 的 "补强"[①]，如果 "依法治国" 本身便能实现实质意义上的 "法治"，便不存在 "补强" 的空间。因而，这种赋予 "依法治国" 事实命题以价值内涵的思谋远虑并无法消除 "依法治国" 在实践中可能存在的苍白。

事实上，与 "依法治国" 命题的提出类似，"依宪治国" 命题的提出同样是某种价值压力和事实判断的产物。一方面，它最为直白的价值判断是："依宪治国" 是 "依法治国" 的前提和基础，没有 "依宪治国" 便不可能有 "依法治国"。另一方面，它背后隐含的事实判断是：当前，中国 "依法治国" 存在的问题（法治实践）最为根本的原因是现行宪法没有得到有效的实施；虽然现行宪法得到有效的实施，并不必然意味着 "依法治国" 必定实现，但是，如果现行宪法得不到有效的实施，则 "依法治国" 便是乌托邦的幻想。在这二者之中，事实判断是价值判断的基础，价值判断是事实判断的结果。因此，"依宪治国" 命题的提出，正如 "民主" 一样，"是从它的现实和理想的相互作用中，从应然的推动力和实然的抗拒力的相互作用中产生和形成的"[②]。这一命题的提出，有着严密而一贯的逻辑路径。

二　从 "依法治国"（"法治"）到 "依宪治国"（"宪治"）的逻辑展开

站在 "依法治国" 等同于 "法治" 以及民主的政治机制能得以真正落实的假设基础之上，由于法律是按照民主的政治机制，由代表民

---

①　莫纪宏：《要学会如何 "依宪治国"》，《领导科学》2013 年 5 月（下），第 20 页。

②　〔美〕乔万尼·萨托利：《民主新论》，冯克利、阎克文译，世纪出版集团、上海人民出版社，2009，第 19 页。

意的立法机关按照少数服从多数的规则制定的，因此，法律在本质上反映了多数人的意志，法治在这个意义上，也是多数人按照规则的统治。尽管民主的政治机制可以保障在某一立法（或民意机关的其他决策）过程中属于少数派的人，具有在其他立法（或民意机关的其他决策）过程中演变为多数派的自由，但是，就某一具体立法而言，的确可能存在侵害少数人正当权利的情形，因此，形式意义上的法治便可能存在缺陷。而立法机关在不同时期制定的众多的法律，也可能存在相互间的矛盾和冲突，那么执法机关便面临执行困难、司法机关便面临适用困难、人民便面临守法困难的问题。由此可见，形式意义上的"法治"显然是不够的，需要有实质意义上的"法治"予以矫正。而所谓实质意义上的"法治"（"依法治国"），最为基本的要求是法治所赖以为基础的"法律"应当具备"良法"的品质。而从维护国家法制统一、保障人权的角度上看，处于一国法律体系顶端、作为"高级法"的"宪法"显然是评判"法律"以及低位阶的其他法律性文件是否属于"良法"的基础性标准。正因如此，抛开"恶法"的其他情形，如果法律本身违反宪法的规定，自然属于"恶法"的情形之一；而作为公权力行使者的政府，以之为依据实施的行为，尽管符合"法治"的形式要件，但防止暴政、保障人权、维护社会正义的目标势必要落空。由此，形式意义上的"法治"本身是不够的，应该强调"宪治"（或者说"依宪治国"）。只有这样，才能进一步保证政府的统治行为不仅有"法律"依据，而且最终有宪法的依据。这种思路在约束公权力滥用、保障人权上当然比形式意义上的"法治"（"依法治国"）前进了一步，因为它不仅要求政府的行政机关在执法过程中要严格依据法律性文件，而且也蕴含着政府的司法机关在裁判涉及公权力侵害人民权利（私权利）或者公权力之间发生的纠纷时，最终应当以宪法的条文为依据；更为重要的是要求政府的立法机关，在制定法律时必须严格按照宪法规定的权限和程序进行。这是因为，宪法是

"人民"（制宪机关）制定的，因此"人民"正是通过制定宪法，将一些极为重要的权利确认为基本权利，以防止政府的非法侵犯，通过宪法对政府机关职权进行分工、安排国家权力基本架构，以维护基本宪法秩序。在这一宪法框架下，它强调不仅行政机关应当严格按照立法机关制定的法律执法，司法机关应当严格按照立法机关制定的法律司法；更为重要的是，立法机关应当在宪法框架下立法。只有这样，立法机关制定的法律才能不侵夺宪法所保障的人民的基本权利；行政机关根据具备宪法正当性的法律进行的执法，司法机关根据具备宪法正当性的法律进行的司法，才更加符合"实质意义上的法治"要求。正如有的学者所说的，"我之所以提出宪治重于法治这个观念，主要是基于宪法高于法律的原则。宪法之为全民意志之最高表现，乃人类理性之结晶，亦为理性之象征与标准。而经验证明法律又可能抵触宪法，于是合法的却不一定是合理的，也就是不一定是合宪的"①。因此，从"依法治国"到"依宪治国"的发展，在本质上是从形式意义的"法治"到实质意义上的"法治"迈进了一步。

显然，实质意义上的"法治"不仅离不开宪法，而且还蕴含于宪法的性质之中、镶嵌于宪法的框架之内。既然宪法不仅是通过民主的政治机制保障多数人的合法权利、同时也是通过违宪审查机制防止立法机关制定的法律侵害少数人正当权利的根本性法律性文件，宪法便具备了保障人民基本权利的价值功能；既然宪法是协调立法机关在不同时期制定的众多可能存在相互间矛盾和冲突的法律的根本性法律文件、是协调立法机关和其他国家机关制定的不同层级的法律性文件的根本性法律文件，宪法便具备了维护国家法制统一的制度功能；既然宪法是划分国家机关职责权限、评判国家机关权力界限的根本性法律文件，宪法便具备了维护国家权力和平相处的秩序功能。而宪法之所以能够发挥这些功能的原因一方面在于，宪法比立法机关制定的法

---

① 荆知仁：《宪法论衡》，三民书局股份有限公司，1991，第26页。

律，具备更高的民主正当性。因为，宪法是"人民"而不是"政府"（国家机关）制定的，是"人民"产生了宪法、而不是"政府"（国家机关）产生了宪法。从逻辑上说，"人民"制定了宪法，宪法产生了包括立法机关、行政机关、司法机关等在内的政府机关，因此，宪法是各类性质的政府机关正当存在的前提。另一方面，宪法是政府机关行为的基本依据，宪法在效力上自然高于立法机关制定的法律，因为，既然包括立法机关在内的政府机关是由宪法产生的，如果允许立法机关制定的法律在效力上高于宪法，那么立法机关便可以通过立法，扩大自身权力，压缩其他政府机关的权力，从而改变整个宪法秩序。因此，当宪法能够通过实施的机制，起到促进政府机关各司其职、各尽其责，积极作为以维护人民的基本权利，同时约束政府机关（尤其是立法机关）以防止其违反宪法、非法侵害人民的基本权利时，当宪法能够用来评判、裁决立法机关制定的法律之间或者不同层级法律性文件之间的矛盾和冲突时，当宪法能够用以解决不同政府机关权限争议、维护宪法秩序时，便实现了实质意义上的"法治"。

三　"依宪治国"与宪法文本的"良善"品质

从"依法治国"到"依宪治国"逻辑的展开表明：从形式意义上的"法治"到实质意义上的"法治"，首先要求"依宪治国"所赖以为基础的宪法文本应当具备"良善"的品质。事实上，现行宪法能否被解读为立宪主义意义上的宪法，本身便值得怀疑。[①] 所谓"有宪法无宪政"的陈词滥调意味着两种情况：一是该宪法文本本身已经十分完美（价值判断），但由于缺乏良好的实施条件和环境，导致"无宪政"的客观事实，这种"外在不能"的"无宪政"（涵括于实质意义上的"法治"内涵之中），便需要研究宪法的实施条件和环境，以及

---

① 沈寿文：《立宪思维与"依宪执政"的悖论》，《云南大学学报（法学版）》2009 年第 3 期，第 2～8 页。

宪政转型的"国家能力";[1]二是如果宪法本身存在问题，并不符合"良善"的品质（价值判断），因而导致"无宪政"的事实，这种"内在不能"的"无宪政"，便首先有必要检讨宪法文本的价值导向和规范内容。然而，即使在这种情况，具备"良善"品质的宪法文本本身便是某种共识的产物，没有共识，便不可能将人们认为良好与恰当的内容规定到宪法文本之中。因此，探寻"依宪治国"所赖以为基础的宪法文本的"良善"品质仍然有着积极的意义：它至少通过文本内容的辩论限制了各说各话；它从微观角度、以相对技术性手段避免了宏大叙事可能因涉及"原则"问题而导致无法达成共识的两极化；它通过具体细节的修正、走上零星的改良道路，以渐进的方式推进立宪主义和实质意义上的"法治"。

（本文原载于《环球法律评论》2013年第5期）

---

① 支振锋：《宪法切实实施的基础性条件》，《环球法律评论》2012年第6期。

依宪治国的含义初探

马　岭[*]

一　依宪治国之"宪"（依据）

依宪治国的"宪"是指什么？依笔者理解，应是指宪法文本，依宪治国是治国者依据宪法治理国家。那么这里的宪法文本是指宪法规范还是宪法的原则和精神？笔者认为，应是指宪法规范，但由于宪法规范多具有原则性，因此依据宪法规范应包括依据宪法原则；同时也很难找到脱离宪法规范的宪法精神，如宪法保障人权的精神、法治的精神都体现在一条条的规范里，治国时首先应遵守这些宪法规范，而不宜用抽象的宪法精神否定具体的宪法条文。

那么，依宪治国的"宪"是否包括宪法性法律？笔者认为，宪法性法律是法律而不是宪法，违背之应视为违反法律而不是违反宪法，如违反组织法、立法法、监督法、选举法、集会法、国旗法、国徽法等是违法而非违宪，这些违法行为上升不到依宪治国的高度。

依宪治国的"宪"也不应包括宪法惯例，违背宪法惯例甚至不能算作违法，因此宪法惯例的效力应在法律之下，往往只有政治道德的约束力。如我国"两会"同时召开被认为是一个宪法惯例，但很难说遵守这一宪法惯例就是依宪治国，不遵守之就违背了依宪治国。

---

*　马岭，中国青年政治学院法律系教授。

二　依宪治国之"治"（行为）

依宪治国的"治"是治理，是动词，是一种行为，那么是谁的行为？众所周知，不是谁都能有治国的行为，治国者须是掌权者，且是最高位的掌权者。不是所有公权力都可以治国，例如警察执行公务的行为就很难说是在依宪治国，也很难说是在依法治国，只能说是在依法办事或依法行政。

第一，关于国家议会的治国行为。议会的立法、监督、人事任免、决定重大事务等行为，从广义上看都应属于治国行为，其中尤其是重大问题决定权最具有治国的特征。如我国全国人大对国民经济和社会发展计划及国家预算决算的审批，决定在香港、澳门回归后设立特别行政区，决定海南建省重庆升格为直辖市，决定建三峡工程并实行移民，等等。至于议会的立法行为、任免行为、监督行为虽然也是治国行为，但其"治理"的特点略为逊色。治理的主要表现形式应是由治国者做出决定，而不是挑选治国者，也不是对怎样做出决定约法三章，或对决定做事后检查。因此，除了组织法等个别法律是在宪法直接搭建国家政体后由议会对政体进行更进一步的细致构建外，多数立法实际上是为治国者定规矩，是"依宪"立法，但不是依宪"治国"——不是自己亲自治国，而是约束别人怎么治国；[1] 议会任免权的行使主要是由议会挑选治国者，委托他们去治国；议会的监督权是议会对政府已经实施的治国行为进行监督检查，而不是自己亲自施行治理，因此议会只有在行使重大问题决定权的时候才最"像"是在"治"国。而议会最主要、最经常行使的权力并不是决定权而是立法权和监督

---

[1]　当然这种约束从广义上看也是治理的一部分，如《公务员法》中对公务员的职务与级别、录用、考核、职务任免、职务升降、奖励、惩戒、培训、交流与回避、工资福利保险、辞职辞退、退休、申诉控告、职位聘任等问题的一系列规定，应当看作是公务员治理的一部分，在此议会制定《公务员法》的立法行为也是国家治理的重要组成部分（甚至是首要部分）。

权，也就是说，议会不是最主要、最典型的治国者。

第二，关于中央政府的重大决策行为。笔者认为，中央政府是依宪治国最重要的主体，是最主要的治国者。这里的中央政府包括国家元首的政治行为，主要指实权元首的行为，虚权元首（包括实权元首的虚权）很难说是在"治理"国家，如元首接受国书、到机场迎接外宾、象征性地颁布法律命令等程序性、礼节性的行为，虽然是依据宪法所为，但很难说此时他是在"治国"。即使是实权元首的实权行为也并不都是治国行为，如进行国事活动、派遣使节、批准国际条约等行为即使是实权性质的，也未必是在治理国家，而是在发展或维护本国与他国的关系，而治国的"国"应局限于本国而不能涉及他国。尽管发展外交可能是为了更好地治国——为国家的安全和利益提供保障（如毛泽东1972 年打破中美关系的僵局是为了在中苏对立中寻找盟友），但笔者认为外交行为仍然不宜划作"治国"的范畴，国家元首的治国行为基本上应是指其政治行为和行政行为（如召开会议部署工作、做出重大决策、签署法律、颁布紧急状态令等等），而不是其外交行为。同时，依宪治国的主体在中央政府层面还包括政府内阁，尤其是在虚权元首制度下，内阁拥有的最高行政权是典型的治国权力，如国务院对国计民生的规划，其宏观调控措施以及改革开放的内容和步骤等等。

第三，关于法院的司法行为。司法机关的主要职能是判案，而不是治国，在判案中主要是依法而不是依宪。但法院如有违宪审查权，则是法院对议会或国家元首、政府首脑的行为进行事后裁决，这也是在治国，是纠正和弥补上述机关在治国中的漏洞，且在违宪审查中法院直接依据的是宪法而非法律。

第四，关于公民的行为。依据宪法公民有集会权、结社权、控告权等，但公民的这些行为显然不属于"治国"的行为。在公民的一系列权利中比较特殊的是公民的选举权，公民行使选举权是构建国家机器的行为，这算不算治国呢？狭义上恐怕不能算，这更像是挑选治国者，而不是自己亲自治国，公民选举本身是间接民主而不是直接民主的体现。那么依宪治国的主体就不包括人民吗？如有观点认为"依宪治国的主体是人民群众"，是"党领导人民"依据宪法和法律管理各项国家事务。① 这涉及人民怎么治国的问题，实际上宪法和法律都无法对抽象的人民做出具体的授权，只能赋予个体的公民以权利，如果宪法规定公民有复决权、公决权，那么广大公民对这些权力的行使，应当属于人民对国家重大事务的决定，可以归为依宪治国的范畴。但目前根据我国宪法，人民只能通过选举代表间接地实现对国家的治理。②

由此可见，虽然上述国家机关和公民的行为在宪法中都有规范，但不是所有宪法规范的行为都是治国行为。从总体上看，宪法中规定的"公民权利"一章以及"国旗国徽首都"一章不属于依宪治国的范畴（但关于这两章的立法行为以及违宪审查行为则可能是），依宪治国的行为主要体现在"总纲"和"国家机构"的章节中，如"总纲"中一系列国家政策的制定及其落实，国家机构中立法、行政、司法等国家机构的建立及其运行等。因此，依宪治国的"治"作为一种治理行为，主要是中央政府所为。当然在我国的实践中还包括众所周知的执政党的执政行为，但在理论上，党应该通过国家机关来领导，而不是直接向国家和社会发号施令，因此执政党的功能应主要是"治党"（邓小平说的"党要管党"）而不是"治国"（不要以党代政），或者说治党是其直接的功能，治国只是其间接的功能。

三　依宪治国之"国"（对象）

依宪治国的"国"是指什么？笔者理解应当是指"国事"，即治理的行为对象是"国家层面的事务"，不是某一个地方、某一个领域

---

① 参见百度百科关于"依宪治国"的词条，最后访问日期：2013 年 6 月 15 日。
② 治国权应该属于国家权力的使用权，这并不影响人民拥有国家权力的所有权（虽然所有权远没有使用权"实惠"）。

的事务。如我国宪法虽然规定了省、县、乡各级人大及其政府的职权，但这些行为不是国家层面的行为，宪法往往只赋予地方各级人大和政府一定的职权，而这些职权的具体运作则由法律而不是宪法具体规定，因此这些职权的运行很难说是依宪治"国"，只能说是依法治省、依法治县、依法治乡（其"依法"的"法"主要是组织法、立法法、监督法以及大量的行政法等）。又如，关于议会的操作规范，在宪法中有一些规定，[①] 在宪法性法律中有大量规定，[②] 这些议事规则主要是调整议会内部的行为，是在治理议会这个"机构"，而不是在治理"国家"。

在笔者看来，依宪治国的"国"所指的"国事"，其实是一个很模糊的概念。回顾实践，虽然我们能够确定某些事情属于重大国家事务，如 1976 年抓捕"四人帮"，1977 年恢复高考，应该都是重大的国家决策，但我们依然很难确定地说它们符合依宪治国的"治国"要素，更不要说是否吻合依宪治国的"依宪"要素。1977 年恢复高考是深得民心且对国家的现代化建设影响深远的一件大事，但这是从实质正义的角度来看的，如果从形式正义的角度看，这样的重大决定权应该属于谁，应该经过什么程序，则存在一定的问题，而且它是否能划入"国事"也不十分确定，也就是说依宪治国的"国事"其层次可能比这还要高。我们往往在理论上认可依宪治国，依法治国，依法办事，但在实践中又都接受甚至喜欢开明伟人的魅力。

我们今天强调"依宪治国"，重点是放在"依宪"上，这是针对过去依政策治国、依红头文件治国、依领导人讲话治国而言的，强调的是宪治而非人治，这无疑有极大的历史进步意义；但从"治国"的角度看，几千年来我们一直在讲治国安邦，其主体不言而喻，那么我

---

① 如我国《宪法》第 61 条规定了全国人大的会议由其常委会"召集"，第 68 条第 1 款规定了委员长"主持"全国人大常委会的工作，"召集"全国人大常委会会议，等等。

② 如《全国人民代表大会组织法》《地方各级人民代表大会和地方各级人民政府组织法》《全国人民代表大会议事规则》《全国人民代表大会常务委员会议事规则》《全国人民代表大会常务委员会委员长会议议事规则》等都对人大的运作及其程序做了较为具体的规定。

们今天讲依宪治国时是否也是在强调该主体不能任性而为，而是需要依宪而为呢？"依宪"是舶来品，"治国"是传统文化，二者的结合是否就是中国特色？为什么国外的宪法都很少提到"依宪治国"或"依法治国"？宪法当然是治国的，但宪法是怎么治国的？是把笼统的国家权力分解为立法权、行政权、司法权之后"分而治之"，其中有分工有制约，这是宪法的精髓所在。从这个意义上看，"依法治国"强调的是"依法"，而"法"是议会制定的，是相对比较具体的，所以"依法治国"包含了治国者受议会法律约束的意思，有权力制约的因素，且法律的具体性使其对政府的约束也比较具体；而"依宪治国"中的"宪"是较为原则的，这种原则性使"依宪"意味着给依宪者极大的自由裁量权。在法治国家，拥有这种权力的一般是议会，议会是最主要的依宪者，即依宪立法（违宪审查机构是偶尔的依宪者，政府和法院则主要都是依法——依法行政、依法办案）。而依宪治国的"治国者"几乎不可避免地主要指向最高行政当局，这样当"依宪"和"治国"连接在一起时，就暗含着给最高行政当局以极大的自由裁量权，这样就将依宪的主体由议会转换成了政府。

虽然笔者也认可"依法治国"包括"依宪治国"（"法"在此应做广义理解，即包括宪法），但对高调宣传"依宪治国"不免有些隐约的担心，觉得不如"依法治国"甚至"依法办事"来得踏实。依宪治国针对的是国家这一抽象的整体，宪法又十分原则性；依法办事是针对局部而言，法律比较具体。前者固然高屋建瓴，但也容易大而化之；后者虽然具体琐碎，但却是实践法治的必由之路。我们过去的教训是，口号喊得多，落实的少，大原则讲得多，具体措施少，因此要真正落实"依宪治国"，还是应从落实"依法办事"开始，在依宪立法之后，重点是依法行政、依法办案、依法监督。

（本文原载于《环球法律评论》2013 年第 5 期）

依法治国与依宪治国的关系

牟宪魁[*]

"宪法是国家的根本大法，人民权利的保障书。"这种说法一般人皆耳熟能详，朗朗上口。但或许因为如此，宪法一方面给人神圣崇高的感觉，另一方面却变成大家敬而远之甚至漠不关心的对象。[①] 在我国，"我们距离宪法有多远"之所以成为今天的研讨主题，还有一个现实的原因，就是国家机关宪法责任的追究机制与人民宪法权利的救济机制仍有待完善，宪法虽然具有最高效力，但在法治体系中一直处于"休眠状态"，以至于被大家遗忘。

宪法"休眠"所带来的，是对"依法治国"的各种议论和不同解读。我国《宪法》第5条第1款规定："中华人民共和国实行依法治国，建设社会主义法治国家"。其中，"依法治国"作为我国宪法的"方针规定"，在学理上应怎样解释？尤其是，"依法治国"在20世纪90年代入宪之后，法学界又提出了"依宪治国"的概念，[②] 二者的关系应如何把握？笔者认为，如果从宪法学的角度来阐释"依法治国"的内涵，我们可以获得这样的共识：依法治国的首要之义就是依宪治

* 牟宪魁，山东大学法学院教授。

① 许志雄：《现代宪法论》，元照出版公司，2008，第1页。

② 参见莫纪宏《依宪治国是依法治国的核心》，《法学杂志》1998年第3期；李步云：《依法治国重在依宪治国》，《中国人大》2002年第17期；周叶中：《依法治国首先是依宪治国——关于宪法与公民生活的演讲》，《中国律师》2002年第12期；许崇德：《依宪治国执政为民》，《党建》2004年第5期；韩大元：《树立宪法权威推进依宪治国》，《检察日报》2013年6月4日。

国，摇醒宪法这个"睡美人"是落实"依法治国"和"建设社会主义法治国家"的必然要求。

一　依法治国之"国"应作何解？

"依法治国"或"依宪治国"的政治意义，在于提示党政机关工作人员在行使权力时要"依法办事""依宪办事"。因而，依法治国之"国"极易被解读为国家事务或作为行政相对人的公民及社会组织，与"依法行政"十分接近。然而，宪法所规范的是国家权力的基本架构与权限划分，从中很难找到关于国家机关的组织及职权行使的具体规则。如果对依法治国之"国"做那样的理解，"依宪治国"就很难在逻辑上成立，宪法"休眠"反而成了顺理成章的事情。

从《宪法》第 5 条的文脉来看，"实行依法治国"之目标，在于"建设社会主义法治国家"。"法治国家"或"法治国"（Rechtsstaat）作为公法上的重要概念，最初源自德国，[①] 其基本含义是国家权力尤其是行政权力必须依法行使。在我国，也有"法治政府""法治行政"的说法。不论是"法治国家"，还是"法治政府""法治行政"，其指向的都是国家权力。因此，在宪法学上，"依法治国"所谓的"国"是指国家权力，而非国家事务。

与法治相对应的概念，是人治。实际上，绝对的法治和绝对的人治都是不可能存在的。法治离不开人来制定、解释和应用法律规则，人治也离不开法律规则来贯彻人（权力者）的意志。所以，我们有时会觉得法更重要，有时会觉得人更重要。其实，二者哪个重要，要看法律规则是怎样制定、解释和运用的。[②] 如果掌握国家权力之人对法

---

① 法治国家的概念在英语、法语等其他拉丁语中无法找到。参见邵建东《从形式法治到实质法治——德国"法治国家"的经验教训及启示》，《南京大学法律评论》2004 年第 2 期。

② 参见张慰慈《宪法》，（上海）商务印书馆，1933，第 1 页。

律规则的制定、解释和运用合乎正义原则，符合人民的利益，我们就觉得法更重要，认为这是一个法治政府。反之，如果法律规则朝令夕改、量身定做、随意解释，我们就会觉得人更重要，即使法律规则再多，也不过是徒具法治外衣的人治。因此，法治与人治的根本区别在于，掌握国家权力之人是怎样制定、解释和运用法律规则的。如果国家权力被滥用，法在人民的心目中，就不是这个社会的基本规则，法治的秩序也就无从确立。不论是新加坡，还是我国香港，法治的成功经验不是治民，而是治官，由此奠定了全社会的是非观念和守法意识。可见，国家权力服从法治，法治才能取信于民，人民才会选择守法。

二　如何理解依法治国之"治"？

按照亚里士多德的观点，法治包括两个方面的要素，即良法（法治之法）与守法（法治之治）。① 改革开放以来，我国在法治建设方面的进步有目共睹。现阶段，法律体系已初步形成，基本实现了"有法可依"（法治之法），但在"有法必依"（法治之治）方面，还需要继续努力。其根本原因在于，对国家权力行使的监督制约有待强化。而要解决这个问题，就必须落实"依宪治国"，让"纸上的宪法"变成"行动中的宪法"。

我国宪法关于国家权力的制度设计，采取了全国人大以及一府两院之间的监督制约机制，这体现了宪法学和政治学关于国家权力的基本原理。因此，在学理上，依法治国之"治"指的是监督制约。习近平总书记明确提出，"要加强对权力运行的制约和监督，把权力关进制度的笼子里，形成不敢腐的惩戒机制、不能腐的防范机制、不易腐

---

① 亚里士多德：《政治学》，吴寿彭译，商务印书馆，1965，第199页。

的保障机制"。① 这其实正是对"依法治国"方针的具体阐述，也指明了法治对党的执政能力建设的重要意义。

加强对权力的监督制约，意味着从权力的自律走向权力的他律。缺乏权力的他律，权力的自律必然会松懈废弛。目前，立宪与行宪之间存在的落差，恰恰集中在公权力缺乏有效的外部监督制约机制方面。首先，我国宪法规定，政府和法院、检察院向同级人民代表大会负责，受其监督，并赋予了人大代表监督政府的各项职权。因此，应通过完善人大代表制度，强化人大对政府的监督功能。其次，法院作为"既无财权又无军权"的"最不危险的部门"，发挥着救济私权、制约公权的角色，但在实践中，以法官素质、司法腐败为考量的错案追究制和审判监督制度体现了对法官的不信任，在一定程度上弱化了司法独立原则和法院制约公权、救济私权的功能。另外，就法治体系的架构而言，"制度的笼子"还存在一些大的疏漏，例如行政程序法仍停留于草案阶段，抽象行政行为不具有可诉性，违宪审查机制还只是空中楼阁。

三　依法治国之"法"包括宪法，为何还要提"依宪治国"？

如何建造"制度的笼子"？在以公权力为规范对象的公法领域，依法治国之"法"仅指宪法和法律。而宪法具有最高效力，是衡量法律良善与否的标准，因此，依法治国之"法"首先是指宪法，"依宪治国"是"依法治国"的应有之义。问题在于，二者之间究竟有何本质区别，值得我们特别提出"依宪治国"的概念？

法治有形式法治与实质法治之区分。依法治国在形式法治的意义上，是依法律制约国家权力，强调"法律之治"；在实质法治的意义

---

① 《更加科学有效地防治腐败　坚定不移把反腐倡廉建设引向深入》，《人民日报》2013 年 1 月 23 日，第 1 版。

上，则是依宪法制约国家权力，强调"宪法之治"。在德意志帝国时期，法治国家的标准是制定出法律，实行依法行政。① 其结果，宪法上的基本权利被理解为仅是纲领性的原则或准则，必须经由法律规定才能"激活"。这种形式主义的法治国家其实无异于"依法律治国"。第二次世界大战之后制定的联邦德国基本法吸取纳粹主义利用立法破坏魏玛宪法体制以及侵犯人权的历史教训，对奉行立法至上、依法行政的形式主义法治国家理念进行反思，设立了监督制约立法权的宪法法院。由此，基本权利不再只是一种纲领性、宣言性、待"激活"的原则或准则，而是作为法官审查立法行为及行政行为是否合宪的法规范，拘束立法、行政及司法。② 与以往的"依法律治国"（行政法国家）的形式主义法治国家理念相比。这种"依宪法治国"（宪法国家）的实质主义法治国家理念之最大区别在于，将法治的监督制约对象从行政权扩及立法权，从而完善了"法治国家"的内涵。

可见，"依宪治国"的特殊意义就在于，法治之"法"必须是合宪的良法，立法权的行使也属于法治体系的监督制约范围。对此，我国《宪法》第 5 条第 3 款和第 4 款规定，"一切法律、行政法规和地方性法规都不得同宪法相抵触""一切违反宪法和法律的行为，必须予以追究"。这就需要激活违宪审查机制，由释宪机关对国家权力的行使合宪与否做出判断，对违宪责任进行追究。

---

① 陈新民：《公法学札记》，中国政法大学出版社，2001，第 95 页。例如，德意志帝国末期的行政法学家奥托·迈耶认为，"法治国家就是经过理性规范的行政法国家"（〔德〕奥托·迈耶：《德国行政法》，刘飞译，商务印书馆，2002，第 60 页）。其目标在于，在专制国家的基础上建立起保护公民权利的法律制度，并建设法治国家。他在著作序言中有这样的名言："宪法灭亡，行政法长存"，然而，"二战"后的行政法发展印证了另一个论点："行政法是宪法的具体化"。参见〔德〕何意志《德国现代行政法学的奠基人奥托·迈耶与行政法学的发展（代中文版序）》，载奥托·迈耶《德国行政法》，刘飞译，商务印书馆，2002，第 4、14 页。

② 参见邵建东《从形式法治到实质法治——德国"法治国家"的经验教训及启示》，《南京大学法律评论》2004 年第 2 期；陈新民：《宪法基本权利之基本理论（上册）》，元照出版公司，1999，第 2 页。

四　谁来依宪治国？是释宪机关，还是另有其人？

谁是"宪法的守护者"？早在 1929 年，德国学者施密特对此专文讨论，认为应将宪法保障的职责托付于由全体人民选出且在政治上中立的总统。[①]而在同一时代的美国，首席大法官休斯提出，"我们臣服于宪法之下，但什么是宪法，却是由法官来告诉我们"。[②]这是因为，如果要让法官在宪法和法律之间选择宪法，就必须承认法官作为宪法的代言人，有权解释宪法的含义以及法律是否合宪。这让我们不禁联想到在教堂里宣讲圣经的神父。我国《宪法》第 67 条规定，全国人大常委会行使"解释宪法，监督宪法的实施"的职权，因此，法院虽然与其他国家机关一样负有遵守和保障宪法的义务，但全国人大常委会作为释宪机关，行使最终性的宪法解释权。

然而，如果认为释宪机关是"依宪治国"的主体，就会陷入这样的悖论：宪法解释权本身也是国家权力，那么，谁来监督监督者？

我国宪法采人民主权原则，作为"国家的主人"（我国宪法序言），人民才是所有国家权力的最终监督者。翻阅国内外的文献，释宪机关往往被冠以"宪法的守护者"之美誉，但实际上，宪法监督机制能否很好地运行，关键在于人民的参与。这是因为，国家权力的行使受宪法基本权利之拘束，一旦违宪行使，往往会挣脱基本权利规范的拘束，构成对人民权益之侵害。作为国家权力行使合宪与否的利益攸关方，人民最具有"依宪治国"的敏感性和积极性。如果制定宪法解释程序法，基本权利救济程序的设计是最为重要的。否则，人民就无法在法治的秩序之内寻找到"依宪治国"的途径。

---

① 〔德〕卡尔·施密特：《宪法的守护者》，李君韬、苏慧婕译，商务印书馆，2008，第 215 页。

② Charles Evans Hughes, *Addresses and Papers of Charles Evans Hughes, Governor of New York, 1906–1908*, with an introduction by Jacob Gould Schurman, New York：G. P. Putnam's Sons, 1908, p. 139.

孟子云，"徒善不足以为政，徒法不足以自行"。法律的实践者是人民，因此，《宪法》第5条规定的"依法治国"应解释为人民依法监督国家权力。1945年，毛泽东主席在谈到能否摆脱"历史周期率"时，就明确指出："我们已经找到新路，我们能跳出这周期率。这条新路，就是民主。只有让人民来监督政府，政府才不敢松懈。只有人人起来负责，才不会人亡政息。"①忽视权力的他律，"依法治国"就会被误解为国家权力依法管理人民，甚至可能在现实中背离"法治国家"这一价值目标。同样的道理，如果问：谁来"依宪治国"，谁是"宪法的守护者"？答案也应该是人民。这绝非翻唱自西方的"We the people"，而恰恰是我们的先哲所训示的"人间正道"。

（本文原载于《环球法律评论》2013年第5期）

---

① 黄炎培：《八十年来》，文史资料出版社，1982，第148～149页；黄炎培：《延安归来》，中苏友好协会，1946，第43页。

依宪治国与依宪执政

宪法至上：中国法治之路的灵魂

周叶中[*]

法治，是现代国家的基本特征。尽管中共十一届三中全会，标志着中国法制建设走向了一个崭新时期，但这十几年来的中国法治之路却叫人欢喜叫人忧。[①] 如果说日趋完备的法律体系和日益健全的法律制度，正在中国现代化建设过程中发挥着重要作用的话，那么中国的法治之路还只能说刚刚开始，其最突出的问题在于宪法和法律远没有真正树立起应有的权威。因此，从法治发展的一般规律，特别是中国的历史和现实看，笔者认为，宪法至上应该成为中国法治之路的灵魂。

一 宪法至上：法治的最高体现

宪法至上是指在国家和社会管理过程中，宪法的地位和作用至高无上。具体说来亦即宪法是国家的根本法，具有最高的法律效力，是一切机关、组织和个人的根本行为准则。尽管中外法学界对法治内涵的概括众说纷纭，但有一点则是相同的，这就是法治与宪法和宪政紧密相连。正如《布莱克维尔政治学百科全书》指出，法治是"人们提出的一种应当通过国家宪政安排使之得以实现的政治理想"。[②] 中国学者文正邦认为，现代法治应与宪政的含义同一;[③] 张中秋也提出，没

---

[*] 周叶中，武汉大学法学院教授。
[①] "法制"是指法律制度、原则等，它关注的是秩序;"法治"则是以民主内容为核心的法制，它关注的是有效制约和合理运用公共权力。
[②] 《布莱克维尔政治学百科全书》，中国政法大学出版社，1992，第 675 页。
[③] 参见文正邦《走向 21 世纪的中国法学》，重庆出版社，1993，第 180 页。

有宪政就没有法治。① 在笔者看来，宪政作为静态宪法规范与动态政治实践的统一，在法治状态中的最高表现就是宪法至上。换言之，如果没有宪法至上，也就无所谓宪政，当然也就不可能存在法治。

（一）法律支配权力是法治的根本，但离开了宪法至上，权力绝不会服从于法律

法治是相对于人治的。尽管有学者认为，法治的对立面除了人治以外，还有"德治"或"礼治"，② 但由于在政治实践中，"德治"或"礼治"往往依赖于人的权威和人的内在品质，因而在某种意义上它仍然属于"人治"范畴。因此，与法治相对的主要还是人治。

在历史上，人治与法治的论争由来已久，但古代所谓的法治和人治与近代的法治和人治存在着根本区别，而且在人治与法治各自的内涵及其相互关系上，尚有不少人的认识模糊。这集中表现在人治法治相互结合论上。具体说来即既然法律要由人制定，要有人执行，那么法治和人治就不能截然分开，而只能相互结合。毫无疑问，这种简单化地以是否有人的作用和是否运用法律为标准区分法治和人治的做法是错误的。划分法治和人治最根本的标志在于：当法律权威与个人权威发生矛盾冲突的时候，是法律权威高于个人权威，还是个人权威凌驾于法律权威之上？或者说，是"人依法"还是"法依人"？凡是法律权威高于个人权威的都是法治，而法律权威屈服于个人权威的则是人治。而且当二者出现矛盾冲突的时候，不是个人权威屈从于法律权威，就是法律权威屈从于个人权威，二者必居其一。③ 因此法治和人治绝不可能结合起来。用潘恩的话来说就是，"在专制政府中国王便是法律，同样地，在自由国家中法律便应成为国王"④。由此可见，"法治"一词并不只意味着单纯的法律存在，它要创造"一种法律的

---

① 参见张中秋《中西法律文化比较研究》，南京大学出版社，1991，第 277 页。
② 参见张文显《法学基本范畴研究》，中国政法大学出版社，1993，第 284 页。
③ 参见何华辉《比较宪法学》，武汉大学出版社，1988，第 73 页。
④ 《潘恩选集》，商务印书馆，1982，第 35～36 页。

统治而非人的统治"① 也就是说，法的权威高于人的权威，由法律支配权力是法治的根本。而宪法的内容及其地位和作用，决定了宪法至上是保证权力服从法律，从而实现法治的关键环节。

第一，权力的非人格化是法治的基本内容，作为国家根本法的宪法通过规范和控制权力的产生，使权力的直接性转化为间接性，使权力直接支配的领域被法律所取代，从而使社会组织结构由权力支配法律转化为法律支配权力。权力是一种支配、控制和管理的力量，当它可以不受限制地被运用的时候，往往呈现出无限扩张的异化倾向。然而，"一切管理国家的权力必定有个开端。它不是授予的就是僭取的。此外别无来源"②。在国家和社会管理过程中，个人的意志和权威之所以能凌驾于法律之上，最根本的原因就在于这时的权力已经成为一种人格化的力量与个人融为一体，构成为法律的基础了。在西方历史上，从罗马帝国一直到洛克以前的英国和孟德斯鸠时代的法国，欧洲政治的基本格局就是权力支配法律（至少在公法领域）；而中国古代的法乃王法，它在本质上乃是帝王权力的延伸，因而法律不能不时时依附于权力。因此，要摒弃人治，实现法治，就必须完成权力的非人格化，使法律成为权力的基础。17～18世纪资产阶级启蒙思想家所有进步的政治理论和实践无不紧紧围绕这个中心。在最高意义上说，这种支配权力的法律"不是政府的法令，而是人民组成政府的法令"。这种法律也就是宪法。而且，"政府如果没有宪法就成了一种无权的权力了"③。这就是说，政府的权力必须由宪法来授予，否则就不具有合法性，而只能算是暴政。因此，宪法是政府赖以存在和进行一切活动的基础。可见，宪法的颁布标志着以世袭身份等级获取权力体制的终结，法律终于至少在形式上成了权力的源泉。正如龚祥瑞先生指出："成

---

① 〔美〕诺内特、塞尔兹尼克：《转变中的法律与社会》，中国政法大学出版社，1994，第59页。
② 《潘恩选集》，商务印书馆，1982，第25页。
③ 《潘恩选集》，商务印书馆，1982，第25页。

文宪法明文授予政府的权力，最好不过地说明了政权——立法权、行政权、司法权都要受宪法所授予的目的、宗旨的限制。"①

第二，法治只是就政治哲学的实质而言的，因而要了解其现实形态，还必须考察具体的政治模式，宪法则是近现代国家设置政治模式的基础。事实上，法律支配权力是权力行使的界限范围，因而如果它仅仅局限于权力的产生，而与权力的运行无涉，那么法律对权力的支配就极可能沦为抽象的政治原则。因此，要防止权力滥用，还必须形成法律支配权力运行的机制。潘恩曾经指出：宪法是政府的政治圣经。同时，对宪法的考虑必须从两方面进行，"首先是从建立政府并赋予它以种种权力方面，其次是从调整和限制所赋予的权力方面"②。这就是说，宪法不仅授予政府以权力，而且还明确规定政府权力运行的方式、方法和程序，并进而形成整套的具体政治模式。在这个意义上，宪法是控制权力活动过程的基本规则，是"管制权力的基本工具"③，其目的在于限制和控制政权的范围，并规定行使权力的合法方式。正因如此，所以我们说宪法至上为权力服从法律提供了保障。

第三，从政治的角度来说，由法律支配权力的法治实际上就是民主政治。既然宪法是民主制度的法律化，而且宪法是政府权力产生和运行的法律基础，那么在反对专制政治、建设民主政治过程中，宪法处于极为关键的地位。甚至于可以说，没有宪法的颁布，或者虽有宪法文本但没有宪法的至上权威，民主政治就绝无可能。

（二）民主和人权是法治最核心的价值追求，但离开了宪法至上，法治就丧失了生命和活力

梁治平先生曾经指出："探求法律的价值意义就是在寻找法律最

① 龚祥瑞：《西方国家司法制度》，北京大学出版社，1993，第 94 页。
② 《潘恩选集》，商务印书馆，1982，第 257 页。
③ 荆知仁：《宪法变迁与宪政成长》，台湾正中书局，第 12 页。

真实的生命。"① 的确，当我们直面法律时，面对的只是无数命令、规则的汇集，因此如果不去分析它们所蕴涵着的发自人类内心的追求，那么这些命令、规则就仅仅只是一堆事实，而不可能充溢着生命和活力。法治也是如此，它也有自己的价值追求。② 而且从本质上讲，在人治状态下并不缺少法律的存在，但由于它割断了法律生长为法治的脐带，因而法律虽然也可能不少，但这些法律却与法治模式无缘。尽管导致这种结局的原因很多，但这时的法律及其运行机制缺乏法治应有的价值追求不能不是非常重要的因素。那么，什么是法治的价值追求呢？毫无疑问，这是一个涉及众多层面的问题。比如秩序就是法治的价值追求之一。不过，由于秩序是社会生存的基本条件，因而人治状态下的强权政治同样也以维护秩序为其目标。因此，在笔者看来，只有民主和人权才是法治区别于人治最根本的价值追求。

如前所述，法律支配权力是法治的根本。如果我们从价值追求角度考察这一论断，那么至少可以得出两点。第一，民主是法律得以支配权力的前提和基础。民主即多数人的统治。但各种主客观原因却决定了这种多数人的统治通常并不采取由多数人直接行使国家权力的方式，而是通过运用作为多数人共同意志集中表现的"公意"的方式来实现。法律就是"公意"的具体形式（尽管在资本主义国家，这种"公意"只具有形式意义）。因此，法律之所以必须而且能够支配权力，是因为它所表现的是多数人的意志，也就是说，民主的统治形态是法律支配权力的逻辑起点。第二，人权是法律支配权力的必然结果。尽管从统治形态的角度来说，法律支配权力是民主的必然要求，但从权利的角度来看，法律支配权力则为公民的权利和自由提供了保障。从事物的性质来说，权力总是倾向于无限制的扩张。而权力的扩张，首遭其害的就是人权。因此，在历史上，法治理论和实践的最初动因，

---

① 梁治平：《法辨》，贵州人民出版社，1992，第 196 页。
② 参见王人博、程燎原《法治论》，山东人民出版社，1989，第 138～144 页。

就是通过法律规范和控制权力，以保障人权。实际上，"继霍布斯之后的洛克、卢梭等启蒙思想家所讲的'法治'是有目的、有价值观念的，其目的就是保障'个人自由'"[①]。

由此可见，法治并非法律、法规的简单累积，而是有着特定价值追求的社会组织模式。正是这种价值追求，不仅使法治充满了生机和活力，而且使"法律由手段上升而为目的，变成一种非人格的至高主宰。它不仅支配着每一个个人，而且统治着整个社会，把全部的社会生活都纳入到一个非人格化的框架中去"[②]。然而，这种价值追求的实现，却有赖于宪法的至上权威。

在法律体系中，宪法对民主和人权的规定最为系统全面。一般说来，作为法治的核心价值追求，民主和人权应该贯穿于整个法律体系、法律制度和法制实践，然而真正对其进行系统明确规定的则是宪法。尽管在内容上，宪法涉及政治、经济、文化和社会生活的各个方面，但其中心主要还在民主和人权。具体地说，各国宪法不仅确认人民主权原则，从而明确了多数人当家做主的法律地位，而且从两方面使这一原则具体化：一是通过组织国家机关体系，并赋予其职权范围，规定其职权行使的方式和程序，使人民当家做主的实现有了完备的服务系统；二是通过规定公民的权利和自由，使公民能够直接影响国家的政治生活，并有效地监督自己的公仆。因此，如果宪法不能树立起应有权威，宪法的内容不能真正贯彻于实际生活，作为法治生命的民主和人权就会付诸东流。

（三）法治有赖于不同层次的法律规范，但离开了宪法至上，法治就没有了存在的前提

法治也就是"法的统治"。然而，正如凯尔森指出，"法律制度并不是一种由同等层次的并列的规范组成的体系，而是一种由不同层次

---

① 龚祥瑞：《比较宪法与行政法》，法律出版社，1985，第74页。
② 梁治平：《法辨》，贵州人民出版社，1992，第84页。

的法律规范组成的等级体系"。这个结构的最高层次是要求任何其他规范忠实于宪法的基本规范。"宪法（成文宪法或不成文宪法）为成文法和习惯法确定框架。这两种法律形式又依序为司法、行政和个人行为规定了规则。"① 在法律发展史上，尽管宪法的出现既有其经济、政治原因，又有其思想文化原因，但宪法在法律体系中的根本法地位，则是法律自身发展的直接结果。众所周知，诸法合体是近代社会以前各国法律体系的基本特点。但资本主义商品经济的发展使各种社会关系日益错综复杂，法律部门的分工也越来越细。于是，各种调整新兴社会关系的法律部门纷纷从原有法律体系中独立出来。为了统一国家的法律体系、协调不同法律部门之间的矛盾冲突，作为国家根本法的宪法也就应运而生。而且实践证明，如果宪法不具有其应有的权威，那么法治的实现也就绝无可能。

第一，完备的法律体系和健全的法律制度是法治的基础。由于宪法是"母法"，是整个国家法律体系的基础，一切法律、法规的制定和施行都必须以宪法为依据，因此，宪法的至上权威是为实现法治创造条件的关键环节。坚持社会主义制度和理想的当代中国，注意到这一点，显得尤为重要。

第二，宪法具有最高的法律效力，一切机关、组织和个人都必须以之为根本的行为准则，任何法律、法规都不能与之相抵触。但如果宪法没有应有的权威，那么不仅有关机关、组织和个人很可能凌驾于宪法和法律之上，而且也势必出现违宪的法律和法规。这样，要实现法治无异于缘木求鱼。

由此可见，无论是从法治的内涵和价值追求，还是从宪法的地位和作用来看，宪法至上都是法治的最高体现。因此，笔者赞同荆知行先生的结论："我们说的'法治'应该是'宪法之治'，而不应仅仅是

---

① 〔美〕博登海默：《法理学》，华夏出版社，1987，第 1~21 页。

一般的法律之治。"①

二　宪法至上的内在精神：以权利制约权力

由于近现代的所谓"法"即公意的表现，所以法治在内在价值和基本精神上主要是二层：第一是权与法，法律要支配权力；第二，既然法律是人们普遍意志的结果，那么这种法律对权力的支配亦即权利对权力的支配，因此，笔者认为，宪法至上实质上即权利至上、规则至上和秩序至上。如果说规则至上和秩序至上只是宪法至上的表层特征的话，那么权利至上则是宪法至上的核心内容。因此我们完全可以认为：宪法至上的内在精神即以权利制约权力。

（一）宪法至上亦即人民的意志至上，权利是人民实现其意志的逻辑起点

龚祥瑞先生曾经指出："法治就是经人们同意的统治，就是民主的政治，而不是个人专断"。② 在法律发展史上，尽管法律伴随着私有制、阶级和国家的产生而产生，但"法治"的出现在思想上则根源于人民主权。如果说在近代社会以前法律所反映的还只是少数有产者阶级的意志，那么在资产阶级革命以后，法律则至少在形式上成了人民意志的表现。契约论的提出和宪法的颁布就集中反映了这一转变。而且从实质上看，宪法实际上是社会中人们之间的一种约定，是当事人必须平等地共同遵守的根本准则，"是统治者和被统治者、掌权者的权力和不掌权者的权利之间的关系，是一种契约关系"③，尽管契约强调平等，但既然"人民是权力来源"，那么在宪法确认的这种契约关系中，人民始终处于支配的主导地位，因而至少在形式上宪法所反映的是人民意志。这样，宪法至上可以说是人民的意志至上。然而，由

---

①　荆知行：《宪法变迁与宪政成长》，台湾正中书局，第179页。
②　龚祥瑞：《西方国家司法制度》，北京大学出版社，1993，第87、94页。
③　龚祥瑞：《西方国家司法制度》，北京大学出版社，1993，第87、94页。

于意志本身并非目的，利益才是意志的驱动力和归宿，因此人民的意志至上追求的还是人民的利益至上。但利益的法律表现是权利，没有权利，人们追求利益的行为就没有法律保障。因此，权利是人民实现其意志的逻辑起点。

（二）权利制约权力：宪法产生的政治动因

近代宪法的产生渊源于诸多因素。从政治角度来说，权利制约权力是非常重要的一环。换句话说，权利制约权力内在地需要作为国家根本法的宪法。首先，国家权力所有者的转换，使权利制约权力成为必要和可能，宪法则是确认这一运行机制的重要保障。在奴隶社会、封建社会的君主专制制度下，国家的一切权力属于君主或者少数贵族。资产阶级革命的胜利，人民主权原则的张扬，则使国家权力的所有者发生了转移，那些原本处于被统治地位的阶级、阶层至少从名义上成了国家的主人。但地域的广阔、人口的众多则决定了国家权力的所有者不可能直接地经常地行使那属于自己的权力，而只能实行间接民主的代议制。这种体制最直接的结果就是在国家权力的所有者和国家权力的行使者之间存在着某种程度的分离。但这种分离却"可能引起政治失控——政治权力不是按照权力所有者的整体意志，而是凭着权力行使者的意志和情绪而运行，以至出现政治异化——政治权力在运行中发生异变，权力的行使不利于权力所有者或者偏袒部分所有者"①。因此为了防止国家权力的失控和异化，国家权力的所有者就必须能够制约和控制国家权力的行使者。既然权利是人民实现其意志的逻辑起点，那么权利制约权力也就是实现这一目的的最好形式。而保证这一体制的稳定性和权威性的最好方法，则是由具有至高无上权威的宪法予以确认和维护。于是近代意义的宪法产生了。它不仅庄严地宣布人民主权、公民与生俱来的权利和自由不受非法剥夺，严格地规定国家机关的职权范围和行使职权的程序，而且还建立了有效的监督

---

① 张文显：《法学基本范畴研究》，中国政法大学出版社，1993，第 304～305 页。

体系和制约体系。

其次，上面的阐述主要立足于政治理论的一般原理，在具体的政治实践中，通过宪法保障权利制约权力实际上是资产阶级的政治需要。资本主义商品经济的发展不仅极大地推动了法律制度的发展，实现了经济领域的法治，而且还导致了经济和政治的分离，即经济和政治的二元化：生产资料所有者尽管也是国家权力的真正所有者，但他们并不直接行使国家的政治权力，而是由他们的政治代表以社会的名义来行使政治权力。这就需要有效的机制来确保经济上占统治地位的人们也能在政治上居于主导地位。由宪法确认的权利制约权力机制却能较好地满足这一要求。因此，宪法的出现实际上是权力与权利矛盾、冲突的结果。

在此需要说明的是，从观念源流来说，确认权利制约权力的宪法之所以能在法律体系中处于至上权威，主要源于自然法观念的产生和发展。第一，法治所称之"法"最初是指自然法。自然法学说不仅认为自然法是正确的理性和正义的基础，而且宣称人人都享有与生俱来的自然权利，宪法并不是赋予而只是予以确认而已，这样，法高于权的正义观、价值观乃得以确立。第二，尽管在古希腊的法文化中早已包含着自然法哲学的萌芽，但无论是柏拉图、亚里士多德，还是斯多葛派，都还没有明确地将自然法置于"最高法"的地位。只有在罗马共和国后期，随着世界性国家的逐步建立，原有的市民法无法适应多民族的法律生活，需要一种普遍适用并具有至高无上地位的法律原则时，自然法的"最高法"观念才真正产生。① 具体地说，罗马人不仅把自然法理解为一种可以把握的正确理性，而且还进一步将其世俗化，将其糅入实定法的建设中，试图假自然法之名树立起实定法的权威。当历史发展到资本主义社会初期，伴随着商品经济的发展，那种呼唤"最高法"的客观历史条件重又出现，此时，赋予规定权利制约

---

① 参见张乃根《西方法哲学史纲》，中国政法大学出版社，1993，第 68 页。

权力的宪法以至高无上的权威也就是历史的必然。

（三）权利制约权力：宪法内容的核心范畴

尽管从内容上说，作为根本法的宪法涉及国家生活的各个方面，但其基本内容仍然可以分为两大块，即国家机关权力的正确行使和公民权利的有效保障。然而，这两大块并非地位平行的两部分。就它们之间的相互关系来说，公民权利的有效保障居于支配地位。

首先，人民主权是宪法的最高原则。既然人民成为国家权力的所有者是宪法产生的政治原因，那么在制定宪法时首当其冲地就是确立人民的主权者地位，并且在规定宪法内容过程中以人民主权为根本的指导原则。但由于人民主权只是一种高度的抽象概括，因此在进行宪法规定时尚须具体化。具体说来即将这一原则转化为公民享有的各种权利和自由。另一方面，人民利益的维护，国家任务的完成，公民权利和自由的实现，又离不开国家权力的运用。因而人民主权除转化为公民的权利和自由外，还经过人民的委托转化为国家机关的权力。因此，虽然宪法的内容主要包括公民权利和国家机关的权力两部分，但公民权利始终处于中心地位。

其次，国家机关及其工作人员是人民的公仆。如前所述，国家机关的权力来源于人民的委托。因此，人民与国家机关及其工作人员之间是一种国家权力的所有者与国家权力的行使者的关系。这种关系决定了国家机关在行使权力过程中，不得违背人民的意志和利益，不得侵犯公民的权利和自由。也就是说，国家机关及其工作人员必须努力当好人民的勤务员，使国家机关的权力很好地服务于公民的权利。与此同时，要保证国家权力的行使者真正地成为人民的公仆，人民又必须通过各种权利的行使以监督和制约国家机关及其工作人员。

再次，宪法内容从两个层面保证权利制约权力的实现。从各国宪法规定看，实现权利制约权力主要有两种层次不同的方式。一是公民直接享有和行使权利的方式，比如选举产生有关国家机关、监督国家机关及其工作人员等。二是不同国家机关之间通过权力制约权力以保障权力服务于权利的方式。对公民来说，这是一种间接的方式。孟德斯鸠曾经断言："一切有权力的人都容易滥用权力，这是万古不易的一条经验。"① 19 世纪的阿克顿爵士说得更干脆：权力必致腐化，绝对的权力绝对地腐化。② 然而，权力滥用和腐化的直接对象就是公民的权利和自由。因而为了权利和自由，就必须"以权利制约权力"。因此，划定不同国家机关的权力界限，并使其相互之间保持一定的制约关系，是保障权力服务于权利的重要途径。

（四）宪法至上状况在很大程度上取决于权利对权力的制约程序

毫无疑问，宪法至上是实现权利制约权力的基本条件，只要宪法具有至高无上的权威，那么权利就能够有效地制约权力；但反过来说，如果权利不能制约权力，那么宪法的权威和尊严也就根本无从谈起。第一，如果权利不能制约权力，国家机关权力的行使就会超越宪法设定的界限和轨道，权力就可能被个人的私欲或小集团的私利所支配。这样，不仅由宪法确认的具体内容不能贯彻实施，而且由宪法反映的人民的根本利益也无法得到保障。第二，从理论上说，宪法是公民权利的保障书，但如前所述，如果权利不能制约权力，那么权力的滥用必然导致公民权利的侵害。在这种状况下，何来宪法的根本法地位？

三　宪法未能至上：中国法治之路的根本症结

在中国的法治问题上，外国学者间的论断颇不一致。如美国哈佛大学的昂格尔教授就认为，虽然中国的社会历史条件与西欧民族国家形成时大体相同，但在形成帝国过程中却没有形成法治，并提出其原因在于缺乏多元集团、自然法观念和超越宗教等条件。③ 但哈佛大学

---

① 〔法〕孟德斯鸠：《论法的精神》（上），商务印书馆，1982，第 154 页。
② 转引自子愚《权力与腐蚀》，《读书》1979 年第 8 期。
③ 参见〔美〕昂格尔《现代社会中的法律》，中国政法大学出版社，1994，第 59～77 页。

的另一位教授安守廉则认为，昂格尔误读了中国历史，实际上中国历史上存在法治。① 无独有偶，法国古典政治经济学的代表人物魁奈的观点也与安守廉教授相一致。② 不过，在经过 20 世纪 70 年代末 80 年代初的人治法治大讨论后，中国学者中的绝大多数都认为，历史上的中国根本就没有法治。而且在笔者看来，法治的实质也就是宪政，但由于在旧中国，除革命根据地以外，并不存在真正意义的宪法，所以也就谈不上宪政，自然也就不可能有真正的法治。新中国成立后，尽管广大劳动人民有了自己民主的宪法，但中国的法治之路却并没有真正地阔步向前。如果说经济、政治、思想文化等方面是阻碍中国法治之路的重要因素的话，那么站在法律的立场进行考察，笔者认为：宪法未能至上是中国法治之路的根本症结。

（一）宪法未能至上，国家权力机关就没有应有权威、就不能有效地监督和控制其他国家机关，这样，法律对权力的制约就无法真正实现

我国宪法规定，国家的一切权力属于人民，人民行使国家权力的机关是全国人大和地方各级人大；宪法同时还规定，国家行政机关、审判机关和检察机关由同级人大选举产生，对它负责，受它监督。从宪法的这些规定可以看出以下两点。第一，我国宪法不仅确认了人民主权原则，而且还明确了人民实现国家权力的机关体系。因此只要各级人大认真全面地行使好宪法赋予的各项职权，人民的当家做主地位就能够得到有效保障。第二，法律对权力的制约主要通过国家权力机关对其他国家机关的监督控制来实现。虽然其他国家机关的职权范围以及职权行使程序等由宪法规定，但国家权力机关在国家机关体系中的主导地位和它拥有监督宪法实施的职权等，决定了国家权力机关是实现法律制约权力的关键。因此，尽管新中国建立以来，我们已先后

---

① 参见高道蕴等《美国学者论中国法律传统》，中国政法大学出版社，1994，第 37～83 页。

② 参见〔法〕魁奈《中华帝国的专制制度》，商务印书馆，1992，第 73、115 页。

颁布了四部宪法，但由于在政治实践中，宪法的根本法地位远未真正树立，因而决定了国家权力机关也未能树立起应有的权威，从而使法律对权力的制约在现实生活中不能不大打折扣。

（二）宪法未能至上，导致法律与政策的关系不顺，使执政党尽管直接或间接地行使着国家的权力，却有时超然于法律控制和法律责任之外

从我们前面对法治的阐述，我们至少可以明确法治的两个基本特征：就外在特征而言，在所有的行为规范体系中，宪法和法律的地位最高；就内在特征来说，所有的国家权力都应该受制于宪法和法律。只有这两个方面的有机统一，才能建立起真正的法治状态。但中国政治实践中的宪法未能至上，却刚好从这两个方面损害了法治的内涵。

首先，在政策与法律的关系问题上，人们的基本观点在于：政策是法律的灵魂，法律是政策的具体化。尽管在一定情况下，这一观点有其合理性，但如果宪法没有应有的权威，在国家和社会管理过程中不具有根本法的地位，那么政策就会乘虚而入，就会使这一结论绝对化，从而出现政策优于法律、政策取代法律的状况。

其次，纯粹的法治理论是研究政府与公民行为关系的理论，并不涉及政党因素。如果说国家生活中的其他政治主体对国家政治的影响大多通过国家机构这一中介得到体现，那么像政党之类的政治主体也不能立于任何国家机构之上，即使是执政党，它也必须以政府的名义，而不能以执政党的名义对公民发号施令。因此，无论是国家宪法还是执政党的章程都明确规定，党必须在宪法和法律的范围内活动。同时明确提出，党的主张只有经过法定程序成为国家意志时才具有国家强制力，才能由国家机关去具体执行。但是，如果宪法没有应有的权威，那么以国家权力机关为核心的国家机关体系就没有足够的权能。这样，由它们来全面行使国家权力就会受到其自身条件的限制。另一方面，在不存在具有至高无上权威的规则来对执政党的行为进行规范的时候，执政党的特殊地位和我国革命和建设史上长期以来形成的党政不分传统，就会导致执政党有时直接或者间接地行使国家权力。在这种情况下，法律又如何能够制约权力、法治又怎么能够实现呢？

（三）宪法未能至上，权利对权力的制约就软弱无力，民主政治建设就不能大力推进，法治也就没有了力量源泉

如前所述，宪法是公民权利的保障书，而且权利制约权力是宪法至上的内在精神。但在 40 多年的中国政治实践中，由于宪法没有权威，因而公民的权利也就不能得到有效保障，权利也就不能有效地制约权力。然而，民主政治的核心就在于以人民主权为指导，以权力服务于权利为宗旨。因此，如果权利不能制约权力，那么也就无所谓民主政治。这样，以民主政治为基础的法治在存在和发展过程中，就丧失了力量的源泉。

（四）宪法未能至上，使"工具主义"法律观颇为流行：既然法律只是"治国一器"，那么法律就绝不会凌驾于社会之上

本来，宪法至上蕴涵着特定的价值追求，这就是以权利制约权力。因此，一旦宪法树立起应有权威，以宪法至上为最高表现的法治也就具有其明确的目的性，然而，如果宪法没有树立起应有权威，宪法在国家和社会管理过程中也就无足轻重。因而这时的宪法就仅仅只是国家和社会管理过程中诸多手段的一种。由于"工具主义"法律观强调的核心在于，法律只是实现一定社会目标的工具和手段。① 因此，宪法未能至上就为"工具主义"法律观的流行提供了土壤。中国的政治实践就是如此。尽管在理论上宪法是具有最高权威的国家根本法，但在实际生活中，宪法的地位远不如一些部门法。而且"工具主义"法律观"一直占有主导地位，并与中国古已有之的传统法观念——'法即刑论'有着某种精神上的契通，成为支配我国法制

---

① 〔美〕弗里德曼：《法律制度》，中国政法大学出版社，1994，第 240～241 页。

建设、法学教育和法律研究的主导理论"。① 这种理论所强调的"法"，只是一种人格化的统治工具，因此只好满足于一种附庸地位。其结果不仅反过来极大地阻碍了宪法至上的实现，而且也最终阻滞了法治的实现。

四　中国的宪法至上：怎样才能实现？

毫无疑问，既然无论是法治的基本内容，还是中国的历史和现实都充分表明，以权利制约权力为根本精神的宪法至上是法治的最高表现，没有宪法至上就不可能有法治，那么宪法至上就应该成为中国法治之路的灵魂。然而怎样才能实现宪法至上呢？应该说这个问题涉及众多因素。不过大体上可以将其分为宪法的内在因素和外在因素两大方面。从宪法的内在因素来说，主要包括三点。一是宪法的正当性。亦即宪法在来源和基础上应具有合法性，应具有广泛深厚的民主基础。二是宪法的科学性。亦即宪法在内容、结构体系和文字表述等方面应该准确、合理。三是宪法完备的自我保护机制。这就是说，宪法通过自身设置的有关制度来保障其应有权威。由于篇幅所限，加之相对说来，宪法的内在因素实行起来简单一些，因此笔者在此侧重阐述实现宪法至上的主要外在条件。

（一）限制权力经济，发展权利经济，为宪法至上提供赖以生存的经济条件

我国多年来实行的是产品经济和趋向单一化的所有制形式。在产品经济条件下，企业特别是全民所有制企业不具有相对的自主性和独立性，不是相对独立的商品生产者和经营者，它们的产品完全按国家指令性计划生产，实行统购包销。在这种情况下，价值规律、市场调节的作用受到严格限制，国家主要依靠超经济的行政权力来推动和管理经济。因此，在产品经济基础上形成的经济体制是高度集中统一的

---

① 谢晖：《法律工具主义评析》，《中国法学》1994 年第 1 期。

计划经济体制。由于计划经济主要靠行政命令、长官意志，因此它在本质上即权力经济，它内在地、本能地要求行政权力的至上权威。在这种情况下，它就会绝对地排斥与之平行和高于它的任何权威的存在。这样，宪法和法律的作用就是"为政府运用行政权力推动整个经济运行服务，使之成为实现行政权力的手段和工具，而行政权力却不受法律的约束"①。同时，计划经济强调的是作为个体的公民和作为集体的企业对行政权力的服从，因而有意无意地摆脱人民权利对行政权力的制约和反控，形成以权力吸收权利的权力本位。因此，"计划经济是人治的最好土壤，可以说，计划经济内在地、本能地要求人治"②。而限制权力经济则是根治"人治"顽症的釜底抽薪办法。

但是，市场经济却与此恰恰相反，它在本质上是权利经济。它不仅反对权力至上和人治，反对从属于行政权力和人治的法制，而且由于它主要靠主体平等、意思自治的法律规范调整，因而它内在地、本能地要求法律的至上权威、要求法治。而且在历史上，宪法的至上权威本身就是商品经济普遍发展的产物。反过来说，如果没有商品经济的普遍发展，也就不存在对最高行为规范的需要。所谓宪法的应有权威也就不可能树立起来。因此，从经济的角度来说，要实现宪法至上，就必须大力发展社会主义市场经济。

（二）正确处理执政党和领导人的个人意志与宪法的关系，建立合理的"权利－权力"结构，加强民主政治建设，为宪法至上提供赖以生存的政治条件

尽管市场经济是宪法至上的决定性因素，但只有当市场经济原则转化为政治上的民主制以后，这种作用才能发挥出来。同时，宪法本身即民主制度的法律化，宪法至上的基本特点亦即宪法的实际运用状况，这是一方面。另一方面，民主政治的根本要求即实行宪政，"以

---

① 卢云：《法律模式转换：一场深刻的革命性变革》，《中国法学》1994 年第 1 期。
② 江平：《完善市场经济法律制度的思考》，《中国法学》1993 年第 1 期。

宪治国"。如果一个国家的民主制度不健全，民主政治不发达，宪法也就不可能顺利实施，宪法的应有权威也就不可能真正树立。因此，要从根本上保证宪法的至高无上地位，使宪法真正成为一切机关、组织和个人根本的活动准则，至关重要的一点即在于加强民主政治建设。现阶段在此方面最为急迫的问题主要有三点。

第一，正确处理执政党与宪法的关系。现代政治是政党政治。统治阶级对国家权力的支配和运行，人民群众的权利义务主张上升为法律，往往是通过执政党及其政策进行的。这就产生了执政党与宪法和法律的关系。如前所述，在我国的现实政治中，执政党的一些活动一方面直接或间接地行使着国家权力，另一方面却并不受制于宪法和法律。这种状况不仅极大地损害了宪法的至上权威，而且也与执政党的宗旨相违背。因此必须正确处理好执政党与宪法的关系。具体说来，根据法治原则，党必须在宪法和法律范围内活动，党的政策亦不能违背宪法和法律。

第二，正确处理领导人的个人意志与宪法的关系。在人治状态下，领导人的个人意志处于至高无上的地位。然而，宪法至上却要求领导人的个人意志必须服从于宪法，当领导人的个人意志与宪法发生矛盾的时候，宪法的权威高于领导人的个人意志。虽然在我国的政治生活中，领导人的个人意志高于宪法的情况并不很多，但还不能说已经杜绝。因此要树立宪法至上，还必须解决好这一问题。

第三，建立正确合理的"权利－权力"结构。权利制约权力不仅是实现人民主权的基本轨道，而且是宪法至上的内在精神。因此，没有"权利－权力"的合理结构，就不可能有真正的宪法至上。在中国的政权体制中，这种结构主要包括两大环节：一是作为国家主人的人民与各级人大；二是各级人大与同级其他国家机关。具体说来即人民的权利与人大的权力，人大的权力与其他国家机关的权力。在此结构中，人民的权利始终处于核心支配地位，各级人大则在人民与其他国家机关之间发挥着媒介作用。因此，一方面必须大力保障公民的权利，另一方面必须大大加强人民代表大会制度。

（三）剔除传统法文化的糟粕，吸收外来法文化的精华，为宪法至上提供赖以生存的思想文化条件

每个国家、每个民族都存在自己的传统法制。尽管历史上东方各国在西方列强殖民扩张条件下，传统法制出现了西方化，但这主要是指法的技术方面。至于法律意识，恐怕还是传统的占优势。因为制度的革命并不意味着观念的革命。长久形成的观念、意识较之表面的制度更不易改变，转变的过程也更加痛苦。而且法技术和法观念相互脱节的必然结果是法律功能的削弱或者畸变。这也就是说，"任何一种外来文化，都只有植根于传统才能够成活，而一种在吸收、融合外来文化过程中创新传统的能力，恰又是一种文明具有生命力的表现"①。因此，我们要实现宪法至上，进而实现法制的现代化，就必须妥善解决这一问题。这里，笔者主要谈两点。

第一，正确认识宪法和法律的社会功能，真正树立起对宪法和法律的信仰。伯尔曼曾经指出："没有信仰的法律将退化成为僵死的教条""而没有法律的信仰……将蜕变成为狂信"。② 因此，"法律必须被信仰，否则它将形同虚设""它将是死法"。③ 的确，宪法和法律的颁布，远非法治理想的实现。因为它在根本上仰赖于人们对宪法和法律的理解和信任。而中西方国家之所以在此方面存在差异，主要即根源于人们对宪法和法律社会功能的认识不同。梁治平先生认为："国家与法所由产生的途径，不仅决定了国家的组织形式，而且也规定了法的社会功能。"④ 如果说古希腊、罗马国家与肇始于平民与贵族的冲突，国家以"公共权力"的形式凌驾于社会之上，从而使法成为确定

---

① 梁治平：《法辨》，贵州人民出版社，1992，序第 2 页。
② 〔美〕伯尔曼：《法律与宗教》，三联书店，1991，第 47 页。
③ 〔美〕伯尔曼：《法律与宗教》，三联书店，1991，第 47 页。
④ 梁治平：《法辨》，贵州人民出版社，1992，第 76、19 页。

和保护社会各阶级权利的重要手段的话，那么在古代中国，国家却并不是什么"公共权力"，而只是一族一姓施行其合法武力的恰当形式，法也只被看作主要表现为刑的镇压工具。因此，在西方法文化中，法亦即权利、正义。由此也就可以把法律看成为组织社会的基本模式，也就能够形成宪法和法律至上的信仰。然而，中国古代法的唯一功能却在刑惩，法不过是镇压的工具，是无数统治手段中之一种，可以由治人者随意运用、组合。这样，它的地位自然也就等而下之了。由此也就决定了法不可能成为人们的信仰。当然，中国人也有自己的至上信念。相对于西方的法律至上，中国的传统是道德至上。而且在某种意义上可以说，中国古代法的一个绝大秘密即道德的法律化和法律的道德化。但这些观念却与现代法制格格不入。相反，将法的功能与权利、正义紧密相连，则与宪法至上的内在要求息息相通。

第二，弄清中国古代法精神与现代法精神的差异，真正树立起契约精神等现代法观念。瞿同祖先生在《中国法律与中国社会》一书中提出，中国古代社会是身份社会，中国古代法律是伦理法律。梁治平先生认为，这两个方面的结合构成为中国古代法的真精神。① 而且在笔者看来，这种法精神在现阶段的中国仍然存在。然而，它们却与现代法律精神中的契约基础根本对立。因此，在中国法治之路过程中，如何剔除古代法精神，树立起现代法精神，亦即怎样实现从身份到契约是非常重要的环节。我们说宪法是人民与政府的契约。虽然这种文字表现形式的契约不难形成，但法治所强调的并不只是一种文本，而是文字形式与内在精神的统一。而且实际上内在精神还处于最核心、最具支配作用的地位。离开了它，所谓宪法、契约都只是空谈。因此，树立契约精神等现代法观念是实现宪法至上、走向法治之路的关键。

（四）健全监督机构，完备相关制度，为宪法至上提供制度保障

宪法至上的实现不能靠呼吁或者劝诫，而是要靠制度来保障。诺

---

① 参见梁治平《法辨》，贵州人民出版社，1992，第76、19页。

内特和塞尔兹尼克曾经指出，"法治诞生于法律机构取得足够独立的权威以对政府权力的行使进行规范约束的时候"①。可见组织机构的重要。而且"比较宪法学者认为，有两种确保宪法最高权威的方法，即对国家行为合宪性的司法监督和政治监督"②。因此，在组织机构中，保障宪法实施的监督机构又是中心。同时，实践表明，宪法解释制度、宪法修改制度、宪法诉讼制度和违宪责任制度等也是保证宪法权威的基本环节。由于我国学界对监督机构和相关制度论述较多，因此这里笔者简要谈谈宪政程序。

　　美国大法官福兰克弗特认为，"自由的历史基本上是奉行程序保障的历史"③。道格拉斯法官则明确提出："正是程序决定了法治与恣意的人治之间的基本区别。"④ 对人治状态的分析表明，权力之所以能超越法律，个人意志之所以能凌驾于法律之上，法律程序不健全或者权力的运行没有严格遵循法律程序是关键。因此，"中国法制现代化的一个关键问题，即通过形成和强化法的中介机制来扬弃行政命令与民间调解的苟合，其中最重要的工作是建立和健全一整套公正而合理的法律程序"⑤。宪法内容的贯彻、宪法权威的树立也是如此。与民法、刑法和行政法等实体法须由程序法来保障一样，宪法至上的实现也存在着程序问题。可以说，如果没有完备的宪政程序，宪法至上、法治根本就无从谈起。所以罗尔斯提出："正义的宪法最好应是一种为保证正义的结果而安排的正义程序。"⑥ 但中国宪法的理论和实践对此却还没有引起足够的重视。因此在现阶段，加强宪政程序建设迫在眉睫。

　　最后，笔者借用龚祥瑞先生的一段话作为本文的结语："法律终

---

① 〔美〕诺内特等：《转变中的法律与社会》，第 59 页。
② 〔美〕格伦顿等：《比较法律传统》，中国政法大学出版社，1993，第 232 页。
③ 转引自季卫东《比较程序论》，《比较法研究》1993 年第 1 期。
④ 转引自季卫东《比较程序论》，《比较法研究》1993 年第 1 期。
⑤ 〔美〕罗尔斯：《正义论》，上海译文出版社，1991，第 215 页。
⑥ 季卫东：《现代法治国的条件》，《现代社会中的法律》（代译序）。

归是'以理服人'的。否则就难以说清'法大于权'的威力，只有惟强权是从了。所以就法论法总有局限性，我们应该从保护人民的利益出发，从群众的疾苦出发，去探索救济办法，忠诚地以人类追求正义的精神，不畏强权，而不懈地积累、更新如何预防权力被人类弱点所滥用的根源、技术和方法。"①

（本文原载于《法学评论》1995 年第 6 期）

---

① 龚祥瑞：《西方国家司法制度》，第 163 页。

从"以法治国"到"依宪治国"

—— 中国共产党法治方略的历史演进和未来面向

秦前红　苏绍龙[*]

十八届四中全会是中国共产党首次以"法治"为主题的中央全会，反映出中央在法治之于全面深化改革、提高党的执政能力和执政水平、实现中华民族伟大复兴重要作用上的清晰认识，体现了中央对深化改革、推进法治的决心。可以说，这次全会是依法治国、建设社会主义法治国家进程中的重要历史节点。

中国共产党领导人民建立新中国已 60 余年，在社会主义革命、建设和改革的各个时期，在由革命党向执政党转变的进程中，对于法治的认识是有差异的，总体上呈现为一个先倡导又否弃再坚持的过程，由虚渐实、由浅入深、从一部而至全局的轨迹。当此中央宣示全面推进依法治国之际，有必要回顾中国共产党法治方略的演进轨迹，在教训中明确努力方向，在现实中坚定法治理想，为中国的法治建设贡献更多智识。

健全法制：法治的根基

法制，乃法律制度的简称，是法律的体系、体制和架构的整体，涵盖法律以及与法律的制定和实施相关的各种制度，体现着政权的属性和统治阶级的意志；法治，则是相对于人治的价值系统、治国理论、

---

*　秦前红，武汉大学法学院教授；苏绍龙，武汉大学法学院博士研究生。

制度体系和运行状态。法制只是法治的必要条件，而非充分条件——任何法治都是建立于法制的基础上，脱离了法制这一前提，法治便不可能建立和存续；但若只有法制，没有法律至上、限制公共权力和民主、自由、平等、人权保障等观念和制度的支撑，法治亦无法达成。

推翻旧秩序，推行体现本阶级属性和意志的新秩序是建立新政权的重要表征，以革命党角色赢得全国政权的中国共产党深谙此中奥义。1949 年元旦，蒋介石发表《新年文告》，提出"不破坏民主宪政""不中断法统"等和谈条件，毛泽东针锋相对地发表了《关于时局的声明》等文章，坚持"废除伪宪法""废除伪法统"。随着解放军节节胜利，2 月，中共中央发布《关于废除国民党的六法全书与确立解放区的司法原则的指示》，宣布废除国民党政权制定的所有法律，人民司法机关审判案件以共产党的政策、人民政府与人民解放军所发布的纲领、法律、条例和决议为依据。9 月，新政协通过了《共同纲领》，这份文件成为中共领导的多党派联合政府的建国纲领，居于临时宪法的地位。

1954 年，《中华人民共和国宪法》颁行后，毛泽东曾多次宣示要实行和遵守宪法，并要求国家机关工作人员带头遵守。① 1956 年，刘少奇在中共八大的政治报告中指出："我们目前在国家工作中的迫切任务之一，是着手系统地制定比较完备的法律，健全我们国家的法制。"② 董必武在会上提出了"党必须采取积极措施健全人民民主法制，依法办事是加强人民民主法制的中心环节"，做到"有法可依，有法必依"的观点。③ 中国共产党人意识到，建立人民政权需要健全并依靠法制。此后，我国相继颁行了《土地改革法》《婚姻法》和《惩治反革命条例》等法律法令，被视为新中国"法制建设的第一个黄金期"。这一时期的法制建设本质上奉行"法律工具主义"价值观，

---

① 参见《毛泽东选集》第 5 卷，人民出版社，1977，第 129 页。
② 《刘少奇选集》下卷，人民出版社，1985，第 253 页。
③ 《董必武法学文集》，法律出版社，2001，第 352 页。

法律被定位为巩固政权和阶级斗争的工具,具有极强的政治依附性。

　　基于对国内外形势的错误估计,党中央 1957 年下半年发动了"反右"运动,以此为起点,新中国刚刚起步的法制建设陷于停滞,进而大倒退。由于党在革命时期形成的行为惯性,加之新中国成立后的群众运动凸显了政策的灵活有效性,干部群众形成了"文件治国"的思维定式。1958 年,毛泽东在北戴河会议上说道:"宪法是我参加制定的,我也记不得。我们每个决议都是法,开会也是法。我们主要靠会议、开会,一年搞四次,不靠民法刑法维持秩序。"刘少奇也附议:"到底是法治还是人治,看来实际靠人,法律只能做办事的参考。"①从此直至"文革"结束,党的政策全面替代了法律,"法律虚无主义"成为社会的主流思想,即便毛泽东 1962 年意识到"不仅刑法要,民法也需要,现在是无法无天",但已无法挽回乱局——人大运作基本瘫痪,政府被"革委会"取代,司法系统被彻底砸烂,公民权利遭到践踏,整个国家陷入空前的动乱。

　　"文革"结束后,中共十一大报告曾提出要"加强公安工作和社会主义法制",但此时"左"的路线还没有得到纠正,在此思想指导下制定的《七八宪法》含有诸多缺陷。邓小平在 1978 年底召开的中央工作会议上提出了"有法可依,有法必依,执法必严,违法必究"的方针。在十一届三中全会上,这十六个字成为全党共识,引为社会主义法制建设的基本方针。同时,会议还强调恢复全国人大及其常委会的立法工作,保持司法机关的独立性,人人平等、反对特权。在此基础上,1979 年,《刑法》《刑事诉讼法》等七部法律颁行,《中共中央关于坚决保证刑法、刑事诉讼法切实实施的指示》强调,"它们是否严格执行,是衡量我国是否实行社会主义法治的重要标志。"这是新中国成立以来,中央重要文件中首次使用"法治"二字。

　　1982 年,现行《宪法》颁行,恢复了国家主席和人民检察院,废

---

① 许崇德:《中华人民共和国宪法史》,福建人民出版社,2005,第 419 页。

除了国家领导职务终身制，增加了"公民的人格尊严不受侵犯"等条文。其中，第5条明确规定，"国家维护社会主义法制的统一和尊严""一切国家机关和武装力量、各政党和各社会团体、各企业事业组织都必须遵守宪法和法律。一切违反宪法和法律的行为，必须予以追究""任何组织或者个人都不得有超越宪法和法律的特权"。这反映出中国共产党对"文革""无法无天"的灾难性后果的深刻反思。1982年宪法的颁行，为改革开放后的法制建设奠定了根本法基础。

此后，中央多次重申"健全社会主义法制"，相应地，立法工作日渐繁重。1992年召开的中共十四大确定建立社会主义市场经济体制，十四届三中全会提出了"改革开放与法制建设相统一，20世纪末初步建立适应社会主义市场经济的法律体系"的目标，至十五大明确为"到2010年形成有中国特色社会主义法律体系"的法制建设目标。统计显示，截至2011年2月底，我国制定现行宪法和现行有效法律239件、行政法规700件、地方法规8600多件，[①] 在经济、政治、文化、社会和生态文明建设方面实现了有法可依。十一届全国人大四次会议宣布，"以宪法为统帅，以宪法相关法、民法商法等多个法律部门的法律为主干，由法律、行政法规、地方性法规等多个层次的法律规范构成的中国特色社会主义法律体系已经形成"。

《中共中央关于全面推进依法治国若干重大问题的决定》提出，"法律是治国之重器，良法是善治之前提"，这是中央全会文件首次使用"良法"这一专业的法学术语。良法，亦称善法，至少应满足两条标准：第一，良法应该是符合客观规律的法律；第二，良法应该是促进社会进步、反映多数人意志与愿望的法律。[②] 从现实而言，由于立法者智识、经验技术和社会条件等主客观因素的限制，有的法律在制

---

① 参见李飞主编《中国特色社会主义法律体系辅导读本》，中国民主法制出版社，2011，第21页。
② 参见李龙《宪法基础理论》，武汉大学出版社，1999，第99页。

定时就存在缺陷，有的法律则在实施过程中因客观条件的变化而逐渐无法适应社会的需求，这就需要立法者不断完善法制。此次中央全会要求着力提高立法质量，完善立法体制机制，坚持立、改、废、释并举，推进科学立法和民主立法，完善体现权利公平、机会公平、规则公平的法律制度，实现立法和改革决策相衔接，做到重大改革于法有据、立法主动适应改革和经济社会发展需要，其目的就是要由良法构筑社会主义法律体系，使社会主义法治成为良法之治。

依法治国：改革的必然

法治的基本理念是强调平等、反对特权，注重公民的权利保障，反对政府滥用权力。要实现理想的法治秩序，就必须发挥实存法的固定和支持作用，这是一种从观念到规范再到实然法治状态的转换过程。[①] 十一届三中全会以来的 30 多年，就正是中国共产党法治方略由萌发到成形再到全面推进的过程。

从现有文献来看，改革开放后最早提出 "法治" 命题的中央领导人应该是彭真，1979 年 9 月，他在题为《关于社会主义法制的几个问题》的讲话中说："现在要依法办事，依法治国，你是领导，不懂法怎么行？"[②] 1980 年，五届全国人大三次会议的政府工作报告中出现了 "以法治国" 的表述；1985 年，中共中央和国务院转发关于 "一五" 普法规划的通知中提出了 "依法办事，依法治国"。应该说，这一时期中央关于法治的表述还较为抽象，"以法治国" 是主流话语，这是一种 "秩序中心主义" 的形式法治观，仍然强调法律作为阶级统治的工具性，但治理方略转变的方向已经显露。

凝聚法治共识的历程并非一帆风顺。20 世纪 80 年代初，关于人

---

① 参见秦前红《宪法原则论》，武汉大学出版社，2012，第 120 页。
② 彭真：《关于社会主义法制的几个问题——在中央党校的讲话》，《红旗》1979 年第 11 期。

治与法治的问题就出现了三种不同的观点："法治论"认为应当根除
人治，实施法治；"人治论"认为"法治"是西方资本主义国家的做
法，社会主义国家不能照搬，应当维护领导人的权威，实际默认或主
张法律可有可无；"结合论"则认为不应将二者对立起来，可结合使
用。邓小平也意识到，"要通过改革，处理好法治和人治的关系"①。
随着改革开放的推进，倡导法治、反对人治的观点得到了越来越多党
内外人士的认同。1989 年 9 月，江泽民在中外记者招待会上说："我
们绝不能以党代政，也不能以党代法。这也是新闻界常讲的究竟是人
治还是法治的问题，我想我们一定要遵循法治的方针。"② 这是当时中
央领导人对人治与法治问题最为明确的表态。

　　1992 年召开的中共十四大决定建立社会主义市场经济体制，要求
全党高度重视法制建设，"加强立法工作，特别是抓紧制定与完善保
障改革开放、加强宏观经济管理、规范微观经济行为的法律和法规，
这是建立社会主义市场经济体制的迫切要求"③。1996 年 2 月，江泽民
在中央领导法制讲座时说，"加强社会主义法制建设，依法治国，是
邓小平建设中国特色社会主义理论的重要组成部分，是我们党和政府
管理国家和社会事务的重要方针"④。同年 3 月召开的八届人大四次会
议根据党中央的建议，将"依法治国，建设社会主义法制国家"写入
《国民经济和社会发展"九五"计划和 2010 年远景目标纲要》。1997
年，中共十五大正式提出"依法治国，建设社会主义法治国家"，将
依法治国列为党领导人民治理国家的基本方略。两年后，"中华人民
共和国实行依法治国，建设社会主义法治国家"被载入《宪法》，"依
法治国"由党的意志上升为国家意志，中国共产党的法治方略正式确
立。2012 年，中共十八大提出"法治是治国理政的基本方式"，突出

　　①　《邓小平文选》第 3 卷，人民出版社，1993，第 177 页。
　　②　《江泽民等答中外记者问》，《人民日报》1989 年 9 月 27 日。
　　③　《十四大以来重要文献选编》（上），人民出版社，1996，第 29 页。
　　④　《1996：中南海法制讲座》，法律出版社，1997，第 1 页。

强调党治国理政要运用法治方式。

从"以法治国"到"依法治国",从"法制国家"到"法治国家",虽然仅一字之差,但意味着中国共产党从单纯强调建立完备的法律体系,到重视治国理政实践的正当性与合法性,意味着中国共产党强调法律在国家生活中的至上地位,绝对地排斥人治、否定人治,也意味着中国共产党的法治观从片面、形式的法治观发展为全面、实质的法治观。法治国家更加强调法治的价值内涵,它至少应当包括人民主权、法律至上、法制完备、依法行政、司法公正、权力约束、权利保护、人权保障和社会自治等基本特征,① 它表明法治的实施不仅要使法律成为治理社会的首要机制,更要用法治的根本精神和价值指导实践并促其实现。

考察时代背景,"依法治国,建设社会主义法治国家"方略的确立,是改革的必然结果。第一,社会主义市场经济要求法治。从高度集中的计划经济体制到建立和完善社会主义市场经济体制是一场深刻的变革,市场经济是人类发展至今实现资源配置最优的经济体制和模式,它崇尚平等、遵循规则,对法治有着天然的需求,追求完备的规则体系给予人们行为的可预见性,中国试图跟上新产业革命的脚步实现自我的发展,也必须建立统一稳定的规则并推行之。第二,社会主义民主政治的发展期待法治。改革开放后,政治体制改革取得一定成就,人大的作用得以增强,政府的权力受到制约,人民的权利得到保障和增进,国家政治生活走向正常化、民主化和制度化,这些改革成果依靠领导人强势维护是不牢靠的,只有法治能使之不可逆转,并且继续按照人民的意愿向前推进。第三,社会文明的进步呼唤法治。观诸世界强国的现代化进程,无不包含着国家的法治化,而法治也无不给这些国家带来繁荣、稳定和发展,使其跻身文明国家行列。正如江泽民所说:"依法治国是社会进步、社会文明的一个重要标志,是我

---

① 参见张文显主编《法理学》,高等教育出版社、北京大学出版社,2007,第403页。

们建设社会主义现代化国家的必然要求。"① 第四，改革开放以来的社会稳定的局面需要法治。历史告诉人们，没有安定的发展环境，国家的强盛就无从谈起。改革开放以来，人心思进、人心思安维护了社会的基本稳定，但国家政治秩序的有序、人民利益关系的和谐、危害社会行为的消除，不能单纯依靠政治动员和人民自觉，需要法治并且也只有法治才能提供长期的确定性和稳定性，保证国家繁荣、人民幸福和社会和谐。

中国的法治建设既要遵循法治的普遍要求、价值共性和精神实质，又要尊重中国的文化传统、现实国情和公民诉求；中国的依法治国，既要充分尊重宪法法律的权威、严格奉行宪法法律的统治，又要注重法治的精神品格和文化内涵。② 《中共中央关于全面深化改革若干重大问题的决定》提出了建设"法治中国"的政治命题，从其内涵而言，"法治中国"应当是法治国家建设的"中国版"，是中国法治建设的"升级版"。"法治中国"强调党的领导、人民当家做主和依法治国的有机结合，强调立足人民代表大会制度推进民主法治建设，强调对公权力的严格规约和私权利的充分保障，强调法治建设的全面、协调和持续性。同时，"法治中国"要求从法律思维到法治思维的提升，从法律体系到法治体系的提升，从法律文化到法治文化的提升，从依法治国到依法治国、依法执政、依法行政共同推进，法治国家、法治政府和法治社会一体建设的提升。

依宪治国：法治的灵魂

《中共中央关于全面推进依法治国若干重大问题的决定》指出："坚持依法治国首先要坚持依宪治国，坚持依法执政首先要坚持依宪执政。"这是这一表述首次被写入中央全会的决定，此前都只出现在

---

① 《中共中央法制讲座汇编》，法律出版社，1998，第32页。
② 参见周叶中《关于"法治中国"内涵的思考》，《法制与社会发展》2013年第5期。

领导人的讲话文稿中。2004 年 9 月，胡锦涛在纪念全国人大成立五十周年大会上的讲话中首次采用了"依法治国的根本是依宪治国，依法治国首先是依宪治国"的表述，十八大以后，习近平在纪念现行宪法公布施行 30 周年大会和庆祝全国人大成立 60 周年大会上的讲话中，也都明确加以重申，这反映出中国共产党对法治认识的深化。

从发生学角度来看，宪法可以理解为各种政治力量在博弈与妥协中达成的共识，是最基本、最根本的国家共识。当下中国的社会生态呈现出阶层众多、利益多元的基本样貌，观念歧见、利益冲突并不鲜见，宗教、道德、法律等无疑都是规避因利益纠葛引发的对抗、消弭由固守己见带来的纷乱脱序的调节手段。但唯有通过理性协商、全民讨论并借由一套缜密程序外化而成的宪法，才是凝聚全民意志的"最大公约数"，并具有最强的稳定性和权威性。宪法规定了全面重大的社会事务和国家事务，是全国人民根本的行为准则，一般法律的制定皆以宪法为依据。

法治的一个重要内涵，就是法律在最高的终极意义上居于规限和裁决人们行为的地位，是公民行为的最终导向或司法活动的唯一准绳，不论私人还是政府，都必须首先和主要接受法律的约束，此即法律的至上性。宪法是一国的根本法、最高法，那么法律至上性原则的核心便是宪法至上，亦即宪法是评价和衡量政府、公民行为的根本准则或最高标准。由此推进，依法治国必定要求依宪治国，如果治国不依宪，那就等于废弃了立国的根本，背离了最根本的国家共识，使法治陷于悖论，成为无源之水、无本之木，建设法治国家也就无从谈起。

宪法以对国家权力的构造和限制为核心内容，以保障并增进公民权利为终极追求。依宪治国首先能够制约权力专横，防止权力腐败。作为民主制度产物的宪法通过人民代表大会制度、公民基本权利体系、法律监督制度等的运行得以活化，保证权力来源于人民、服务于人民、受制于人民，保证政府的廉洁高效，恪守其权力边界，保证司法机关依法行使职权，有效防范公权侵蚀私权。依宪治国还能给予人民美好生活的预期。实现民族复兴是国家发展的总体目标，而人民对生活有保障、权利有增进、发展有机会的期许则是国家梦想的基本构成单元。宪法作为人民最根本的行为准则，只有被尊重和恪守，才能引领人民对自我行为的规划，消除因规则林立而导致的选择困难；才能通过权利行使自主、权力行使法定，消减权力恣意给人民的不期干预；才能汇集人民对国家和民族的忠诚和信心，凝聚民心民意助力国家崛起。

执政党是执掌国家政权的政党。在西方国家，政党活动以选举为中心展开，政党经由赢得选举上台执政，一旦进入由宪法法律构筑的权力体系中，自身也就成为被监督和控制的对象，执政的权力边界尤为清晰。在中国，共产党的执政地位并非由选举授予，而是依靠革命成功的事实和改革发展的绩效，借由宪法直接赋予执政合法性。由于共产党对革命路径的依赖，习惯于重视执政事实，轻视内在价值，也由于党组织和领导干部不习惯甚或完全没有具体的法律可供依凭，有时其执政权力的边界是模糊不清的，各项国家权力似乎都可归于党的一元领导之中，故而过去几十年"以党代政""以党代法"的现象就不足为奇。然而，倘若党与国家机关的角色和权力并无区隔，那么通过法治建立权力运行秩序就几无可能，依宪治国自然也就沦为空谈。

十六大提出"从领导人民为夺取全国政权而奋斗的党，成为领导人民掌握全国政权并长期执政的党"的转换轨迹，要求"改革和完善党的领导方式和执政方式，不断提高依法执政的能力"，"依法执政"成为中国共产党的新坐标。现行宪法第5条明确规定："一切国家机关和武装力量、各政党和各社会团体、各企业事业组织都必须遵守宪法和法律。"执政党当然也受这一条文的规制——党必须在宪法和法律的范围内活动，这也是党章作为党内最高法规的明确要求。因此，依宪治国和依法执政就使中国共产党依宪执政成为逻辑必然、价值必然。

依宪执政价值在于为党提供最坚实的合法性基础。宪法确立了党的执政地位，使党的领导有了宪法和法律的支撑与保障；宪法能把党的意志转化为人民的根本意志，实现党的意志和人民意志的根本统一；宪法明确了党的民主与人民民主发展秩序，避免民主政治陷于民粹和僵滞；宪法能划清党的执政行为与国家权力行为的边界，确保宪法和法律的严肃性和权威性。

中国语境下的"法治"必须与党的领导和人民当家做主相结合，这是由中国的权力维度和秩序所决定的。在国家的维度中，人民是依法治国的主体，体现其根本意志的宪法即为法治的最高依据，依法治国必然要求依宪治国。在党的维度中，法治要求执政党的领导和执政行为符合宪法和法律，依法执政必然要求依宪执政。依宪治国及其统摄的依宪执政，共同构筑了中国法治的灵魂。

未来面向：让依法治国为深化改革释放红利

改革开放是当代中国的强国之路，依法治国是中国共产党治国理政的基本方略。《中共中央关于全面深化改革若干重大问题的决定》将全面深化改革的总目标设定为"完善和发展中国特色社会主义制度，推进国家治理体系和治理能力现代化"；《中共中央关于全面推进依法治国若干重大问题的决定》将全面推进依法治国的总目标设定为"建设中国特色社会主义法治体系，建设社会主义法治国家"。两项总目标不是彼此孤立的，所属具体举措也非互不交叉。

"凡属重大改革都要于法有据。在整个改革过程中，都要高度重视运用法治思维和法治方式，发挥法治的引领和推动作用，加强对相关立法工作的协调，确保在法治轨道上推进改革。"① 这种"法治改革观"提醒我们，依法治国为全面深化改革提供了最佳的表达载体和实施机制，通过全面推进依法治国引领和推进经济体制、政治体制、文

---

① 《把抓落实作为推进改革工作的重点 真抓实干蹄疾步稳 务求实效》，《人民日报》2014年3月1日。

化体制、社会体制、生态文明体制和党的制度建设方面的深化改革，势必将为当代中国释放巨大的"改革红利"——经济发展、政治清明、文化昌盛、社会公正、生态良好。

当然，意欲收获丰厚的"改革红利"，作为执政党的中国共产党还必须在推进依法治国的诸多关键面向上"钉钉子"。

一要健全宪法的实施和监督制度。宪法的实施是实现依宪治国的基本途径，实现依宪治国必然需要一个立宪、行宪和护宪的过程。我国已有一部基本适应现实需求的宪法，但行宪和护宪的工作却相当滞后。行宪不单包括将宪法的原则和规范通过立法活动具体化，更重要的是在宪法的实施过程中适时地解释宪法，按照法定程序阐明有关条文的含义，促成宪法条文的落实；护宪即维护宪法权威、实施宪法监督，开展违宪审查，为实现依宪治国提供保障。虽然现行宪法规定全国人大及其常委会负责监督宪法实施，全国人大常委会负责解释宪法，但过去30多年来这两项权力基本处于"冰封"状态，长此以往，达至依宪治国遥遥无期。四中全会提出"完善全国人大及其常委会宪法监督制度，健全宪法解释程序机制"，就势必"激活"宪法的监督和解释权，这在理论和技术上已不存在不可突破的障碍，但求凝聚宪制共识，通过必要的机构设计和程序设定促其实现。

二要提升人民代表大会的实然地位。人民代表大会制度是我国最根本的制度安排，人民代表大会作为国家权力机关居于权力架构的核心，但从人民代表大会制度运行60年的现实情形而言，其实际地位与制度设计的初衷相距甚远。使人民代表大会回归应然的崇高地位，阶段性的改革可考虑提升直选产生的人大层级，落实差额选举，缩减代表规模，试验性地探索地方人大与常委会的合并，虚化人大及常委会的决定权，夯实人大的预算和规划监督权，落实质询、特定问题调查等制度。基于党管干部的原则，可考虑按照政府首长负责制、司法独立行使职权制的精神，适度减少人大人事任免的范围。同时，遏制人大组织和会议制度的行政化倾向，设置立法人员资格准入制度或立法顾问制度，制定精细严密的权力运行规则，使宪法法律赋予的各项权力真实地运转起来。

三要廓清党行使执政权力的程序和边界。从理想状态而言，党依宪执政、依法执政的方式是通过宪法法律规定的形式进入政权组织，成为国家政权机关的领导党，领导的方式是政治领导、思想领导和组织领导。从过往的政治实践来看，党组织和领导干部直接干预国家机关具体事务的情况时有发生，不符合依法执政、依宪执政的要求，破坏了宪法法律规定的国家权力秩序。究其原因，主要还是党行使执政权力的程序混沌、边界模糊，使一些党组织和领导干部违法行使权力，以言代法、以权压法、徇私枉法。社会主义法治需要坚持党的领导，党的领导也必须依靠社会主义法治。四中全会提出依法执政"既要求党依据宪法法律治国理政，也要求党依据党内法规管党治党"，且"完善的党内法规体系"也被视为中国特色社会主义法治体系的组成部分，那么，在以国家法律规定党行使执政权力程序和边界存在现实困难的情况下，一个可欲可为的方案是在恪守宪法法律原则的基础上，以党内法规的形式廓清党执政行为的程序和边界，明确党组织与国家政权机关的关系，行使执政权力的方式、步骤和范围等实体和程序问题，使党的执政行为有真实、明确的规范可以依凭并且受到规制。

四要厘定政府的"权力清单"，落实公民权利与自由的"正面清单"。国家和公民是最主要的宪法主体，宪法存在的重要意义就是限制国家权力，保障和增进公民权利与自由。政府是与公民（或法人）接触最为密切的国家机关，对政府而言，"法无授权皆禁止"，十八大后，各级政府推行了列举政府"权力清单"（或"负面清单"）的制度，这对于依法行政，建设法治政府当然有积极效应。但是，仅仅规约政府权力的法治是片面的，还必须落实公民的权利与自由。对公民而言，"法无禁止皆可为"，现行宪法以列举的方式确定了公民广泛的权利与自由，此即基本的"正面清单"，唯有将清单转换为现实，确保公民人身权、财产权、基本政治权利等各项权利不受侵犯，保障公民经济、文化、社会等各方面权利得到落实，弘扬民主精神，激发社会活力，将权力关进由权利编织的制度笼子中，法治才是完整的。

五要尊重司法规律，确保司法公正。公正是法治的生命线，司法机关是维护公正的最后防线。司法不公对法治的破坏力是致命的，司法不公则法治不彰。由于党强大的路径依赖惯性，党与司法关系的合理定位、司法政策摇摆不定、司法发展的人治主义色彩浓厚等问题依然突出，相应地，社会上"信访不信法、信上不信下""大闹大解决、小闹小解决、不闹不解决"的思维颇受推崇，迫切需要党尊重司法自身的运作规律，维护司法的应有权威。四中全会的决定用了较大篇幅部署维护司法公正的举措，一些提法也颇具新意，反映了执政党对司法领域问题的反思。当下，法治建设在司法层面的推进应当以完善司法权力独立运行机制为中心展开，保障司法机关独立行使职权，恪守程序公正，对党组织或干部干预司法活动、插手具体案件处理的情形严厉问责，健全司法人员履职保护机制和法律人才流动渠道，强化对司法活动的法律监督，优化司法职权的配置。同时，党的政法委与司法机关的关系、"司法解释"的合宪性、舆论借监督之名裹挟司法等问题，也到了必须破解的时候。

罗马并非一天建成，法治亦不可能在朝夕间实现。中国共产党执政的66年是从拒斥和否弃法制到健全和完善法制，走向以法治国和依宪治国的过程。中国共产党作为执政党，自应不断深化对法治的认识，直面问题，以其政治智慧和勇气推进中国的法治和改革进程。唯有如此，执政基础才会得以巩固，国家治理体系和治理能力现代化的目标才会日渐趋近，国家富强、民族复兴、人民幸福的宏愿也才真切可期。

（本文原载于《人民论坛·学术前沿》2014年第22期）

略论党的领导与依宪治国

任　进[*]

宪法是国家的根本法，是依法治国、建设社会主义法治国家的基础和依据。[①] 江泽民指出："我们讲依法治国，建设社会主义法治国家，首先是依据宪法治理国家、建设国家。"[②] 在推进依法治国，建设社会主义法治国家的进程中，必须把宪法和宪法实施置于头等重要的地位。而要实行依宪治国，关键是要正确认识和处理好依宪治国与党的领导的关系。

一　关于中国政党制度的宪法规范

中国共产党和各民主党派都是受我国宪法承认和保护的合法政党或党派。1949 年共同纲领、1954 年宪法、1975 年宪法和 1978 年宪法，都以不同方式对我国政党制度做了确认和规定。1982 年宪法及三个修正案，总结了前三部宪法关于政党制度规定的基本经验，并根据改革开放和现代化建设新时期的特点，对我国的政党制度做了原则阐述和规定。

（一）肯定了中国共产党的历史地位

宪法序言宣示："一九四九年，以毛泽东主席为领袖的中国共产党领导中国人民……建立了中华人民共和国。""中国新民主主义革命

---

[*]　任进，国家行政学院法学部教授。

[①]　李鹏：《在全国人大常委会首次法制讲座上的讲话》，《人民日报》1998 年 6 月 17 日。

[②]　《中共中央总书记江泽民主持召开党外人士座谈会征求修改宪法部分内容的意见》，《人民日报》1999 年 2 月 1 日。

的胜利和社会主义事业的成就，是中国共产党领导中国各族人民取得的。"

（二）　确立了中国共产党在社会主义初级阶段的基本路线和中国共产党的领导

宪法序言载明："我国将长期处于社会主义初级阶段。国家的根本任务是，沿着建设有中国特色社会主义的道路，集中力量进行社会主义现代化建设。中国各族人民将继续在中国共产党领导下，在马克思列宁主义、毛泽东思想、邓小平理论指引下，坚持人民民主专政，坚持社会主义道路，坚持改革开放，不断完善社会主义的各项制度，发展社会主义市场经济，发展社会主义民主，健全社会主义法制，自力更生，艰苦奋斗，逐步实现工业、农业、国防和科学技术的现代化，把我国建设成为富强、民主、文明的社会主义国家。"

（三）　确认了中国共产党领导的多党合作和政治协商制度

宪法序言写明："在长期的革命和建设中，已经结成由中国共产党领导的，有各民主党派和各人民团体参加的，包括全体社会主义劳动者、拥护社会主义的爱国者和拥护祖国统一的爱国者的广泛的爱国统一战线，这个统一战线将继续巩固和发展。中国人民政治协商会议是有广泛代表性的统一战线的组织，过去发挥了重要的历史作用，今后在国家政治生活、社会生活和对外友好活动中，在进行社会主义现代化建设、维护国家的统一和团结的斗争中，将进一步发挥它的重要作用。"

（四）　规定了党在宪法和法律范围内活动的原则

宪法序言要求："全国各族人民、一切国家机关和武装力量、各政党和各社会团体、各企业事业组织，都必须以宪法为根本的活动准则，并且负有维护宪法尊严、保障宪法实施的职责。"同时《宪法》第5条规定："一切国家机关和武装力量、各政党和各社会团体、各企业事业组织都必须遵守宪法和法律。""任何组织或者个人都不得有超越宪法和法律的特权。"

二　党的领导与宪法修改

（一）宪法修改的主体及基本形式

宪法修改是指依照宪法规定的权限和程序对宪法规范的修正或补充。在我国，宪法规范即构成中华人民共和国宪法的全部规范。在我国，根据宪法修改的内容的多寡，宪法修改可分为宪法全面修改和宪法局部修改两种。根据宪法的规定，宪法的修改由全国人大常委会或1/5 以上全国人大代表提议，并由全国人大以全体代表的 2/3 以上多数通过。因此，在我国，宪法修改的主体只能是全国人大。

（二）正确认识和处理好宪法修改与党的领导的关系

依据我国的政治惯例，1988 年、1993 年和 1999 年对 1982 年宪法的三次局部修改，都是由中共中央建议、再由全国人大常委会提议进行的。因此，中共中央可以提出修宪建议。这体现了党领导人民（通过最高国家权力机关）制定宪法的原则。

宪法是国家的根本法，制定一部科学、完善的宪法，是确保宪法得到充分、有效实施和实行宪政的基本前提。但宪法作为国家根本法，必须保持相对稳定，因此对宪法的修改应十分慎重。法治对宪法稳定性的要求与社会对宪法适应性的要求，是我国宪法修改中无法回避的矛盾。

正确处理宪法修改与党的领导的关系，必须遵循宪法的修改服从党和国家改革、发展的重大决策的原则，同时坚持能不修改就尽量不改的原则。

中国共产党是中国社会主义事业的领导核心，也是依法治国、建设社会主义法治国家的领导核心。党的领导是实现依宪治国、保证社会主义法治建设沿着正确方向发展的根本保证，也是领导人民制定科学、完善宪法的根本保证。当然，在修改宪法过程中，要维护宪法的权威和根本法地位。当出现以下情况时，党中央应考虑修改宪法，并适时提出修宪建议：一是我国加入的国际公约有要求而我国已经承诺遵守且无保留条款时，如《经济社会文化权利国际公约》《公民权利和政治权利国际公约》和《世贸组织规则》等；二是经济发展、民主法治和社会进步产生修宪要求时，如财产权、普选权等；三是党和国家的指导思想、重大方针政策提出基本要求时，如邓小平理论、江泽民"三个代表"思想等。

宪法是国家的根本法，同时，宪法是规范和制约各种国家机关或行使公共权力的社会组织、确保公民基本权利的保障书。因此，党领导人民制定的宪法尽管是党的正确主张的体现，但归根到底宪法是人民根本利益和共同意志的反映，更要充分体现人民的根本利益，体现社会生产力的发展要求。宪法作为党的方针、政策以及人民根本利益和共同意志的集中体现，必须具有与时俱进的品格。对1982年宪法的三次修改的经验表明，宪法只有对自身不断完善，才能较好地适应现实的要求。

面临21世纪新的形势，应适时对1982年宪法进行修改。具体而言，对现行宪法的修改应体现以下几个方面：一是根据"三个代表"的基本精神和要求对现行宪法确立的基本原则和制度作全面、系统的审视和完善；二是在修宪过程中，应当借鉴和吸收当今世界各国立宪的经验，反映人类文明成果、共同理想和现代化特征的先进宪政原则和制度；三是要认真总结当今世界各国宪政建设正反两方面的经验教训，并根据中国改革开放和现代化建设的实际，具体设计宪政制度，特别是要突出宪法的权威，将"三个代表"中确立的人民根本利益至高无上的思想落实在宪法基本原则和条文中。

三　党的领导与宪法实施

（一）宪法实施的主体及基本形式

宪法实施是指宪法规范在现实生活中的运用和实现。宪法实施的表现形式，包括宪法执行和宪法适用、宪法遵守、宪法保障和宪法监督。

1. 宪法执行和宪法适用

宪法执行是指国家机构行使宪法规定的职权的一系列活动的总称。其中，人民法院将宪法规范具体运用于裁判有关案件的活动，称为宪法适用。国家机构执行和适用宪法，是宪法实施的最主要形式。

2. 宪法遵守

宪法遵守是指各政党、各社会团体、各企业事业组织、武装力量和全国各族人民，依照宪法规定从事各种事务和行为的活动。宪法遵守是宪法执行和宪法适用的社会基础。

3. 宪法实施的保障和监督

宪法实施的保障和监督，简称宪法保障和宪法监督。宪法保障是指保证宪法实施的一系列制度和措施的总和；宪法监督是特定国家机关对宪法实施的监督，是宪法实施的最重要的制度保证。在我国，一切国家机关、武装力量、各政党、各社会团体、各企业事业组织和公民，不仅是执行（适用）或遵守宪法的主体，也是保障宪法实施的主体；但依宪法规定，只有全国人大及其常委会才是宪法监督的主体。

（二）正确认识和处理好宪法实施与党的领导的关系

江泽民指出："维护宪法尊严，保证宪法实施，关键是要加强和改善党对这项工作的领导。"① 依法治国是我国宪法确定的一项重要宪法原则，其核心是依宪治国；而党的领导是宪法序言肯定的四项基本原则之一。要正确认识和处理好宪法实施与党的领导的关系，应当做到四个"必须"。

1. 实施宪法必须坚持党的正确领导

党的十五大把依法治国确定为党领导人民治理国家的基本方略。

---

① 《中共中央总书记江泽民主持召开党外人士座谈会征求修改宪法部分内容的意见》，《人民日报》1999 年 2 月 1 日。

同时指出，依法治国把坚持党的领导、充分发扬民主和严格依法办事统一起来，从制度上和法律上保证了党的基本路线和基本方针的贯彻实行，保证党始终发挥总揽全局、协调各方的领导核心作用。因此，党的正确领导与依宪治国和依法治国不是对立的。

2. 实施宪法必须改善党的领导方式或执政方式

党的十五大把依法治国确定为党领导人民治理国家的基本方略，标志着党的领导方式尤其是执政方式的重大变革。十五大强调，共产党执政就是领导和支持人民掌握管理国家的权力，实行民主选举、民主决策、民主管理和民主监督，保证人民依法享有广泛的权利和自由，尊重和保障人权。党的十五大通过的新党章要求"党必须适应新形势的需要和情况的变化，不断改进领导方式和方法，提高领导水平"。

3. 实施宪法必须改革党的领导体制

党的领导体制是实现党的领导的具体组织形式和工作制度。党的领导体制一定要适合于党所面临的任务、所处变化，党的领导体制就一定要相应改变。应当看到，党和人民仅仅是遵守宪法的主体，而不是执行宪法的主体，党不能代替国家机关执行宪法。党的十五大通过的新党章要求"党必须保证国家的立法、司法、行政机关，经济、文化组织和人民团体积极主动地、独立负责地、协调一致地工作"。因此，党对国家机关进行领导，不是以党代政、党政不分，而是为了积极发挥它们的作用。

4. 实施宪法必须正确认识和处理好与执行党的路线、方针和政策的关系

党的路线、方针、政策，与宪法和法律在本质上有很多共同之处，如共同的历史使命、指导思想、经济基础等，同时两者互相联系、互相作用。但两者也有重大区别：党的路线、方针、政策对全体党员和党的各级组织都有当然的约束力，对社会也有一定指导作用，但党的路线、方针、政策毕竟不具有宪法和法律的国家意志性、相对稳定性、规范性、普遍性和国家强制性。党的路线、方针、政策只有经过实践检验是正确的，并经人民代表大会的法定形式变为国家意志，成为宪法和法律规范，才能在全社会获得普遍遵循的效力。应当看到，在 21 世纪我国改革开放新的历史时期，非常有必要以理论创新和体制创新的勇气，进一步深入开展对宪法学的基本问题，如依宪治国与宪政的关系、宪法基本价值理念、宪法修改和宪法实施的方式以及党在其中的地位和作用、宪法序言的法律效力等问题的研究，以期对党的领导与依宪治国关系做出更科学的回答。

（本文原载于《求实》2002 年第 3 期）

依宪治国与宪法实施

论我国的宪法监督

许崇德[*]

宪法监督制度是我国社会主义民主制度的组成部分。它保障着宪法正确的、充分的实施，维护并巩固着我国的社会主义法制基础，因而在国家生活中占有重要地位。我国的宪法监督制度是在共产党领导下，总结了长期的历史经验而逐步建立并发展起来，是符合我国国情、具有中国特色的监督制度，由于它在我国社会主义法治国家的建设过程中发挥越来越重要的作用，因而备受各方面人士的关注。

一 宪法实施的重要性

党的十七大要求，"加强宪法和法律实施""全面落实依法治国基本方略，加快建设社会主义法治国家"。[①] 加强宪法实施极为重要，因为：（1）宪法是根本法，与其他一般的法不同。一般的法律只是相应地规范国家生活的某个具体方面，而宪法则是规定全面的、重大的社会事务和国家事务。而且，宪法是母法，一般法律的制定均以宪法为依据。（2）宪法和法律都是党的主张和人民意志相统一的表现。而宪法所体现的是党的最重要的主张和人民的最根本的意志。（3）我国的宪法，正如党的十六届三中全会公报所指出："中华人民共和国宪法是国家的根本法，是治国安邦的总章程，是保持国家统一、民族团结、经济发展、社会进步和长治久安的法制基础。"宪法规定的是国家最

---

* 许崇德，中国人民大学法学院教授。

① 《中国共产党第十七次全国代表大会文件汇编》，人民出版社，2007，第30页。

根本的制度，如果宪法得不到实施甚至受到了损害，那就是损害了国家的根本制度，这无异于动摇了国家的根基。因此，依法治国首先应是依宪治国。宪法是依法治国的基础。

现行宪法是一部符合我国国情的好宪法，长期以来，宪法保障了我国改革开放和社会主义现代化建设的顺利进行，在国家经济、政治、文化和社会生活中发挥了极其重要的作用。从全国的实际情况来看，我国的基本制度，如人民民主专政的国体、民主集中制的人民代表大会制度、社会主义经济制度、民族区域自治制度、共产党领导的多党合作和政治协商制度、公民基本权利的保障制度以及我国的各级、各类国家机关的组织、职权、工作程序，等等，都是依据宪法、遵循宪法的规定，并在宪法铺设的轨道上有序地行进着。由此可见，我国的宪法是得到实施了的。有人说，我们的宪法没有实施，这种看法与事实不符。

可是另一方面也还必须看到，多年来全国的干部和群众虽然宪法意识大有提高，遵守宪法、维护宪法尊严的自觉性日益增强，但毕竟程度高低，很不平衡。加之我国幅员辽阔，人口众多，地区特点千差万异，利益冲突不可避免，所以对于宪法的实施难免会自觉或者不自觉地发生偏颇，甚至出现违宪现象。因此，建立并健全制度，监督宪法的实施，保证其正确落实，非常必要。

二　我国宪法监督制度的形成和法律依据

中华人民共和国是社会主义国家，我们的宪法监督制度是具有中国特色的社会主义宪法监督制度。它的建立不是一挥而就，更不是从哪一个国家照搬过来，而是在中国土地上根据本国的实际情况，不断总结、积累而逐步形成的。

早在1954年我国第一部宪法通过前夕，毛泽东曾在多次会议上强调："宪法必须实行"。1954年6月毛泽东在中央人民政府委员会第30

次会议上指出："这个宪法草案是完全可以实行的，是必须实行的。当然，今天它还只是草案，过几个月，由全国人民代表大会通过，就是正式的宪法了。今天我们就要准备实行。通过以后，全国人民每一个人都要实行，特别是国家机关工作人员要带头实行，首先在座的各位要实行。不实行就是违反宪法。"① 同年 9 月，刘少奇在宪法草案的报告中也曾强调："宪法是全体人民和一切国家机关都必须遵守的。"他强调：人大代表以及一切国家机关的工作人员"在遵守宪法和保证宪法的实施方面，就负有特别的责任。"又指出：一切共产党员都要"为宪法的实施而积极努力。"② 领导人的讲话固然极其明确有力，而且在 1954 年宪法第 27 条中也写了"监督宪法的实施"作为全国人民代表大会的一项职权。然而当时的领导人并没有着手去建立必要的宪法监督制度加以保障。这不能不说是严重的疏漏。

但是，因缺乏宪法监督制度而造成的影响和后果并未立即表露。1954 年宪法公布后大约 3 年内，宪法的实施还是比较顺利的。这当然不是因为有健全的监督机制予以保障的结果，而是出于广大干部和群众对宪法尊重的理念所驱使，从而是一种道德支持的体现。事实表明，单靠道义的力量，终究是不可能支撑很久的。后来当风浪迭起时，那缺乏制度保证的防护堤就抵挡不住了。当年我国的基本制度和政治秩序受到莫大冲击，甚至一位在职的国家主席竟不经任何法律程序被迫害致死。宪法成了一纸空文。这是历史的悲剧。

现行宪法吸取了多年来的经验教训，并进行了认真的总结。在 1981 年草拟初稿的时候，宪法修改委员会秘书处研究了当年还是人民民主国家的罗马尼亚，借鉴其关于在最高国家权力机关下设立宪法委员会的制度，并试着拟出了若干条文，置于"国家机构"的"第一节全国人民代表大会"中。但这个实验没有成功。最后设计了在保留原

---

① 《毛泽东著作选读》下册，人民出版社，1986，第 710 页。
② 《刘少奇选集》下卷，人民出版社，1985，第 168 页。

来规定的由全国人民代表大会行使宪法监督职权的同时，又赋予全国人大常委会以监督宪法实施的职权。由于常委会是经常行使国家权力的机关，作这样的新的规定，就足以弥补因为全国人大每年只举行一次会议、会期只有 20 天左右，从而不可能对宪法的实施进行经常性监督的不足。另外，第五届全国人大第五次会议于 1982 年 12 月 10 日通过的《中华人民共和国全国人民代表大会组织法》，又在第 37 条规定：全国人大各专门委员会的工作任务之一是"审议全国人民代表大会常务委员会交付的被认为同宪法、法律相抵触的国务院的行政法规、决定和命令，国务院各部、各委员会的命令、指示和规章，省、自治区、直辖市的人民代表大会和它的常务委员会的地方性法规和决议，以及省、自治区、直辖市的人民政府的决定、命令和规章，提出报告"。这个规定有助于全国人大及其常委会行使监督宪法实施的职权。

　　1982 年宪法与全国人大组织法的通过和颁布，无疑是把我国的宪法实施的监督制度推进到了一个新的阶段。但是虽然有了进步，而当时却并未能够回答进行监督所应遵循的程序问题，因此仍缺乏可操作性。1982 年宪法通过之后，王叔文等 30 位全国人大代表曾联名提案，建议在最高国家权力机关设置专门的宪法监督机构。但不得要领。

　　1993 年 3 月，中共中央向第八届全国人大第一次会议，提出关于修改宪法部分内容的建议并在会上做了说明。该说明的最后部分指出："有的建议，在第 70 条中增加规定全国人大设立宪法监督委员会的内容。"该说明回答道"根据宪法第 70 条的规定，全国人大可以设立专门委员会性质的宪法监督委员会，宪法可以不再作规定。"由此看来，对于全国人大设立宪法监督委员会的问题，虽然后来没有成为事实，但当时中央并未表示绝对不予考虑。

　　一直到了 2000 年 3 月 15 日，第九届全国人大第三次会议通过《中华人民共和国立法法》。该法对于宪法实施的监督问题做了进一步的具体规定，至此，我国的宪法实施的监督制度可以说是已经建成了。
2004 年 5 月，全国人大常委会法制工作委员会设立法规备案审查室，
就更加有助于宪法监督制度的运行。它标志着我国的违宪审查将不限
于那种结合违宪事例进行的具体审查，而且也开展主动的抽象审查了。

综上观之，我国宪法监督制度的建立和完善是一个渐进的过程。
它的直接的法律依据是：《宪法》第 62 条、第 67 条以及《全国人民
代表大会组织法》第 37 条，《立法法》第 88 条、第 90 条、第 91 条，
《监督法》第 28 条，等。正是有了宪法和这一系列相关的法律，使得
我国宪法监督制度的主体、监督范围、监督程序以及对违宪的处理等
问题有了明确的依据，从而使监督宪法实施的工作做到有法可依、依
法监督。此外，中国的历史情况和现实情况是我国宪法监督制度建立
的事实依据，从而决定了我国的监督制度完全适合中国国情。

三　我国宪法监督制度的内容

宪法监督制度的内容涉及四个方面：

（一）我国宪法监督的重点范围是什么

宪法是根本法，涉及国家生活的全部。但宪法不是法律大全，一
般的社会关系并非全都直接由宪法而是透过各种具体的法律、法规来
调整的。因此，目前我国已经建立起来了的宪法监督制度的重点范围，
主要是监督和审查法律、行政法规、地方性法规、自治条例和单行条
例是否符合宪法或者同宪法相抵触，以维护社会主义法制的统一和尊
严。这是建设社会主义法治国家所必需的。

以上所述的审查范围是我国的相关法律所明确规定了的。法律并
没有像世界上有些国家那样，把诸如判断全国大选的结果是否有效、
总统的行为是否违宪、内阁应否倒台之类的争论纳入我国宪法监督的
职责范围之内。这是从我国的具体国情出发的。各国实行的宪法监督
的范围存在着差异，是由于各国国情的不同决定的。

（二）谁有权监督宪法的实施

中华人民共和国是人民当家做主的社会主义国家，国家的一切权力属于人民。从这个意义上说，监督宪法的实施人人有责，人人有权。但是我们的国家毕竟是人民代表大会制的国家，人民的权力是通过全国人大和地方各级人民代表大会来实现的。何况对于宪法的实施进行监督往往与宪法的解释密切相关，而监督审查的结果会导致某一个规范性文件的存废或者修改，所以这是一项极其庄严和极其重要的权力，必须由最具权威的国家机关掌握并行使。正如本文在前面已经阐述过的：根据宪法的规定，我国的这项重要职权属于全国人民代表大会和全国人大常务委员会。下面试就此略加论述：

首先，全国人民代表大会是我国的最高国家权力机关。它有权对于法律的合宪性进行监督审查。有人说，法律是我国的最高国家权力机关制定的，而宪法也是我国的最高国家权力机关制定的。全国人大及其常委会既当运动员，又当裁判员，自己定的法律怎么会违反自己定的宪法呢？这种说法不对。

我国的宪法是全国人大制定的，不是常委会制定的。且不说常委会制定的法律有违宪的可能性，即使是全国人大制定的基本法律，也不能保证绝对不会违宪。因为宪法是全体代表的 2/3 通过的，而法律是过半数代表通过的。所以，普通多数的意志有可能同绝对多数的意志相左。因此，我国的法律不应排斥在审查对象之外。我国的法律有全国人大制定的基本法律和常委会制定的法律的区分。根据我国的制度，基本法律要由全国人大自查。此时的全国人大与其说是立法者，不如说他是制宪者的身份更为确切。全国人大行使违宪审查的职权，例如，1990 年，第七届全国人大第三次会议曾就《中华人民共和国香港特别行政区基本法》的合宪性问题通过决定，指出：香港特别行政区基本法"是符合宪法的"。又例如，1993 年，第八届全国人大第一次会议对澳门基本法进行合宪性审查，作了相应决定：认为澳门特别行政区基本法"是符合宪法的"。由于全国人大地位崇高，没有比它再高的国家机关可以对全国人大进行监督审查，因此全国人大对于基本法律的合宪性审查，应属于自查的性质。至于全国人大对常委会制定的法律进行审查则与此有别。虽然常委会是全国人大的常设机关，但是常委会应对全国人大负责，相对全国人大来说，处于从属地位。所以常委会制定的法律应该接受全国人大的监督审查。这也是全国人大的最高监督权的一种表现。《立法法》第 88 条规定："全国人民代表大会有权改变或者撤销它的常务委员会制定的不适当的法律"，还规定，全国人大有权撤销常委会批准的违背宪法的自治条例和单行条例。可见，我国的宪法监督制度是包括对法律的审查在内的。

其次，全国人大常委会负责对除法律以外的其他规范性文件进行监督和审查。具体地说，全国人大常委会对我国的行政法规、地方性法规、自治条例和单行条例等是否符合宪法或者同宪法相抵触，行使监督权。该项监督权，是由宪法明文规定了的。至于我国其他的国家机关，比如说，宪法规定地方各级人民代表大会在本行政区域内，应保证宪法的遵守和执行。但这样的规定不应被认为地方各级人民代表大会具有监督宪法实施的职权。又如，我国的人民法院有审判权，我国的人民检察院是法律监督机关，但它们都没有"监督宪法实施"的职权，不能同最高国家权力机关相提并论。诚然，一切其他的国家机关和武装力量、各政党和各社会团体、各企业事业组织、全国各族人民，根据宪法的规定，都"负有维护宪法尊严、保证宪法实施的职责"，但也不能认为它们都拥有监督宪法实施的职权。因为"维护宪法尊严、保证宪法实施"与"监督宪法实施"乃属两个不同的概念。后者是专项职权，是行使最高国家权力的一种表现。

宪法和法律还规定："国务院有权改变或者撤销不适当的部门规章和地方政府规章""省、自治区、直辖市的人民代表大会有权改变或者撤销它的常务委员会制定的和批准的不适当的地方性法规""地方人民代表大会常务委员会有权撤销本级人民政府制定的不适当的规章""省、自治区的人民政府有权改变或者撤销下一级人民政府制定的不适当的规章"。上述这些规定虽然体现了在法治方面的一种监督，但是严格地说，它们都不属于宪法监督的职能。这是因为上面所引条文中那些应被改变或者撤销的，乃是"不适当"的规范性文件（而不是违宪的规范性文件）。何谓"不适当"？关于它的含义，立法法有着明确的规定。根据《立法法》第87条，构成"不适当"的有5种情况（即：1.超越权限的；2.下位法违反上位法规定的；3.规章之间对同一事项的规定不一致，经裁决应当改变或者撤销一方的规定的；4.规章的规定被认为不适当，应当予以改变或者撤销的；5.违背法定程序的）。在这5种情况中，并没有明确把"违宪"或者"同宪法相抵触"的情况包括在内。因此，国务院，省、自治区、直辖市的人民代表大会，地方人大常委会，省、自治区的人民政府如果认为相关的规范性文件有构成"不适当"的5种情况时，有权直接依法予以改变或者撤销。但如果认为相关的规范性文件"同宪法相抵触"时，则不能经自予以改变或者撤销。因为国务院，省、自治区、直辖市的人民代表大会，地方人大常委会，省、自治区的人民政府并不享有违宪审查权。它们必须依照《立法法》第90条的规定，向全国人大常委会书面提出进行审查的要求，由常委会依法处理。由此可见，国务院，省、自治区、直辖市的人民代表大会，地方人大常委会，省、自治区的人民政府依法改变或者撤销相应的不适当的规范性文件，按其性质，乃是行使一般的监督，而不属于行使监督宪法实施的职权。它们并不拥有根据宪法的规定唯独最高国家权力机关才能行使的监督宪法实施的职权。

（三）谁可以提出审查违宪的要求或者建议

根据我国法律的规定，违宪审查的提出者可以分为两类：第一类是国务院、中央军事委员会、最高人民法院、最高人民检察院和各省、自治区、直辖市的人民代表大会常务委员会；第二类是除上述以外的其他国家机关和社会团体、企业事业组织以及公民。

法律对于这两类提出者的规定是有所区别的。法律对第一类的写法是："可以向全国人民代表大会常务委员会书面提出进行审查的要求，由常务委员会工作机构分送有关的专门委员会进行审查、提出意见。"而对于第二类提出者的写法是："可以向全国人民代表大会常务委员会书面提出进行审查的建议，由常务委员会工作机构进行研究，必要时，送有关的专门委员会进行审查、提出意见。"

以上引录的两段条文显示了对两类提出者的不同规定：

（1）对第一类称"要求"，而第二类则称为"建议"；（2）对第一类提出的要求，常委会工作机构即分送……而对第二类提出的建议则须"进行研究"，认为"必要时"才送……前者是确定的，而后者则须视工作机构的研究结果而定。

尽管有些许差异，但都会受到重视。

（四）审查的程序是怎样的

根据法律的规定，常委会进行审查的过程可以细分为四道程序。

程序一：全国人大常委会工作机构把提出违宪审查的书面要求或者建议送有关的专门委员会进行审查、提出意见。

程序二：全国人大专门委员会在审查中认为行政法规、地方性法规、自治条例和单行条例同宪法相抵触的，可以向制定机关提出书面审查意见；也可以由法律委员会与有关的专门委员会召开联合审查会议，要求制定机关到会说明情况，再向制定机关提出书面审查意见。

程序三：制定机关在收到专门委员会书面审查意见后的两个月内，应当研究提出是否修改的意见，并向全国人大法律委员会和有关的专门委员会反馈。

程序四：全国人大法律委员会和有关的专门委员会审查认为行政法规、地方性法规、自治条例和单行条例同宪法相抵触而制定机关不予修改的，可以向委员长会议提出书面审查意见和予以撤销的议案，由委员长会议决定是否提请常务委员会会议审议决定。

四　我国宪法监督制度的特点和优势

根据以上几个方面的观察与阐述，可以看出我国的宪法监督制度有着较为明显的特点和优点。它们主要是：

（一）中国人自己所创建

我国的宪法监督制度是一个好制度。这个制度不是美国设计的，不是日本设计的，不是西欧设计的，也不是俄罗斯设计的，而是中国自己所创建。它在近百年的宪法史上，也不是一开始就建立起来，而是社会主义民主实行几十年，经历了长期的实践，是经验的总结和人民智慧的积累的结果。因而是符合中国国情、具有时代特色的好制度。

（二）广泛参与的监督

我国的宪法监督制度是一个激励方方面面甚至是全民参与的好制度。前面已经叙述过的，根据法律的规定：国务院、中央军事委员会、最高人民法院、最高人民检察院和各省、自治区、直辖市的人民代表大会常务委员会，都可以向全国人大常委会书面提出进行审查的要求。除此以外的其他国家机关和社会团体、企业事业组织以及公民，也都可以向全国人大常委会书面提出进行审查的建议。这样的规定充分表明了这个制度所具有的广泛性和群众参与性。2003年发生的孙志刚案，由俞江、滕彪、许志永等三位博士上书全国人大常委会，建议对国务院行政法规《城市流浪乞讨人员收容遣送办法》展开违宪审查，就是群众参与性表现的一例。

（三）程序的民主性

我国宪法监督制度的特点和优点还表现在审查过程的严谨。正如前面已经叙述过的，全国人大常委会的审查工作有四道程序，不仅工作过细，而且十分谨慎。大体上说，先是全国人大专门委员会在审查后可以向制定机关提出书面审查意见，或要求制定机关来审查会议说明情况后再提出书面审查意见。其次是制定机关应在两个月内研究提出是否修改的意见反馈给专门委员会。再是制定机关如果不予修改的，方可向委员长会议提出予以撤销的议案。最后由委员长会议决定是否提请常委会会议审议决定。可见审查过程是公开、透明的，并能保持公正，同时它不采取简单的行政式手段，而是体现了从容和协商的民主精神。

（四）国体的体现，政体的必然

中华人民共和国是工人阶级领导的、以工农联盟为基础的人民民主专政的社会主义国家。与之相适应，我国采取民主集中制的人民代表大会制度作为政体。由我国的国体和政体所决定，建立起了我国独特的宪法监督制度，以确保党的主张和人民意志统一的根本法的顺利实施。所以，宪法的实施就是党的主张的实现，就是人民意志的实现，因而也就体现了社会主义国家的根本性质。我国由最高国家权力机关监督宪法的实施，正是人民代表大会制度的必然要求，是全国人民当家做主的表现，同时也是民主集中制的生动实践。

总而言之，我国的宪法监督制度是适合中国国情的具有自己特点和明显优点的好制度。是任何西方国家的宪法监督制度所不可比拟的。我国有人主张采用美国式的由法院进行违宪审查的模式。这是很不恰当的。因为：第一，中美是两个性质根本不同的国家。中国是社会主义国家，美国是帝国主义国家。"异体排斥"，我们不能移植美国的监督制度乃必然之理。第二，两国的政治体制不同。中国实行民主集中制，而美国则是号称"三权分立"的国家。中国的一切权力属于人民，人民行使国家权力的最高机关是全国人民代表大会。所以全国人大及其常委会行使监督宪法实施的职权是符合我国的政治体制的。美国的"三权分立"一方面固然具有欺骗性，但另一方面，因其形式是立法、司法、行政三权鼎立，互相平衡且互相制约。所以由美国最高法院行使违宪审查权，是符合他这个国家的政治体制的。

邓小平早就说过："其实有些事情，在某些国家能实行的，不一定在其他国家也能实行。我们一定要切合实际，要根据自己的特点来决定自己的制度和管理方式。"① 显然，监督方式也是如此。假若我们不从本国的国情出发，不根据自己的特点来决定我们的宪法监督制度，而是盲目地照搬照抄美国的模式的话，那就势必会削弱全国人大及其常委会的权威和功能。根据我国宪法的规定，全国人大及其常委会监督宪法的实施，常委会并行使解释宪法的职权。宪法的规定不容改变。全国人大及其常委会行使的职权不容法院或者其他国家机关取代。《宪法》第 3 条还明确规定："审判机关、检察机关都由人民代表大会产生，对它负责，受它监督。"如果认为人民代表大会及其他经宪法授权的机关所制定的规范性文件应受司法部门的审查，司法部门并有权改变和撤销它们，那是同我国的根本政治制度人民代表大会制度背道而驰的。

（本文原载于《法学》2009 年第 10 期）

---

① 《邓小平文选》第 3 卷，第 221 页。

宪法实施与法治的中国化

郑贤君*

无论英国法治还是德国早期的法治国，形式主义法治之下的议会立法不受限制为法治蒙上了一层工具主义的阴影，缺乏宪法约束的本质是对人权和基本权利保护的淡漠。目前，在世界范围内，形式法治主义已然被实质法治主义所取代，并突出和强调人权保障和法院的作用。但是，形式法治的工具属性不仅不能改变，反而应是法治国家理念之根本。"形式法治国当为法治国理念之根本结构，而实质法治国理念恐只居于作为弥补形式法治国制度上可能偏差之用。"宪法实施正是弥补和纠正这一偏差的制度机制。

一 人民民主的法治与宪法传统

人民民主是我国法治的理论基础，表现为人民代表大会制度是我国的根本政治制度。长期以来，外国法理论支配了我国法治与宪法理论，这在相当程度上影响实践中法治与宪法的本土化。这些理论主要包括：三权分立理论；美式或者欧式违宪审查理论；司法中心主义；自由主义宪法理论；权利的事后救济理论；代议制理论；等等。这些外国法理论固然丰富了我国法治的内涵，但因水土不服，故而仍有相当的副作用。

这些负面影响表现如下：一是以三权分立作为理论前提研究我国

---

* 郑贤君，首都师范大学政法学院教授。

的法治与宪法问题；二是在情绪上滋生抱怨不满、悲观与失望；三是对中国宪法视而不见，唯外国马首是瞻，将外国宪法当作试金石评判我国制度；四是缺乏针对我国国情的鲜明的问题意识；五是实践中不利于中国特色社会主义法治和宪法发展，影响对症下药；六是体系思维匮乏，缺乏理论及民主与人权保障的价值指引。

民主集中制是宪法确立的国家机关的组织和活动原则，也是人民民主在国家政治生活中的具体体现，处理国家与人民之间、国家机关之间的相互关系，不同于西方国家的三权分立。该原则包含两层意思。其一，国家与人民的关系。人民代表大会是由人民选举产生的。其二，国家机关之间的相互关系。在横向意义上，是中央国家机关体系内全国人民代表大会和一府两院的关系。全国人民代表大会产生其他国家机关，其他国家机关对它负责，报告工作，接受其监督；在纵向意义上，中央国家机关和地方国家机关之间的关系，即两个积极性原则。民主集中制与三权分立的区别可概括为三方面：一是在价值理念上奉行民主，而非自由至上；二是在理论基础上实行议行合一，而非权力分立；三是在组织上作为民意机关的全国人民代表大会在国家机关体系中居于最高地位，是最高国家权力机关而非与各机关平行。民主集中制确立了全国人大及其常委会在国家机关体系中的中心地位，在立法、解释宪法和法律、监督、人事任免、预算、宣战与媾和等方面起主导和决定作用，负责监督其他国家机关是否遵守宪法和法律，有利于法制统一。

我国法治建设须以民主为理念，以民主主义为理论基础，坚持民主集中制原则，树立体系思维。就国家权力和个人权利关系而言，需检视各国家权力在运行过程中是否逾越界限，侵犯基本权利。就国家机关相互关系而言，应在横向意义立基于一府两院，纵向意义上立基于中央和地方关系，判断各国家机关是否越权、侵权、滥用权力、怠惰权力及违反程序。在运行法治的过程中，应充分尊重宪法，激活各级人大与人大常委会的权力。只有坚持人民民主的法治与宪法传统，才能真正做到党的领导、人民当家做主、依法治国三者的有机统一。

二 立法实施宪法

立法实施宪法是人民民主的具体体现和逻辑结果。人民代表大会制度的理论前提是人民主权，我国《宪法》第 2 条规定："中华人民共和国一切国家权力属于人民。人民行使权力的机关是全国人民代表大会和地方各级人民代表大会"。这意味着建立在三权分立基础之上的司法中心主义在我国的局限性，须重视与人民代表大会制度相适应的立法实施宪法理论，树立人民代表大会与法律的至上地位。

人民民主宪法传统要求深化宪法与部门法关系研究。这既是人民代表大会制度的应有内涵，也符合宪法实施的一般理论，还是法制统一的要求。宪法是法律的法律，是根本法，普通法律的制定须以宪法为根据。我国部门法素有"根据宪法，制定本法"的立法传统，学界对何谓"根据"已经进行了较为深入的学理阐释，须进一步明确其规范内涵。"根据"应有如下含义：一是立法机关获得宪法授权；二是表明法律规范效力的来源；三是立法权受宪法拘束；四是普通法律具体化宪法规范内涵。美国宪法修正案之后通常附以"国会有权以适当立法实施本条各项规定"，表明宪法授权立法机关制定相应法律实施宪法。规范的效力来自上位规范，任何规范之所以有效来自上级规范的授权，法律效力不能自行设定。凯尔森指出，规范"只能由那些曾由某个更高规范授权创造规范的那个人通过意志行为而被创造出来，这种授权是一种委托"。"规范之所以是有效力的法律规范就是由于，并且只能是由于它已根据特定的规则被创造出来。"《德国基本法》第100 条规定："如果法院认为，某一法律的有效性系自定的，则属于违反宪法。"立法机关制定法律的根据是宪法，其所制定的法律应与宪法相一致。法律之于宪法的任务在于实施，立法机关负有将宪法规定的内容具体化的义务，以充实宪法规范内涵。简言之，"根据"的含义是指立法机关在获得宪法授权的前提下，表明法律效力来源于宪法，立法权受宪法约束，通过制定法律将宪法规范的内容具体化。

立法实施宪法尚需加强立法过程中的宪法考量。除了提高立法的民主与科学程度，包括扩大公众参与、听证、听取专家建议和意见，以及规范立法程序等之外，还应增加立法的合宪判断，考察具体立法是否符合宪法理念、原则和规范。发挥基本权利的水平效力，将基本权利价值渗透至普通立法之中，贯彻宪法序言规定的"宪法是国家的根本法，具有法律效力"。

三　法律保留的当代阐释

作为法治的下位原则，法律保留的理论基础是人民主权、权力分立和法律至上。发端于德国的法律保留理论早期带有鲜明的形式法治特征，表现为立法者不受限制，其后在基本法时代大为改观，立法不仅受宪法控制，还接受抽象法的限制。法律受到了包括宪法在内的更高一级规范的制约，但这既不意味着弃绝形式法治主义的全部，也不意味着回到严格的国会保留时期。鉴于高科技时期各类事务的专业性与技术性，坚持严格的国会保留或者立法者保留已显示出局限性，只有立法机关有权制定具有外部拘束力的普遍法律的权力不仅受到理论的质疑，也受到来自实践的挑战。大量授权立法出现，重大性理论应运而生，法律保留做出了修正。

理论上，基于分权理论，各国家机关都有依据职权行使权力的空间；规范上，一些国家宪法明确规定，行政机关有制定具有普遍拘束力规则的权力；实践中，社会法治国已不同于自由法治国。社会事务的繁多使得对立法要求日益增长，既造成了法律洪流，也导致了法律饥渴。一方面，立法机关须制定的法律数量众多；另一方面，这些法律依然不能满足实践需求。单纯依靠立法机关制定法律缓不济急，这也是为什么"二战"后德国法律保留在克服形式主义法治的弊端，明确立法者须接受法律限制，拓展其内涵的前提下，增加了重大性理论的原因。与传统法律保留不同的是，除了重大事项之外，法律可授权行政机关为侵害人民之基本权利，但授权本身须受宪法限制。

我国《立法法》第 8 条、第 9 条包含了法律保留理论（我国称之为人大专属立法事项），第 10 条明确规定了授权立法，要求法律在授权行政机关立法的同时指明授权目的、内容和范围，并不得转授权。宪法规定了社会保障制度和社会基本权利，地域辽阔和区域化差异与大量的地方性法规，对我国的法治提出了新的要求。我国《立法法》修改拟将地方性法规制定权由目前的四类较大的市扩大至 282 个设区的市，这对法律保留原则提出了挑战。如若不对来自德日等国的法律保留原则加以修正，为数甚众的地方性法规在理论上既不能接受授权理论的解释，亦可能摆脱宪法与法律的控制，还有可能危害法制的统一。对于设区的市而言，地方性法规制定权的获得意味着权力的扩大；对于中央而言，赋予更多的设区的市地方性法规制定权属于权力下放。在中央地方关系理论上，一个明确的原理是权力下放必须与监督机制相伴随。亦即除了在权力下放过程中对获得地方性法规制定权的地方设置相应的监督机制外，与之密切关联的法律保留理论须予修正，如此才能对应我国国情，阐释、解决、指导我国的地方法治实践。

具体而言，法律保留理论须补充三方面内涵：一是须克服形式主义法治立法者不受限制的思想，确立立法受宪法限制；二是法律保留不仅是对行政法规的授权，还应包括对部门规章的授权；三是法律保留还须包括对地方性法规的授权。地方性法规虽然是地方权力机关制定，但其性质等同于行政法规。这一认定具备理论与规范依据。首先，理论上，我国是一个单一制国家，设区的市属于国家一级地方行政区域，统一接受中央人民政府的领导。其次，规范上，《宪法》第 89 条（四）规定国务院职权："统一领导全国地方各级国家行政机关的工作，规定中央和省、自治区、直辖市的国家行政机关的职权的具体划分。"再次，《宪法》第100条明确规定，地方性法规的制定不得与宪法、法律和行政法规相抵触。地方性法规须接受国务院规范性文件的规制，是接受国务院统一领导的表现。

四　法治的中国化

缺乏宪法约束的法律主治已经不占据统治地位，立法者不受拘束同样导致专制和灾难。宪法不仅在一国法律体系中具有最高地位，还起到保障国家法制统一的作用。十八届四中全会吹响了全面推进依法治国的号角，总目标是建设中国特色社会主义法治体系，建设社会主义法治国家。欲实现法治的中国化，须在以下几方面有所推进：

申明民主价值。法治意味着法的统治，它明确了法律相对于其他权威的优位性，其于实质上确立了作为人民代表机关的立法机关在国家机关体系中的至上地位，在最终意义上奠定人民的统治。"民主既然融入了法治国的概念之中"。法治的确立是运行民主的过程，意味着封建君主专制统治之下以王权为代表的行政权屈居于代表民意的立法机关之下，服从于法律的统治，这也是依法行政的内涵。在民主理念指引下，应依循法理和实践深化和挖掘法治国家的法律意涵，提供符合中国国情的法律学阐释，一如法律保留原则、比例原则、信赖保护原则之于法治。这些下位原则有助于充实法治的内涵，在理论上增进法治的知识含量，在实践中提供法技术的操作措施。

尊重实定规范。实质法治主义确立了法律须受法的约束，立法须受宪法限制已经成为法治的普遍原则。美国宪法学家尝言，写进宪法中的字词虽然是普通语言，但不可将其视为一般语文，而应遵循解释规则阐释其含义。里根时期的司法部长，提出和推动宪法文本主义的米斯指出："有些法官和评论者直接声称宪法最重要的不是它的具体规范，而是其所谓的精神……而很少关注宪法具体条款中的用语。这种方法往往导致一些不同寻常而又悲惨的结论。"这说明，轻视宪法文本文字是一种顽疾，根深蒂固，且具有普遍性。宪法尊重不应仅停留于理念和原则，还须于规范意义上有所寄托，这一规范就是宪法的文本文字。宪法文本和语言已经体现了某种价值，须遵循解释规则推知意义。

启动宪法监督和解释程序。十八届四中全会明确提出："坚持依法治国首先要坚持依宪治国，坚持依法执政首先要坚持依宪执政。健全宪法实施和监督制度，完善全国人大及其常委会宪法监督制度，健全宪法解释程序机制。"《宪法》第 62 条和第 67 条规定了全国人大和全国人大常委会监督宪法实施和解释宪法的职权。这是我国宪法监督制度的规范依据，也是中国特色的宪法监督制度。《宪法》第 5 条规定："国家维护社会主义法制的统一和尊严。一切法律、行政法规和地方性法规都不得同宪法相抵触。"依据宪法，设立机构，制定宪法解释程序法，俾使全国人大常委会能够依循程序解释宪法，监督宪法实施，确保国家法制统一。

宪法实施是通向实质法治主义的必由之路，法治的中国化须继承形式主义的杰出理念，最大限度地维护人民基本权利。法治既须于宏观上把握，亦得探微洞幽，于精、细、小处阐发。

宪法的精神须有所附丽，文本文字、解释规则、下位原则与程序等"技艺理性"不应受到轻视；否则，宪法尊重会流于空泛，虚无主义的老路在所难免。

（本文原载于《暨南学报》哲学社会科学版 2014 年第 11 期）

当代中国宪法实施的政治路径

殷啸虎*

在今天说起宪法实施的重要性和必要性可能没有人会有疑义。然而在什么是宪法实施、如何实施宪法等问题上却有着不同的看法甚至是争论。其实，回顾当代中国制宪和修宪的历史对宪法实施的问题也从来没有否定过，但宪法在很大程度上并没有完全得到今天学者们所不断呼吁的"实施"，其原因又在哪里？我们今天宪法究竟应该如何实施？回答这些问题，对于加强宪法实施、推进社会主义民主政治建设，无疑具有十分重要的意义。

一 政治性实施：当代中国宪法实施的观念与制度演进的特点

宪法实施是一个国家宪法制度建设的基本内涵与基本要求。但在什么是宪法实施、如何实施宪法等问题上，我国宪法学界一直有着不同的看法。可以说关于宪法实施问题也是目前相关宪法学教材中表述最为不一致的部分。而一些概念使用得不明确，也加剧了问题的复杂性。造成这种状况的原因，主要在于目前对宪法实施较多地是从理念和制度本身进行研究，而很少从观念史、制度史的层面进行研究。

（一）关于什么是宪法实施

什么是宪法实施？对于这个问题宪法学界有不同的解释。按照目

---

* 殷啸虎，上海社会科学院法学研究所研究员。

前来说最具"权威性"的应当是马克思主义理论研究和建设工程重点教材《宪法学》中的观点。所谓宪法实施，是指宪法在国家现实生活中的贯彻落实，是使宪法规范的内容转化为具体社会关系中的人的行为。① 而宪法的内容是非常广泛的，宪法的原则、精神和规范当然要在社会生活中得到具体的贯彻落实，所以宪法实施本来不应该成为问题。但为什么关于我国当代宪法是否得到实施的问题会有争论呢？原因就在于对"宪法实施"内涵的理解上。

有学者认为，宪法实施有关概念混乱的原因与我国作为宪政制度的引进国，翻译不同国家违宪审查制度用的外来语有关。宪法实施的一套制度有三个不同层面的概念：在宏观层面是宪法保障和宪法实施，在中观层面是宪法监督和宪法适用，在微观层面或宪法实施操作层面是违宪审查（司法审查）和宪法诉讼。② 这种从多元视角研究宪法实施问题的观点对于我们全面准确认识宪法实施概念的内涵有重要的意义。

对于宪法实施问题，不应从单一的视角，而是应当从多元的视角进行分析、思考和研究。就我国宪法而言它与一般法律的一个最大的不同就是在性质上它是属于"政治法"，不仅是法律规范，同时也是政治规范，甚至是以政治规范统领和指导法律规范。同时，宪法本身又具有"纲领性"的特点，它不仅规定了国家的根本制度和根本任务，同时也规定了为实现国家在一定时期内的任务而制定的奋斗目标和行动步骤。从这个意义上说，国家为实现宪法所规定的纲领性目标和任务的行为同样也是一种"实施"宪法的行为，尽管这种行为是"政治性"而非"法律性"的。因此，自1954年宪法以来，对于我国宪法实施的基本理念和认识实际上是遵循着两元的实施路径，即"政治性实施"与"法律性实施"，并且宪法中的政治性规范的实施也一

① 参见《宪法学》编写组《宪法学》，高等教育出版社、人民出版社，2011，第296页。
② 参见蔡定剑《宪法实施的概念与宪法施行之道》，《中国法学》2004年第1期。

直是宪法实施的重点和主要方面，现行宪法的四次修改主要集中于政治性规范的修改，也充分体现了这一特点。正确认识这一点，对于正确看待我国宪法实施问题是具有非常重要的意义的。

（二）如何看待我国自 1954 年宪法以来的实施问题

自 1954 年宪法制定时起，我国的宪法实施问题就一直受到关注，并在宪法起草和制定过程中不断被提了出来。毛泽东在《关于中华人民共和国宪法草案》的讲话中，专门谈到了宪法的实施问题，并指出，"这个宪法草案是完全可以实行的，是必须实行的""全国人民每一个人都要实行，特别是国家机关工作人员要带头实行，首先在座的各位要实行，不实行就是违反宪法。"① 刘少奇在《关于中华人民共和国宪法草案的报告》中，也强调了宪法实施的问题。他指出："这并不是说，宪法颁布以后，宪法所规定的任何条文就都会自然而然地实现起来……在宪法颁布以后违反宪法规定的现象并不会自行消灭但是宪法给了我们一个有力的武器，使我们能够有效地为消灭这些现象而斗争。"② "中国共产党是我们国家的领导核心党的这种地位，决不应当使党员在国家生活中享有任何特殊的权利，只是使他们必须担负更大的责任。中国共产党必须在遵守宪法和一切其他法律中起模范作用。一切共产党员都要密切联系群众，同各民主党派、同党外的广大群众团结在一起，为宪法的实施而积极努力。"③

1975 年宪法虽然是在特殊历史条件下制定的一部特殊的宪法，它的内容及价值都已经被历史所否定但值得注意的是，即便是这样一部宪法在当时的《关于修改宪法的报告》中，同样也强调了宪法实施的重要性。在当代中国制宪史上，专门强调宪法实施问题的应当是 1978 年宪法。虽然这部宪法同样是在特殊的历史条件下制定的，内容上也

---

① 《毛泽东文集》第 6 卷，人民出版社，1999，第 328 页。
② 《刘少奇选集》下卷，人民出版社，1985，第 169 页。
③ 《刘少奇选集》下卷，人民出版社，1985，第 168 页。

存在许多问题，并且不久就被全面修改了，但叶剑英在《关于修改宪法的报告》中，专门谈了"关于宪法的实施"的问题，指出："宪法通过以后，从宪法的原则精神到具体条文规定都要保证全部实施。不论什么人违反宪法都是不能容许的。对于破坏社会主义法制、危害国家和人民的利益、侵犯人民权利的行为，必须严肃处理，情节严重的要依法制裁。我们还要依据新宪法修改和制定各种法律、法令和各方面的工作条例、规章制度。"① 在这个报告中，叶剑英对宪法实施的问题作了明确的阐述：宪法实施的内容，既包括宪法的原则精神，也包括宪法的具体条款，对于违反宪法的行为应当依法予以制裁的同时，要通过加强立法保障宪法的实施。而这些也都是我们今天所要求的宪法实施的核心问题。

因此，尽管在 1982 年宪法之前的三部宪法的制定过程中无论是领导人的讲话也好还是宪法文本也好，均未对如何保证宪法实施做出明确的规定，但对于宪法实施的重要性和必要性的认识还是很清晰的。尤其是宪法关于国家根本制度、根本任务和基本国策的一些规定，以及一些政策引导性的规范，在现实生活中的确是得到了贯彻实施。

1982 年宪法在宪法文本中对宪法实施做出比较明确具体的规定。在宪法"序言"部分指出："全国各族人民、一切国家机关和武装力量、各政党和各社会团体、各企业事业组织都必须以宪法为根本的活动准则并且负有维护宪法尊严、保证宪法实施的职责。"

从当代中国制（修）宪的历史发展来看，宪法实施始终是一个被关注的问题，而且宪法在不同程度上得到了实施。那么为什么我们今天依然会对这个问题有如此大的争议呢？问题的关键可能还是在于如何理解和看待当代中国宪法实施的内涵以及路径上。

---

① 叶剑英：《关于修改宪法的报告》，人民出版社，1978，第 41 页。

二　政治性实施与法律性实施：当代中国宪法实施的二元路径

宪法实施是现代民主国家的基本要求和基本特点，但具体的实施路径和实施程度，则是由一个国家的具体国情所决定的，包括宪法实施的政治环境、社会环境、法律环境等各个方面。我们不能跳出特定的国情来看待宪法实施问题，应当从宪法所处的特定的历史环境来分析、研究宪法实施问题。

（一）宪法实施：实施什么

从当代中国制（修）宪的历史进程来看，宪法实施主要涉及两个方面的问题：一是实施什么，二是如何实施；并且前一个问题在很大程度上决定了后一个问题。因此要研究当代中国宪法实施问题，首先要研究宪法"实施什么"的问题。

宪法实施是宪法在国家现实生活中的贯彻落实，是使宪法规范的内容转化为具体社会关系中的人的行为。而就我国宪法规范而言，它与一般法律规范的一个最大的不同，就在于它是由两部分规范组成的，一部分是政治性规范，另一部分是法律性规范。我们过去在研究我国的宪法实施及相关问题时，更多是从宪法的法律性规范的实施着眼的，对宪法的政治性规范的实施问题考虑不多，甚至忽视了。其实就我国宪法而言，宪法的政治性规范不仅居于十分重要的地位，而且就规范效力而言是以政治性规范统领和指导法律性规范；同样宪法实施首先是政治性规范的实施其次才是法律性规范的实施。

例如，过去对我国宪法效力问题的研究，之所以会有"无效力说""有效力说""部分效力说""模糊效力说"等各种不同观点，关键就是对于我国宪法"序言"部分的效力的理解更多是从宪法作为法律规范的效力着眼的。其实宪法作为政治法其规范效力首先体现在政治上宪法的法律效力来自于它的政治效力。也就是说，我国宪法通过序言部分的叙述，对国家权力在政治上的正当性作了确认，以此证明国家权力的来源、内容以及因此而确立的宪法秩序的合法性。宪法序言对历史叙述部分的表述证明了中国共产党领导的中国革命的正当性，以及因此而建立的人民民主政权的合法性。宪法序言通过历史，尤其是新民主主义革命到社会主义建设的历史的叙述确认了中国共产党领导的人民民主政权的正当性与合法性以此赋予宪法本身及由宪法所授权力以正当性、合法性。在此基础上，宪法确立了宪法的基本指导思想，规定了国家根本制度，明确了国家的根本任务。这些内容，对于宪法的具体规定不仅具有实际的政治上的指导意义，更具有直接的规范效力。因此在一定程度上，宪法的颁布施行本身就是"序言"部分的政治性规范的实施过程。

因此，我国宪法的实施，既包括了法律性规范的实施也包括了政治性规范的实施，并且尤以后者为重要，这也是我国宪法实施过程中的一个基本特点。由于本文主要探讨政治性实施问题，限于篇幅，对法律性实施问题暂不涉及。

（二）政治性实施

从当代中国宪法文本的构成来看，政治性规范主要包括如下三个方面。

1. 政治原则

毛泽东在谈到 1954 年宪法的原则时指出，原则基本上是两个：民主原则和社会主义原则。用宪法这样一个根本大法的形式，把人民民主和社会主义原则固定下来，使全国人民有一条清楚当代中国宪法实施的政治路径的轨道，使全国人民感到有一条清楚的、明确的和正确的道路可走就可以提高全国人民的积极性。[①]

同样，彭真在 1982 年宪法修改草案的说明中谈到宪法的原则时也

---

① 《毛泽东文集》第 6 卷，人民出版社，1999，第 326、328 页。

指出："宪法草案序言肯定了坚持四项基本原则就是坚持社会主义，坚持人民民主专政，坚持马列主义、毛泽东思想，坚持中国共产党的领导。这是我国近代历史基本经验的总结，是经过实践检验的真理，它反映了我国历史发展的规律。"① 宪法确认的政治原则具有最高的规范效力，这种规范效力明显要高于法律效力。国家的一切活动包括立法活动，都要受到政治原则的规范与约束，这本身也就是这种规范的实施过程。

在此，我们不妨以特别行政区基本法为例。宪法在特别行政区的适用问题一直是我国宪法实施中的一个关键问题。

一些学者否认我国宪法，尤其是宪法中的政治原则可以在特别行政区实施。其实，这是一种对宪法规范实施问题的误读。首先，特别行政区基本法的宪法依据是现行《宪法》第 31 条："国家在必要时得设立特别行政区。在特别行政区内实行的制度按照具体情况由全国人民代表大会以法律规定。"从表面上看，这一条的规定与宪法政治原则中的"坚持社会主义"的规定相抵触，但从另一方面来看，这一例外条款的规定恰恰是政治原则规范的实施。试想，如果没有政治原则关于"坚持社会主义"的规定，还需要专门制定这一例外条款吗？其次，特别行政区固然可以不遵守四项基本原则，不实行社会主义制度，但同样，也不能通过立法来反对四项基本原则、颠覆社会主义制度，这不同样体现了《宪法》第 1 条关于"社会主义制度是中华人民共和国的根本制度。禁止任何组织或者个人破坏社会主义制度"的规定吗？②

2. 政治纲领或政策

从某种意义上说宪法就是以根本法的形式，将执政党的政治纲领

---

① 《中华人民共和国宪法修改草案》，人民出版社，1982，第 47 页。
② 有关这方面的问题可详见殷啸虎《论宪法在特别行政区的适用》，《法学》2010 年第 1 期。

确认下来，成为国家未来各项工作的指导方针，因而具有很强的政治性和政策性。以 1954 年宪法为例，1954 年宪法是中国共产党的过渡时期总路线的宪法化，它将中国共产党的过渡时期总路线作为全国人民在过渡时期的总任务确定下来并且根据过渡时期总路线的基本要求，提出了"依靠国家机关和社会力量，通过社会主义工业化和社会主义改造保证逐步消灭剥削制度，建立社会主义社会"的根本目标。因此，毛泽东在谈到 1954 年宪法的性质时这样说过："我们这个宪法是社会主义类型的宪法，但还不是完全社会主义的宪法，它是一个过渡时期的宪法。"①

　　可见，这种政治纲领或政策不仅对宪法实施具有重要指导意义，而且整个宪法运行的过程同时也是贯彻落实政治纲领或政策的过程。政治纲领或政策的变化，在很大程度上必然会对宪法实施产生直接的影响，甚至直接导致宪法的修改。而从当代中国宪法修改的实践而言其主要动因往往都是政治纲领或政策的变化。从对 1982 年宪法的几次局部修改来看，都是以执政党的政策作为制定和修改宪法的指导原则，并在政策的指导下进行修宪；修宪的主要动因，也主要是直接反映执政党政策变化的要求，及时地对宪法作相应的修改，通过修宪，直接将某些政策性的规定制度化、宪法化。基本上每次对宪法的局部修改，都是在中国共产党的全国代表大会召开之后与党的代表大会制定的新的政策有着直接的关系。虽然对这种修宪模式可以有不同的评价，但它所反映的一个事实就是，执政党的政治纲领或政策对宪法实施有着直接影响，并且从某种意义上说，宪法实施首先是政治纲领或政策的实施。政治纲领和政策的实施决定了宪法实施和运行的整个过程。

3. 国家政策

　　宪法作为国家的根本大法，规定了国家的根本制度和根本任务。

───────────────

　　①　《毛泽东文集》第 6 卷，人民出版社，1999，第 329 页。

为了实现这些任务，宪法对规范国家整体发展的基本方向和基本原则也作了一些政策性的规定，这些规定通常被称为国家政策或基本国策，它们既是国家基本制度设置所应当遵循的原则，同时又为国家各项基本制度的运行明确了目标和方向。除了有关国家基本制度的规定外，国家政策主要包括经济发展政策、社会发展政策、社会文化政策、民族政策以及国防外交政策等。这些原则和政策不仅是国家根据宪法施政的基本依据，也是进行相关立法的主要依据，但这些规范本身是具有高度政治性的。这些政治性规范的实施，固然要通过相关立法，但主要是通过政治性的路径实施的，而且相关立法行为本身也就是这些规范的实施过程。

（三）政治性实施与法律性实施的关系

对宪法规范政治性实施与法律性实施的区分，是基于宪法规范中政治性规范与法律性规范的划分这一特点做出的。两者的区分主要在于：（1）规范的内容不同。政治性规范主要是有关国家活动的政治原则、方针政策等，而法律性规范主要是关于国家机构权力运行与公民权利保障的具体的制度设计与制度安排，前者更多的是属于政治性的，主要是通过政治手段进行调整；而后者更多的是属于法律性的，主要通过法律手段进行调整。（2）规范的功能不同。政治性规范的功能是多元的：一是确认，通过宪法的形式将执政党的政治理念、执政方针政策等予以确认使之上升到国家根本法的层面，使执政行为合法化；二是引领，通过政治性规范引领国家的各方面活动；三是规范，通过明确国家的发展目标和方向，规范国家的立法活动。而法律性规范的功能相对单一，主要是规范国家权力的运行。（3）实施的形式与后果不同。政治性规范实施的形式相对比较宏观与抽象，相关的政治原则、方针政策得到贯彻落实，就是政治性规范实施的重要形式，具体的实施效果可能与实施本身没有很大的关系；而法律性规范实施的形式相对比较微观和具体，相关制度的实施情况与实施效果同法律性规范实施本身有着很大的关系。当然这种区分也不是完全绝对的，不排除某些规范存在政治性与法律性的竞合。

由于政治性规范在我国现行宪法中占有十分重要的地位，不仅指引和规范国家的政治生活和社会生活而且指引国家的立法活动（从某种意义上说这也是一种政治活动），因此我国的宪法实施主要是通过政治性实施与法律性实施的二元路径进行的，并且政治性实施构成了宪法实施的主要方面。

三　政治性实施的制度保障：政治性审查

从 1954 年宪法的实施情况来看，主要问题是在其实施过程中，执政党通过宪法的形式确立的关于国家发展与建设的基本的政治引导性规范没有能够按照宪法的规定一以贯之。而造成这种局面的原因首先是执政党相关政策的调整和决策的制定与执行都没有根据宪法的规定进行。1954 年宪法颁布后，根据宪法组织了以人民代表大会制度为核心的国家机构体系，相关的法律也相继起草和制定，从这个意义上说，宪法是得到了比较好的实施的。然而，由于执政党对宪法所确认的过渡时期的政治纲领（与今天所说的"初级阶段"有相似之处）的认识发生了变化，并在后来的实践中背离甚至抛弃了这一政治纲领，使得与之相应的政治原则（民主与法制）也遭到破坏；宪法规定的精神和原则也无法得到贯彻实施，宪法的一系列相关规定也成为具文。1954年宪法没有能够得到有效实施，问题主要是出在政治性实施而非法律性实施方面。而对这样的以执政党的政策通过非程序化、非法治化的方式对宪法规范的突破，没有也无法通过程序化、法治化的途径和手段加以制止和纠正，这才是宪法实施所需要解决的问题。即便是在今天，我们谈到宪法实施的问题，很多人会将关注点放在执政党如何遵守宪法的问题上，其实这正是政治性实施的核心问题。

（一）二元审查机制：政治性审查与法律性审查

政治性规范是执政党的政治理念、执政方针通过宪法的形式上升为国家的方针政策。就规范内容而言，宪法中的政治性规范与《中国共产党党章》中的许多相关内容是高度契合的，因此政治性规范的实施在很大程度上取决于执政党的执政行为。现行《宪法》序言规定："本宪法以法律的形式确认了中国各族人民奋斗的成果，规定了国家的根本制度和根本任务，是国家的根本法，具有最高的法律效力。全国各族人民、一切国家机关和武装力量、各政党和各社会团体、各企业事业组织，都必须以宪法为根本的活动准则，并且负有维护宪法尊严、保证宪法实施的职责。"对此《中国共产党党章》中也明确规定："党必须在宪法和法律范围内活动。"这些规定的目的是保障执政党的行为不得违反宪法，但其中隐含当代中国宪法实施的政治路径的一个前提是执政党的行为也同样有可能违宪。那么，对执政党是否违宪的问题，能否进行审查以及由谁来进行审查，又如何进行审查呢？这可能也是目前关于违宪审查问题的一个难点所在。

就我国现行政治制度的体制和架构而言，执政党对国家的领导是政治领导、思想领导和组织领导。政治领导是路线、方针、政策和政治方向的领导，包括了对国家大政方针的确定、调整和重大决策的确定、变更等。在此过程中，有可能因为决策的非程序化、非法治化而造成决策的失误，引发是否违宪的问题。但这种情况下发生的违宪完全是一个政治性的问题，对这种政治性的问题由国家权力机关运用法律的程序通过法律的手段和方式进行审查，是不妥当的也是不符合我国的政治体制的。而解决这个问题的办法之一，就是遵循宪法政治性实施与法律性实施的二元路径确立政治性审查与法律性审查的二元审查机制，构建二元审查并行的违宪审查机制。

在我国宪法的序言及总纲部分中绝大多数都是政治性规范，并且随着政策的变化进行调整。这些政治性规范主要涉及执政党的方针政策，是执政党对国家的政治领导的具体体现，并且主要是通过执政党制定方针政策的途径和方式来实现的。这一特点决定了它们首先是通过政治手段进行调整（只有那些通过立法程序上升为法律的规范，才能够通过法律手段进行调整），其保障措施首先也应当是政治层面而非法律层面，这就决定了宪法规范政治性实施的两个基本特点：为了保障政治性规范的有效实施应当建立、健全相应的审查机制；这些政治性规范自身的特点，决定了这种审查机制是通过政治路径而非法律路径进行的。基于以上特点，保障政治性规范实施的关键是建立一套符合中国政治特色的政治性审查机制。

（二）政治性审查的基本依据

政治性审查的基本依据是执政党的行为必须遵守宪法，这也是我国宪法得到切实有效实施的前提条件和政治保证。无论是宪法，还是执政党的党章都明确要求执政党要遵守宪法。中国共产党历届领导人的讲话都明确了遵守宪法、实施宪法是执政党的基本义务和责任。同样，对执政党的活动及行为是否符合宪法规定进行审查，既是宪法的要求也是执政党自身建设的要求，更是执政党的职责。习近平在中央全面深化改革领导小组第二次会议上指出：凡属重大改革都要于法有据。在整个改革过程中，都要高度重视运用法治思维和法治方式发挥法治的引领和推动作用，加强对相关立法工作的协调，确保在法治轨道上推进改革。① 而要保证重大改革于法有据，在法治轨道上推进改革的一个重要保障，就是应当完善对相关政策措施的政治性审查机制。

当然，这种审查首先是基于特定的政治目的，审查内容也是特定的政治行为。由于政治性审查的内容主要是执政党的行为，而执政党并非国家机关，由全国人大及其常委会监督执政党的活动既不符合宪

---

① 参见《习近平：凡属重大改革都要于法有据》，http：//news. xinhuanet. com/fortune/2014 - 03/01/c_ 126207261. htm，最后访问日期：2014 年 10 月 19 日。

法的规定，也不符合我国的政治体制。因而政治性审查的主体只能是执政党本身，这也是由中国共产党领导这一政治特点所决定的。因此，从我国的具体国情和政治制度出发，对于包括执政党行为在内的审查，应当由执政党内部的特定的政治机构进行。这也是政治性审查的一个最为突出的特点。

（三）政治性审查的基本内容

执政党的具体行为固然也应当遵守宪法、符合宪法但对具体行为的规范是由执政党的党纪党规和国家的相关法律规范的，对于违反者可以根据党纪国法进行处理。违反党纪的依照党纪党规进行纪律和组织处理；违反法律的，依法追究法律责任。由于执政党对国家的领导首先是政治领导，这种政治领导是对国家事务在政治原则、政治方向和重大决策方面的领导，这种领导主要是通过制定方针政策和相关文件等途径实现的。因此，执政党对国家的领导首先是通过抽象行为来实现的并且这种抽象行为主要是通过制定政策和文件的形式表现出来的。这些抽象行为对包括国家和地方立法在内的各项活动都具有重要的影响力，必须首先符合宪法和法律的要求，这也是宪法和党章对执政党活动的基本要求。

从改革开放以来各地的政治实践来看，执政党通过制定方针政策，在推进国家和地方改革，推动国家和地方经济发展和创新等方面发挥了重要的政治领导作用。但也有一些地方，在决策过程中，片面追求地方的经济发展，忽视了决策内容的合宪性与合法性；一些重要的决策不仅于法无据而且损害了广大人民群众的利益甚至是侵犯了公民的合法权利。由于这些决策都是以执政党的抽象行为进行的，因此国家机关无法进行审查，同时执政党内部又没有相应的政治性审查机制和机构，因而一旦因决策不合宪、不合法而导致公民权利受到损害的情形发生，老百姓除了上访之外别无他途。那些造成公民权利受到损害的行为往往有"红头文件"上的依据，所以即便是信访机构也是难以处理的。因此在执政党内部构建科学完善的政治性审查机制对于处理好党的领导与依法治国的关系，推进宪法实施是至关重要的。从政治上而言，这不仅是加强执政党的政治领导，改善执政党的政治领导的必然要求而且是保证执政党科学执政、民主执政、依法执政的必然要求；从法律上而言，这是保证执政党根据宪法的要求在宪法和法律范围内活动，做到执政党领导立法、保证执法、带头守法，确保执政党的政策和国家法律得到统一正确实施的必然要求。同时，从当代中国的政治实践出发构建执政党内部的政治性审查机构和审查机制，应当是健全和完善具有中国特色的违宪审查机制、保障宪法实施的基本模式。

值得注意的是，执政党自身已经注意到了这个问题，也开始进行一些探索。2013 年 5 月 27 日，《中国共产党党内法规制定条例》及《中国共产党党内法规和规范性文件备案规定》对外公布。根据《中国共产党党内法规制定条例》，制定党内法规应当遵循"党必须在宪法和法律范围内活动"的原则，如果党内法规有"同宪法和法律不一致的"情形的，由中央责令改正或者予以撤销。

《中国共产党党内法规和规范性文件备案规定》则明确指出党内法规和规范性文件备案工作的目的之一就是要保证党内法规和规范性文件同宪法和法律相一致，对党内法规和规范性文件审查的主要内容之一也是"是否同宪法和法律不一致"；并明确规定由中央办公厅对报送中央备案的党内法规和规范性文件进行审查，主要审查的内容包括：是否同党章和党的理论、路线、方针、政策相抵触，是否同宪法和法律不一致，是否同上位党内法规和规范性文件相抵触，是否与其他同位党内法规和规范性文件对同一事项的规定相冲突，规定的内容是否明显不当，是否符合制定权限和程序。《中国共产党党内法规制定条例》《中国共产党党内法规和规范性文件备案规定》的公开发布可以说是初步建立了对党内法规和规范性文件的违宪审查机制，明确了审查的主体、范围和内容。但从这两部规定的内容来看，就审查的方式而言，基本上还是属于事先审查和主动审查。由于包括党法党规在内的政治性规范所涉及的内容是非常复杂的，有些问题在事先审查过程中不一定能够被发现，所以，在健全事先审查和主动审查制度的同时建立相应的事后审查和被动审查制度，并明确审查的机构和程序，构建完善的审查机制，应当是未来我国宪法实施的政治性审查的发展目标和方向。

（本文原载于《法学》2014 年第 11 期）

宪法实施与中国社会治理模式的转型

韩大元*

30 年前的 1982 年 12 月 4 日，第五届全国人民代表大会第五次会议通过了现行宪法——1982 年宪法。30 年来，在中国社会的改革开放进程中，1982 年宪法成为国家生活的重要内容，奠定了国家治理的正当性基础，确立了国家与社会的价值观与目标，推动了中国社会的发展与进步。可以说，30 年中国社会治理模式的转型是通过宪法实现的。那么，如何评价 30 年来宪法在中国社会治理中的作用？中国社会变迁与宪法治理具有何种内在机制？宪法"后 30 年发展"将面临哪些新挑战？在纪念 1982 年宪法颁布实施 30 周年的时候，我们需要认真思考这些问题。

一 宪法实施与社会共识

30 年来，1982 年宪法为中国社会发展做出的贡献是多方面的，但笔者认为其中最重要的贡献之一是通过宪法治理初步形成了社会共识，为凝聚民心、维护社会共同体价值奠定了基础。

宪法与社会共识的形成是社会治理的内在因素与基础。历史上，17、18 世纪宪法的产生与发展注入了人类社会新的理念与智慧。人类通过宪法赋予国家理性与人性，防止公权力执掌者的肆意、任性，以保护个人的自由与权利。同时，宪法通过其国家权力的合理分配机制，

* 韩大元，中国人民大学法学院院长、教授、博士研究生导师。

为公共权力与个人权利之间的平衡提供法律基础与依据。在宪法基础上形成的政治权威，遵循着一种理性的原则，使宪法的存在体现了国家权力的人民性和社会性，反映稳定和谐的政治秩序，从而在根本上使人的个性得到张扬，使人类生活更加幸福和多样化。当今世界，宪法已经成为最受关注的社会治理模式，也是各国社会生活的热点、焦点与难点所在。无论国家制度之间有什么样的差异、国家发展水平如何不同，宪法都是人类寻求共性与追求和谐的"共同语言"。

所谓"宪法治理"，就是将一切经济、政治、社会、文化生活，逐步纳入以宪法为核心的法治轨道，以"限制国家权力"和"保障人权"的核心价值精神建构国家体制，通过实施宪法为国家与社会的和谐、稳定发展提供法律基础。在宪法治理中，稳定、繁荣、和平、自由、平等、和谐——这些人类社会追求的理想状态得以展开。历史的经验表明，当人类社会背离宪法价值、背离宪法治理的基本规则的时候，社会就会陷入灾难与无序之中。

现代宪法治理模式经历了挫折、恢复与逐步成熟的不同历史阶段。在魏玛宪法精神的鼓舞下，人类曾经探索和平的治理模式，但时间非常短暂，宪法治理的雏形被"国家主义"、法西斯统治所取代，被"工具化"的宪法无法防止世界范围内战争的爆发。"二战"之后，在沉痛的历史教训中，人类更加感到宪法治理价值的重要性，深刻反思宪法在社会治理中的功能与地位，将所有的国家生活和社会生活重新纳入宪法治理的轨道之中，并使宪法的规范功能、实践功能以及价值评价功能得到完整、彻底的体现。

进入 21 世纪后，国际社会出现了新一轮宪法治理模式的转换，宪法问题还出现了"国际化"的新趋势。在世界范围内，宪法对人类文明价值的维护与发展发挥着越来越重要的作用，深刻地改变着世界发展格局与走向。历史发展证明，任何一种文明形态都无法脱离宪法的调整与保障。中国宪法是在世界宪法发展的总体背景中存在与发展的，无法脱离世界性的背景。"世界"与"中国"构成了中国宪法迈向现代治理模式的背景和框架，其蕴含的价值、内容与变化成为社会管理活动不可缺少的要素。

二　1982 年宪法奠定了社会治理模式的基础

社会治理的本质特征在于合作与沟通，发挥不同社会主体在国家治理和社会发展中的作用。国家既要保留传统的管理职能，同时更加强调服务职能，管理与服务两种职能要充分结合。那么，30 年前颁布的宪法是如何为国家和社会治理奠定基础的？我们可以从 1982 年宪法的修改过程以及修改论争中分析它的时代性特征及其对社会治理的建构意义。

（一）1982 年宪法的修改权①与社会共识

新中国的宪法发展经历了既符合宪法逻辑，但同时凸显一定政治逻辑的过程。1980 年 8 月，中共中央向五届全国人大三次会议主席团提出修改宪法的建议，以之作为新的社会治理体系的基础。当社会治理经过"动荡"而寻求稳定的机制时，宪法的重要性就凸显出来，因而人们对即将"诞生"的宪法负有极高的期待。但是，我们首先需要明确的是，1982 年宪法是运用修宪权的产物，并不是"制定宪法"的产物。学术界有一种主张，认为 1982 年宪法是制宪权的运用，但多数学者认为 1982 年宪法属于宪法的全面修改而非宪法制定。如果以制宪的理论解释 1982 年宪法功能，就会导致价值、规范与事实之间的冲突。

制宪权属于根本的政治决断。制宪权的行使不受既有法秩序的约束或调整。作为制宪权主体的人民，他们的意志是一种不约而同式的

---

① 在一些学术著作和论文中经常看到一种表述，即"1982 年宪法的制定"或者"制定了 1982 年宪法"。需要指出的是，"制定"和"修改"是完全不同性质的权力行为。从价值与事实两个方面看，1982 年宪法是"全面修改"的产物，并不是"制定"的产物。

表达。修宪权是制度化了的制宪权，它不等于制宪权。"不论是全面修改的权力还是部分修改的权力，修宪权都是作为制度化的制宪权而从属于始源性制宪权的意志。"① 修宪权是制宪权在法秩序中的表现形式，能够防止制宪权这种始源性的政治决断对法秩序的破坏乃至毁弃。

从逻辑上说，如果认为 1982 年宪法是制宪行为，等于认为在该宪法制定颁布前后，我国的政治体制发生了本质的变化。这显然是不符合历史事实的，因为 1978 年宪法"统治"下的共和国政体和国家性质并没有变化，1978 年宪法中确认的社会共识可以通过修宪程序转化为新法律秩序下的社会共识。从宪法文本上说，1982 年宪法确认的国家根本制度和根本任务，都是自中华人民共和国成立以来一脉相承并逐步发展的。② 在宪法修改的主体上，1982 年宪法的修改是由作为最高国家权力机关的全国人民代表大会来完成的，全国人民代表大会成立宪法修改委员会主持具体的宪法修改工作，没有成立专门的制宪机关。

因此，1982 年宪法本质上是一种修宪行为的产物。但是，1982 年宪法的文本基础并不是作为前一部宪法的 1978 年宪法，而是 1954 年宪法。对此，参加修宪工作的王汉斌回忆指出："在通常情况下，修宪应以前一部宪法即 1978 年宪法为基础。但 1978 年宪法没有完全摆脱'文化大革命'的影响，有不少'文革'遗留的内容，难以作为修改的基础。而且这部宪法比较粗，只有 60 条，许多应该做出规定的没有做出规定。当时，研究了 1954 年宪法，认为这部宪法虽然有的条文已经过时，但它所规定的基本原则是比较适宜的。而且，这部宪法有 106 条，比较完善。经过'文化大革命'，人们还是比较怀念 1954 年

---

① 〔日〕芦部信喜：《制宪权》，王贵松译，中国政法大学出版社，2012，第 47 页。
② 也有学者以变和不变的原理说明 1982 年宪法的性质是"第二次革命"，是记载和保证中国的第二次革命的宪法，在社会主义国家和社会的根本性质和根本发展方向方面不变，坚持改革开放和坚持四项基本原则不变。见龚育之《宪法与改革》，《中国法学》1993 年第 1 期。

宪法。"① 以 1954 年宪法作为修改的文本基础在客观上是适宜的，与宪法修改理论并不矛盾，因为它们都属于同一个政治体中的根本规范的表达形式，而且 1954 年宪法还是最原初的表达。

在修改程序上，1982 年宪法的修改遵循了 1954 年宪法规定的程序，没有采取重新"创造宪法的程序"。当时，宪法修改委员会曾面临采用何种修改程序的难题。因为 1978 年宪法只规定由全国人大修改宪法，而没有具体规定宪法的修改程序。1975 年宪法也没有具体规定宪法修改程序问题，如修宪提案权主体、修宪具体表决方式等。而 1954 年《宪法》第 29 条规定，宪法的修改由全国人大以全体代表的三分之二的多数通过。因此，1982 年宪法的全面修改只能以具有统一修改程序的 1954 年宪法所规定的程序为基础进行，这也进一步明确了 1982 年宪法修改权的性质。

选择 1954 年宪法作为修宪的文本基础，在权力基础上体现了修宪权服从于制宪权的价值判断，同时在文本内容上则体现了 1954 年宪法所凝聚的社会共识，并且结合新的时代需要而进一步丰富凝练。在宪法内容上，如何回应民众的心声，使之成为社会共识的基础？通过修宪来确认共识，赋予国家发展以新的规范与正当性基础是此时社会成员的普遍诉求。1978 年宪法是在"文化大革命"结束后不久通过的。由于受当时历史条件的限制和"左"的指导思想，这部宪法与实际生活发生了严重的冲突。尽管 1979 年、1980 年对 1978 年宪法进行了两次局部修改，试图恢复国家治理中的人文价值、寻求宪法规范与社会生活的合理平衡，但局部的修改仍无法纠正因远离人性与制度理性的错误，无法满足社会治理转型的内在需求。十年"文革"最直接和沉痛的教训就是民众缺乏自由与尊严的保障，连人类生存基本前提——个体生命的尊严也得不到有效保护，以导致整个社会治理的扭曲与社

---

① 王汉斌：《王汉斌访谈录——亲历新时期社会主义民主法制建设》，中国民主法制出版社，2012，第 65 页。

会共识的缺失。由于国家指导思想与价值观的演变，在特殊历史背景下诞生的 1978 年宪法无法有效地承载人性、保护人的尊严的内在诉求。正如彭真在宪法修改草案报告中指出的："根据历史的经验和'文化大革命'的教训，草案关于公民的各项基本权利的规定，不仅恢复了一九五四年宪法的内容，而且规定得更加切实和明确，还增加了新的内容。"① 在此意义上，1982 年宪法的颁布是全社会呼吁人性的一种制度性的回应与价值的诉求，构成了宪法正当性的意识基础，也是扩大社会共识的依据。

因此，1982 年宪法的修改体现了让社会治理回归制度理性、弘扬人性旗帜的目的，体现了对民众的权利保护诉求的积极回应和满足，是对人的尊严、制度理性的恢复与塑造。

（二）通过 1982 年宪法结构的调整重建社会、国家与个人的关系

在围绕修宪形成共识的基础上，1982 年宪法的修改在内容与规范内涵方面，力求通过宪法规范承载社会共同体价值，为刚刚起步的改革开放奠定正当性与合法性基础。作为建立社会治理体系的一种积极努力，1982 年宪法一方面调整了整体的篇章结构，另一方面完善了基本权利的内容体系，力图理顺国家、社会与个人的关系，以建立有效的社会治理体系。

在篇章结构上，1954 年宪法和 1975 年宪法、1978 年宪法的顺序都是一致的，即除"序言"外，正文的四章分别为"总纲""国家机构""公民的基本权利和义务"以及"国旗、国徽、首都"。1982 年宪法改变了以往把"公民的基本权利和义务"放在"国家机构"之后的做法，篇章结构的调整体现了对人文精神的追求，凸显了宪法尊重和保障人权的核心价值，理顺了国家与公民存在的历史事实，体现了"没有人民的授权，国家机构就失去了权力的基础和

---

① 彭真：《关于中华人民共和国宪法修改草案的报告》（一九八二年十一月二十六日），载《彭真文选》（一九四一——一九九○年），人民出版社，1991，第 443 页。

来源"[①] 的建国逻辑，也反映了国家的一切权力属于人民的宪法原则。在基本权利的规定上，重新调整基本权利体系，并增加新的基本权利类型，如退休人员生活受保障、残疾公民受帮助等权利，进一步明确了基本权利的内涵。从基本权利和义务条文的数量来看，1954 年宪法有 19 条，1975 年宪法有 4 条，1978 年宪法有 16 条，而 1982 年宪法有 24 条。

1982 年宪法调整宪法结构的本质与基本出发点是凸显对人的尊严和价值。对人文精神的尊重首先体现为对"人格尊严"的保障。如前所述，"文化大革命"使得个人的人格和尊严遭到严重侵害，从普通公民到国家主席均无幸免，因此，对该时期的国家政治生活和法律生活进行反思并在制度上保障个人的人格尊严成为现行宪法修改时的重要共识。1982 年宪法对人格尊严的保障给予了高度重视，第 38 条规定："中华人民共和国公民的人格尊严不受侵犯。禁止用任何方法对公民进行侮辱、诽谤和诬告陷害。"[②] 宪法还明确禁止非法拘禁和以其他方法非法剥夺或者限制公民的人身自由、禁止非法搜查公民的身体、禁止非法搜查或者非法侵入公民的住宅，这些规定都是在总结历史教训、出于对人的主体性尊重的基础上做出的。

基本权利的内容体系集中体现了社会、国家与个人的关系。基于社会主义宪法的性质，1982 年宪法在基本权利的规定上突出体现了权利和义务一致性的特点。一方面，基本权利篇章一开始就规定"任何公民享有宪法和法律规定的权利，同时必须履行宪法和法律规定的义务"，表明公民在国家和社会中具有的自由和必须承担的责任，自由不是任意和无边界的，而是与集体和国家共同发展、和谐有序的整体

---

① 王汉斌：《王汉斌访谈录——亲历新时期社会主义民主法制建设》，中国民主法制出版社，2012，第 69~70 页。

② 1982 年宪法草案的报告特别强调"人格尊严不受侵犯"条款的意义，并为扩大"人的尊严"解释空间提供了基础。参见韩大元主编《公法的制度变迁》，北京大学出版社，2009，第 352 页以下。

格局中的自由。另一方面，第51条规定公民在行使自由和权利的时候，"不得损害国家的、社会的、集体的利益和其他公民的合法的自由和权利"。这一规定是1982年宪法新增加的，体现了基本权利保障和限制的统一性。在理论上，第51条"是宪法对基本权利活动进行限制的总的原则和标准，确定了宪法内在界限"①，具有基本权利概括限制条款的性质。同时，这一条款也暗含了国家、社会、公民三者之间的关系模式。公民既独立于国家、社会和集体，又不能脱离它们而存在，两者相互促进，共同发展，共同实现更高层次的自由。

三　宪法实施与社会治理的转型

1982年宪法既为社会治理提供基础，同时通过宪法规范不断调整社会治理的方式。在宪法与社会的互动中，通过实施宪法体现问题意识和现实关怀，发挥宪法对执政行为的调整功能，使国家决策更好地体现宪法理念、宪法意识和宪法路径。

（一）　宪法指导思想与社会治理模式的变化

1982年宪法是根据党的十一届三中全会以来的路线、方针、政策，适应新时期政治、经济、文化、社会发展的需要而修改的。1980年8月18日，邓小平同志在中央政治局扩大会议上发表讲话，全面、系统地阐述了党和国家领导制度改革的问题。他说："要使我们的宪法更加完备、周密、准确，能够切实保证人民真正享有管理国家各级组织和各项企业事业的权力，享有充分的公民权利，要使各少数民族聚居的地方真正实行民族区域自治，要改善人民代表大会制度，等等。关于不允许权力过分集中的原则，也将在宪法上表现出来。"② 小平同志这个讲话实际上为起草1982年宪法确定了重要的指导思想。③

---

① 胡锦光、韩大元：《中国宪法》，法律出版社，2004，第208页。
② 《邓小平文选》（第2卷），人民出版社，1994，第339页。
③ 参见王汉斌《社会主义民主法制文集》（上），中国民主法制出版社，2012，第16页以下。

在宪法文本中，指导思想"是指导宪法制定和实施的思想理论基础""是宪法实践和宪法解释的基本依据""是整个宪法文本的思想灵魂"。① 1982 年宪法把四项基本原则写进宪法，根据不同时期的历史发展要求，通过修宪的方式不断丰富和发展宪法的指导思想体系，使宪法的发展与时俱进。经过马克思主义中国化的两次历史性飞跃，形成了毛泽东思想和包括邓小平理论、"三个代表"重要思想、科学发展观等在内的中国特色社会主义理论体系两大理论成果。宪法及时地丰富和发展指导思想体系，将执政党的基本路线与宪法规范相结合。1993 年中共中央修宪建议提出"把建设有中国特色社会主义的理论和基本路线，明确载入宪法"。"这样修改，表明了建设有中国特色社会主义理论的指导地位，比较集中、完善地表述了党的基本路线。"②1997 年召开的中共十五大将建设有中国特色社会主义理论概括为邓小平理论，1999 年修改宪法，将这一理论作为指导思想的重要组成部分写入宪法。2004 年宪法修改又把"三个代表"重要思想写进宪法。宪法指导思想的不断发展和丰富，体现了宪法自身的发展及其与社会发展的互动关系。通过把握宪法指导思想来理解宪法与社会的关系，特别是宪法对社会治理体系的形成产生的重要影响，可称之为社会治理模式转型第一阶段的标志。

（二）通过宪法实施确立国家价值观与人权文化

宪法规定的是国家生活中根本的内容，这些内容的重要性要求我们必须尊重宪法，树立宪法权威。遵守宪法、维护宪法，就是从根本上维护国家制度和社会生活的稳定。从 1992 年以后，随着宪法实施，国家价值观对社会治理产生越来越重要的影响，以建立人权文化为核心的文化建设进入新的转型。这可称之为社会治理模式的第二阶段。

---

① 《宪法学》编写组：《宪法学》（马克思主义理论研究与建设工程重点教材），高等教育出版社、人民出版社，2011，第 82～86 页。

② 《中国共产党中央委员会关于修改宪法部分内容的补充建议》（1993 年 3 月 14 日），《附件二：关于修改宪法部分内容的建议的说明》。

在 30 年的社会治理中，我们努力探寻宪法的人性基础，尊重人的个性、尊严和权利，尊重人的主体地位，在国家生活中力求体现人文精神。改革开放 30 多年来，我国的民主法制建设取得一些重要进展——"民告官"的行政诉讼制度、国家赔偿制度的确立和运转，立法民主化、依法行政、司法改革的推进，以及权力制约和公民宪法权利的保障，直到"依法治国"写进宪法，依法治国与党的领导、人民当家做主并列作为社会主义民主政治的有机组成部分，宪法与政治生活的关系越来越密切。科学发展观和以人为本的提出，更是将宪法与社会发展在尊重和保障人的尊严与权利这一最大共识下统一起来。无疑，宪法的逻辑与精神将越来越广泛地进入社会生活的各个领域。

1982 年宪法颁行之初，我国还处于计划经济时期。宪法规定"国家在社会主义公有制基础上实行计划经济"，不过已经开始注意到"市场调节的辅助作用"。同时，给予国营企业一定的"经营管理的自主权"，给予集体经济组织"独立进行经济活动的自主权"。1988 年宪法修改，私营经济开始获得宪法地位。1993 年宪法修改，将"国营经济"修改为"国有经济"，将"国家在社会主义公有制基础上实行计划经济"修改为"国家实行社会主义市场经济"，体现了对经济自由的确立和维护，实现市场主体的多元性和自由竞争，通过解放市场和生产力来解放人。在人身自由方面，以宪法为指导的一批法律的颁布，完善了人身自由的各项保障制度，包括 1994 年的《国家赔偿法》、1996 年的《行政诉讼法》、1996 年修改的《刑事诉讼法》、1997 年修改的《刑法》以及 2000 年的《立法法》等。特别是《立法法》首次确立了限制人身自由的法律保留原则，"在理念层面上已经达到了现代人权保障的标准"。①

2004 年"人权入宪"是这一阶段社会治理转型的重要标志。我国宪法专章规定了公民基本权利，但是依然将"人权"概念正式写入宪

---

① 韩大元主编《公法的制度变迁》，北京大学出版社，2009，第 65 页。

法，这表明了人权与宪法的特殊关系，以及国家价值观的变化。毫无疑问，"人权条款"确立为宪法原则后，它将成为评价一切公权力的一项重要尺度。尊重和保障人权，就必须坚决摒弃怀疑、抵触、反对人权的形形色色的错误思潮，牢固确立以人的尊严和价值、权利和自由为本位的现代宪法观。保障人权，就必须完善和发展宪法实施机制，将宪法规范具体落实在实际社会生活中，使之成为真正意义上的最高法。

（三）从"依法治国"到"依宪治国"的转型

2002 年 12 月 4 日，胡锦涛同志在首都各界纪念中华人民共和国宪法公布施行 20 周年大会上发表讲话，对宪法颁行 20 年来取得成就给予充分肯定，提出"实行依法治国的基本方略，首先要全面贯彻实施宪法"。2004 年 9 月 15 日，胡锦涛同志在首都各界纪念全国人民代表大会成立 50 周年大会上发表讲话，进一步指出："依法治国首先要依宪治国，依法执政首先要依宪执政。"这一表述深刻总结了中国共产党"依宪治国""依宪执政"的思想，将中国社会治理发展到新的阶段。这也表明，在社会治理方式的探讨中，中国共产党积极将法治的理念引入执政活动，高度重视并要求充分发挥宪法的地位。不仅从政策和法律调整转向以法治为主导的社会治理，同时从法律调整逐步转向宪法为主导的社会治理模式。这对于增进党执政的正当性基础、规范公共权力运行、保障公民权利的实现无疑具有重要意义，同时标志着宪法调整下中国社会治理模式进入第三阶段，即"依宪治国"的阶段。

依宪治国和依宪执政理论的提出是中国共产党作为执政党不断探索执政规律的历史经验的总结，同时标志着执政党执政理念与执政方式的转变。对依宪治国和依宪执政的强调，就是对宪法的强调，是对宪法实施的强调，要求立法、执法、司法等所有公权力行为都必须依照宪法、符合宪法，认真落实"党必须在宪法和法律范围内活动的原则。

四　社会治理中缺失的宪法共识

宪法实施是将宪法文本落实到社会生活、国家政治生活中的一套观念和制度，它不是简单的技术与程序，而是一种公共理性的生活。宪法获得生命力的基础是持续而稳定的宪法共识。可以说，30 年来中国社会取得的成就是在宪法共识下取得的，同样在 30 年社会治理中遇到的问题或者挑战实际上也是我们在宪法共识上面临的课题。

（一）如何对待宪法文本

法治是规则之治，不尊重规则就不可能有法治。但在现实生活中处理问题，包括决策的时候，人们会不自觉地回避规则，不按照宪法规定办事，试图通过"潜规则"解决问题。客观来说，我们经常面临忽视宪法规定的情况，缺乏遇到社会问题时通过宪法途径解决问题的自觉性和主动性。

社会上不按照宪法办事的现象的存在是宪法共识未能发挥作用的客观原因。概括起来，现实生活中对待宪法文本的不正确态度有四种：一是公然地违背宪法条文；二是经常性地批评宪法，把改革发展中存在的问题归结到宪法文本上；三是不认真看待宪法文本，遇到问题撇开宪法；四是对宪法表面尊重实际疏远，刻意与宪法保持"距离"等。

对宪法的不信任、不尊重已经成为我国社会缺乏信任、缺乏诚信的重要原因之一。由于宪法文本没有成为国家生活的基本规范，在化解社会矛盾的方式上，目前全社会还没有完全形成"在法制轨道内解决矛盾冲突"的共识。不尊重宪法规则，无视宪法文本，就是不尊重我们的制宪历史，就是无视中国的宪政传统与道路。我们必须明确，宪法上的每一个字、每一个条文，都是制宪者根据人民的意志，反复思考、反复推敲而写入的。要做到让民众"信法不信权""信法不信访""信法不信闹",还需进一步普及宪法价值,以宪法为基础,约束公权力,一方面将政府行为纳入宪法的轨道,保障人民的基本权利,并由此赋予政治权力的正当性;另一方面要尊重和维护司法权威,保障司法机关依法独立行使审判权、检察权。

(二) 宪法运用者的宪法意识薄弱

与不尊重宪法文本密切相关的,是一些领导干部、公务员的宪法意识比较淡薄。宪法实施不仅需要制度的支撑,更需要宪法意识深入人心,在民众与国家权力执掌者之中树立牢固的宪法理念。因为宪法实施是一套价值与理念实现过程。一套缺乏价值与理念支撑的技术体系即便能够保证宪法运行良好,但是也不能贸然称之为宪法实施。宪法实施的最终目的是构建一种公共生活,或者说为一种群体的生活方式提供一种合理性与期待性,因而宪法意识对于宪法实施具有极为重要的意义。

为了解国家公务员的宪法意识和法律意识,2008 年我们曾对 1300多名中高级公务员进行了问卷调查。[①] 在"您认为依法治国首要的任务是什么"的问题中,26.7% 的人认为是依法治官,68.1% 的人认为是依法治理社会事务,3.1% 的人认为是依法治民,还有 2.1% 的人不清楚。结果显示,对于依法治国首要任务的理解,仍然存在不小的偏差。只有 26.7% 的公务员选择了依法治官,而大部分选择为依法治理社会事务。尽管这样的回答并没错,但是,在二者比较中选择后者而不是前者,可以看出回答者在理解依法治国这个问题上的价值立场。而且仍然有 3.1% 的公务员选择的答案为依法治民,这种理解实际上与依法治国的本质含义相悖。"依法治国,建设社会主义法治国家"尽管写入了宪法,但是它的含义却并未因为入宪而得到确定和普及。在"依法治国"提出之初,"依法治省""依法治县""依法治村"

---

① 参见韩大元、洪英、张宇飞《中国社会变革与公务员法律意识——以公务员法律意识问卷调查的分析为中心》,《河南省政法管理干部学院学报》2009 年第 2 期。

"依法治水""依法治路"等话语大量出现，其背后的逻辑还是用法律治理某方面的事务、管理人民，等于回到了"以法治国"的旧观念之中："'以'字跟'依'字有所不同，'以'是你用法律来管理人家，'依'是老百姓和官员都得依法办事。"[①] 依法治官或者说将公权力纳入法律的框架，使得权力服从于法律，是依法治国的本质所在。如果没有执政党的依法执政，没有立法机关的依法立法，没有政府及其部门的依法行政，没有司法机关的司法公正，缺少上述任何环节，"依法治国，建立社会主义法治国家"的命题都无法成立。近年来，还有一种现象是依法治国理念的"地方化"趋势，如一些地方政府自己制定行政程序方面的规则，不通过"民意代表机关"，理由包括如通过代表机关效率低等。这实际上是规避民意机关的监督和制约。

（三）公众的宪法期待与基本权利救济的脱节

宪法实施状况与距离人民群众的要求还有差距，距离落实宪法本身的规定还有差距。宪法在社会生活中的调整功能并没有得到有效的发挥，宪法没有很好的约束公权力。

近年来，越来越多有关基本权利的事例涌现，人们开始更多地感知到宪法的存在及其与人们生活的密切关系。但是我们毫无理由乐观。近年来，公民因批评政府和官员而受到公权力"依法"处罚的事例表明，我们对于基本权利的认知、对公民权利的保护还处于较低水平。在宪法治理模式还没有完全形成的情况下，公民实现表达自由的渠道是不通畅的，一些官员面对问题不是疏导，而是采取围追堵截、打压的方式。这种工作方式严重伤害了民众的正当权利，也是对宪法权威的挑战。

（四）沉寂的宪法审查与宪法实践性的匮乏

在公权力领域，宪法的直接功能在于规范与控制公权力的运行。

---

① 王汉斌：《王汉斌访谈录——亲历新时期社会主义民主法制建设》，中国民主法制出版社，2012，第 129 页。

在社会日益纷繁复杂的背景下，各种国家权力在运行中出现了一些新情况新问题，其中有相当一部分涉及宪法。如果不能从宪法层面妥善解决，则可能孕育更深刻的社会矛盾。

如在立法权的设置方面，宪法规定的"基本法律"与"非基本法律"的效力关系是实践中争议比较大的问题，这进一步涉及全国人大与常委会宪法地位。自 1954 年宪法以来，我国逐渐形成了一院制下设置常设委员会的人大构造，大会相对于常委会的最高性一直是其重要的一环。但在 1982 年宪法加强全国人大常委会的职权之后，全国人大与常委会的关系及现实运作面临一些新课题。就立法权而言，常委会不仅享有立法权，而且其立法不仅在数量上，甚至重要性有时超出大会的立法，常委会修改大会立法的宪法界限也被悄然打破。在决定权、人事权、监督权方面，大会的最高性地位也面临挑战。

以《行政处罚法》和《道路交通安全法》的冲突为例。2005 年 1 月 5 日，朱素明交通违章，昆明市公安局交通警察支队依简易程序做出 100 元罚款的行政处罚。朱素明认为行政处罚决定程序违法，且适用法律错误，提起行政诉讼。一审法院判决维持行政处罚。朱素明不服，认为《行政处罚法》是全国人大制定和通过的基本法律，而《道路交通安全法》是全国人大常委会制定的其他法律，两部法律既不是同一立法机关制定，又不是同一级别的法律（前者高于后者），不存在"特别法优于一般法"适用的基础，故而应适用《行政处罚法》，适用其中的一般程序而非简易程序，提起上诉。二审法院认为："在我国的立法体系中，全国人大与全国人大常委会都是法律的制定主体，均为行使最高立法权的国家立法机关，全国人大常委会是全国人大的常设机关，在全国人大闭会期间，其可以经常性地行使国家最高层次的立法权，两个国家最高立法机构所制定的法律不应存在位阶上的'层级冲突'，即不会产生'上位法'与'下位法'之间冲突问题，故上诉人在该案中认为全国人大制定的《行政处罚法》系'上位法'，全国人大常委会制定的《道路交通安全法》系'下位法'的诉讼理由是不成立的。"① 2007 年，《最高人民法院公报》也公布了一个类似案例，法院同样认定《行政处罚法》和《道路交通安全法》及其下位规定属于一般法和特别法的关系，进而认可了适用简易程序进行道路交通处罚。②

此外，2008 年修改颁布的《律师法》《刑事诉讼法》、新修改的《刑事诉讼法》之间的效力冲突也涉及全国人大与全国人大常委会的宪法地位以及两者的关系问题。在宪法关系上，全国人大与全国人大常委会并不是同一机关，当全国人大制定的基本法律与全国人大常委会制定的非基本法律的效力发生冲突时，不能简单适用"新法优于旧法"原则，应通过合理的立法政策，建立有利于保障基本法律效力的机制。③

（五）宪法、国家与社会的关系需要进一步调整

在学术逻辑上，我们通常都强调宪法的"国家根本法"属性，但是宪法与国家之间究竟是何种关系？对此，我们仍缺乏在国家核心价值观层面上挖掘宪法的功能。无论是国家基本制度的建立与运行，还是国家价值观问题上，我们似乎有一种"轻国家"的观念，未能从国家视角深入把握宪法对国家生活的意义。宪法与国家关系的"疏远"是 30 年宪法发展中值得反思的问题。

实现和维护民族团结、国家统一是整个社会共同体存在与发展的基础，也是以宪法为基础的整个法律制度存在的基础。我国是统一的多民族国家，民族区域自治制度也是我国宪法规定的一项基本政治制度。目前，我国已经建立起以宪法为基础、以《民族区域自治法》为

---

① "朱素明诉昆明市交通警察支队行政处罚案"，云南省昆明市中级人民法院（2005）昆行终字第 124 号行政判决书，2005 年 9 月 8 日。

② "廖宗荣诉重庆市公安局交通管理局第二支队道路交通管理行政处罚决定案"，《最高人民法院公报》2007 年第 1 期。

③ 参见韩大元《全国人大常委会新法能否优于全国人大旧法》，《法学》2008 年第 10 期。

核心的民族自治地方立法体系。这既是宪法最高性的要求，也是统一的社会主义法律体系的要求。在民族区域自治制度的运行中，我们不能只考虑宪法中规定的自治权的因素，同时也要强调对其前提——国家意识、国家观念、国家利益等核心价值，加强国家意识，充分发挥宪法在国家统一与稳定方面的功能。

就国家统一而言，香港、澳门回归祖国后，依据各自的基本法实现了平稳过渡。两部基本法都是在宪法指引下制定的。在宪法与基本法的关系上，一方面，宪法将"一国两制"的政治构想法律化，确立特别行政区制度为宪法上的国家制度；另一方面，港澳基本法是宪法精神和"一国两制"的体现，是对宪法的具体化，借由宪法协调国家主权与高度自治之间的合理关系。但值得反思的问题是，宪法管辖权当然适用于整个特别行政区，那么如何坚持"一国"的宪法权威？在具体的政策实施层面，有时我们对"两制"的价值是比较强调的，但对"一国"所具有的宪法效力和正当性基础则缺乏必要的关注，在有些问题上失去主动权，增加"人心回归"的不确定性。

五　宪法实施机制的完善与社会治理

（一）宪法实施与国家发展

经过 30 年的宪法实践，人们越来越认识到宪法对国家发展的重要性，更加关注宪法发展的未来，期待通过宪法实现并维护美好和谐的生活。我们需要让全社会认真对待宪法，让宪法中蕴涵的一个国家、一个民族的价值与共识重新回到社会生活，以宪法的力量建立、捍卫并发展社会共识。没有共识的社会是零散的、冷漠的、可怕的，也是没有前途的，而宪法实施是解决这一问题的基本途径。

宪法实施是维护社会共同体价值的基础与过程，宪法实施状况决定了转型时期能否在根本价值层面上维护国家的稳定和社会的良好发展。只有认真贯彻实施宪法，坚持和完善宪法确立的各项基本制度和

体制，才能保证改革开放和社会主义现代化建设不断向前发展，保证
最广大人民的根本利益不断得到实现，保证国家统一、民族团结、经
济发展、社会进步和长治久安。

（二）　在社会治理中凸显人的尊严和主体性

1982 年宪法实施 30 年来的重要成就和经验是，人们对宪法的功
能、意义有了更为明确的认识，逐步形成立宪主义价值立场上的宪法
理念。30 年来的宪法发展表明，逐步实现从人治向法治的转变，实现
由依法治国到依宪治国的发展，其基础和方向都是围绕人的尊严和主
体性而展开的。合理配置并有效约束国家公权力、切实维护和实现公
民的基本权利，已经成为全社会的基本共识。宪法的理念集中体现在
国家、社会和个人的关系上，正确处理这一关系必然要树立"权为民
所赋，权为民所用"① 的权力观，逐步提升个人面对国家的主体地位，
凸现人权价值，使保障"以人为本"的立法、制度调整与改革呈现扩
大趋势。

（三）　在社会治理中强化宪法运用者的宪法意识

通过 30 年来的宪法治理，社会各界对宪法的重要性有了基本共
识，对树立宪法权威也形成了基本一致的看法。民众的权利观念已经
达到较高的水平，"护宪"意识不断提高，尝试通过宪法来维护自身
合法权益。不过，由于一些制度的不完善，具有宪法价值的事例未能
取得更好的治理效果。实际上，对于民众的参与、表达等维权行为，
应当站在宪法的高度认真对待，通过合宪的程序解决。通过宪法治理，
既可以彰显宪法的权威和效力，又可以以此作为凝聚共识、维护根本
价值观的基础和依据。

在 1982 年宪法实施之初，人们就提出了提高公职人员宪法意识的
要求，要求解决"轻视法制，以党代政，以言代法，有法不依"的错
误行为。经过 30 年的宪法实施，宪法权威在逻辑上已经形成了基本一

_____

① 《习近平：领导干部要牢固树立正确世界观权力观事业观》，新华网 2010 年 9 月 1 日。

致的看法。但客观来说，逻辑上的结论究竟是否与现实保持了一致还值得反思。未来的宪法发展，必然要解决国家机关及其工作人员，尤其是领导干部的宪法意识问题，改变以政策、具体办法或领导指示来变通执行法律、法规的倾向。在执行和遵守宪法方面，公职人员基本明确了两方面观念：一是人本观念，即尊重和保障人权、维护公民基本权利，在制定和执行政策、做出重要决策时必须考虑民众的权利诉求，尊重人的生命价值；二是规则观念，按照宪法和法律、法规规定的程序和标准处理问题，做到公平、公正、公开，经得起公众的质疑和批评。将观念进一步落实成自觉的行为，突出公权力行为的人本性与规范性，是未来宪法发展的重点领域，也将成为国家和社会长期发展、和谐发展的保障。

（四）在社会治理中实现依宪执政的制度化、法律化

30 年来宪法发展史告诉我们，什么时候执政党确立了正确的政治路线，尊重宪法，那么宪政的实施就会取得良好的社会效果；什么时候执政党脱离了正确的政治路线，不重视宪法权威，其结果必然导致宪政理想与现实的冲突。

实现由依法执政到依宪执政的升华，宪法是执政的目标、方向和根本保障，宪法是执政正当性、稳定性和持续性的基础。执政的根本依据是宪法，这一点已经成为执政党和全社会的共识。未来的宪法发展要从落实依宪执政着手，理顺宪法与执政党活动的关系，认真落实"党在宪法和法律范围内活动"原则。能否完整地体现宪法在执政活动中的支配地位，能否使"依宪执政"成为自觉行动，将决定着社会价值观的统一和执政基础的稳定。

随着社会主义法治国家建设进程的推进，执政党以"以人为本"为根本理念，维护"国家尊重和保障人权"的宪法原则，强调全面协调可持续的科学发展，体现在平等基础上实现自由的执政思路。在执政方式上，善于通过宪法规定的程序，将党的主张通过正当程序上升为法律。"共产党员遵守和执行宪法、法律，就是服从全国人民的意志，就是服从党的领导"①。执政党与宪法实施的关系将得到进一步调整，推动党的执政行为制度化、规范化、民主化，提高宪法的运用能力，坚持以宪法为基础进行决策的原则，使宪法原理与规则成为决策的基础，为宪法实施创造良好的环境与条件。

（五）在社会治理中推动宪法实施保障制度的实效化

随着社会的变革，宪法需要确立完善的适应社会变化的应变机制，灵活地运用宪法修改、宪法解释等手段，进一步强化宪法的社会适应性，强化宪法的社会调整功能。从宪政发展的经验看，并不是所有的问题都必须经过宪法修改才能弥合宪法规范与社会现实之间的缝隙，宪法解释是基本的途径之一。对于规范与现实生活的冲突，应当逐步实现从"修宪型"模式转向"解释型"模式，积极发挥宪法解释功能。② 从某种意义上讲，宪法解释比宪法修改更为灵活，更有利于节约立法成本、维护宪法的稳定性和权威性。宪法解释既包含着发展宪法、适应社会发展的功能，也包含着实施宪法、使宪法发挥调控社会的功能。从长远来看，有必要建立宪法解释的程序，扩大宪法解释的运用范围，使宪法解释成为调整宪法规范与社会现实关系的基本形式。

宪法实施保障制度的完善与否直接关系到宪法的权威，而宪法权威又关系到政治的安定、社会稳定和国家的命运。根据法治国家发展的实际，未来宪法发展的一个基本趋势是逐步完善宪法监督机

---

① 《人民日报》1992 年 12 月 5 日社论。

② 在宪法实施中充分发挥宪法解释功能是执政党的一贯主张，如 1992 年 12 月 4 日乔石在首都各界纪念宪法颁布 10 周年大会上的讲话中指出：全国人大常委会要很好地运用解释宪法的职能，对宪法实施中的问题做出必要的解释和说明，使宪法的规定得到更好的落实。2002 年 12 月 4 日胡锦涛在首都各界纪念宪法公布施行 20 周年大会上的讲话中指出：全国人大常委会要切实履行解释宪法的职能，对宪法实施中的问题做出必要的解释和说明，使宪法的规定更好地得到落实。但是，1982 年宪法实施至今，作为宪法解释机关的全国人大常委会并没有履行这一职责，迄今还没有出现宪法解释的个案。

构，强化宪法实施监督的实效性，及时有效地纠正违宪行为。1982年宪法修改颁行以来，一直有成立专门的宪法实施监督机构的建议，如建议在全国人民代表大会设立宪法委员会。在1982年宪法修改审议过程中，曾有诸多设立宪法委员会的意见和建议。1993年对宪法部分内容进行修改时，也有代表建议在全国人大设立专门委员会性质的宪法监督委员会。① 设立专门的宪法委员会有助于提高全国人大监督宪法实施的主动性、积极性和实效性，改善全国人大及其常委会职权的行使。全面贯彻实施宪法，必然要健全宪法保障制度和宪法监督体制，明确宪法保障机构运作的原则、程序与职权。

（六）　通过宪法实施维护社会长期繁荣稳定

　　未来几年，我国社会转型将面临新的问题和挑战，对社会治理提出了更为严峻的挑战。当前和今后一段时期，利益主体日益多元化，利益关系错综复杂，社会诉求机制不畅造成社会协调断裂，社会建设相对滞后造成社会控制整合相对不力，社会关系紧张导致矛盾的突发，甚至群体性事件多发高发。如何预防和降低社会风险？如何维护社会稳定、创造社会和谐？最基本的途径是建立公众广泛参与的多维度的利益表达机制，为社会各阶层提供顺畅的利益表达制度平台，形成规范的对话、协商和处理问题的反应机制，使"维稳"的思路从"保稳定"转变为"创稳定"。

　　社会和谐与社会稳定应当是一种正比例关系。从宪法层面来说，维护稳定的价值取向是保障人权，基本方式是通过宪法和法律的实施，保障民众的知情权、参与权、表达权和监督权，全体社会成员共享发展成果。面对社会现实与宪法价值的冲突，符合法治精神的做法是，在通过法定途径做出调整之前，决策者不能以现实的合理性为由随意突破现行宪法体制的框架，否则会破坏既有的宪法秩序，损害宪

---

① 参见王汉斌《王汉斌访谈录——亲历新时期社会主义民主法制建设》，中国民主法制出版社，2012，第126～127页。

法的权威，最终不利于维护人民的根本利益。对于传统上形成的"国家—个人"的直接关系，应当依据宪法的宽容、尊严、自主理念适当做出调整，突出社会和个体的功能，建立"国家—社会—个人"的三维关系结构，扩大社会自治、公民自治的空间和方式。在宪法层面上推动社会管理创新，必然要充分发挥社会协同、公民参与的作用，强调社会、公民、社会组织的共同参与。宪法发展要确立适应时代要求的宪法观念和宪法文化，实现传统的实用主义·工具主义的宪法观到价值主义·民主主义宪法观的转变，体现宪法的规范效力，突出宪法的调整功能与社会问题的宪法化，在宪法与社会的互动中实现社会治理方式的法治化。

六　结语

1982 年宪法的发展是在中国社会改革开放的背景下实现的，时代特征不断赋予宪法发展新的意义。回顾 30 年来的宪法治理历程，我们既感到宪法作为根本法和最高法所带来的凝聚社会共识的功能，也感受到社会快速发展对宪法治理提出的新的要求。宪法发展需要处理好政治性与法律性、稳定性与适应性、本土性与国际性的关系，把法律性作为认识与解释宪法现象的逻辑基础与出发点。宪法发展的关键是维护宪法的至上性与实效性，使宪法成为一切国家机关、社会团体与政党活动的最高准则、根本准则与首要准则。落实依法治国、保障人权的国家价值观，就要使宪法得到认真的实施。

今后一段时期，宪法发展的总体趋势是继续凝聚社会共识，重建社会信任，"推进公共性，提升不同利益群体参与社会建设的积极性，需要增进公共权力部门与民众之间的相互信任"①。中国宪法的发展必然要立足中国并具有国际视野，以中国问题的解决为使命，运用宪法

---

① 李友海等：《当代中国社会建设的公共性困境及其超越》，《中国社会科学》2012 年第 4 期。

原理解释宪法现象，阐释现实事件或制度运行过程，探索宪法规范和制度的良性化途径。同时，宪法发展要将传统文化的价值与宪政的普遍性原理相结合，使中国的宪政建设成为关心人类发展命运、参与解决人类面临重大问题的制度与理念体系。未来的宪法发展，应当以宪法理念为本，以宪法意识处理国家和社会事务，通过宪法治理推动国家与社会的平衡发展，维护并推进人类和平事业的发展。

（本文原载于《中国法学》2012 年第 4 期）

转型期宪法的实施形态

林来梵[*]

一 引言

法的生命在于实施，在于将纸面上的法（law in Books）变成行动中的法（law in Action）。[①] 对此，就连纯粹法学代表人凯尔森亦曾明确断言："（法的）效力与实效性不能等同视之。但实效性虽然不是效力的依据，却是效力的条件。换言之，某种法秩序如欲不失去其效力，必限于其有实效"。[②] 在这一点上，作为最高规范的宪法也概莫能外。然而众所周知，长期以来中国宪法的实施状况则受到颇多的负面评价。[③]

应当承认，宪法作为一种所谓的"政治法"，其实施方式也自有

---

[*] 林来梵，清华大学法学院教授。

[①] See Roscoe Pound, Law in Books and Law in Action, *American law Review*, vol. 44, 1910, pp. 12 ~ 36.

[②] Hans Kelsen, *Pure Theory of Law*, Trans. by Max Knight, University of California Press, pp. 211 ~ 212.

[③] 学界中有代表性的见解，可参见范进学《宪法在中国实施何以艰难?》，《政法论丛》2009年第7期，第12页以下；另可参见张千帆《宪法实施的概念与路径》，《清华法学》2012年第6期，第19页以下。执政党也在一定程度上承认了这一点。习近平曾于2012年12月4日在首都各界纪念现行宪法公布施行三十周年大会上的讲话中即指出："在充分肯定成绩的同时，我们也要看到存在的不足，主要表现在：保证宪法实施的监督机制和具体制度还不健全；有法不依、执法不严、违法不究现象在一些地方和部门依然存在；关系人民群众切身利益的执法司法问题还比较突出；一些公职人员滥用职权、失职渎职、执法犯法甚至徇私枉法严重损害国家法制权威；公民包括一些领导干部的宪法意识还有待进一步提高。"

特殊之处，具体化到中国语境之中，情形更是如此①。在这里，类似于施米特的"非常状态"学说②以及阿克曼的"二元民主制"理论③不得不成为无根之游谈，本国近代以降的立宪史明证了一个道理，即：施米特所云的"非常状态"根本不可能成为阿克曼所说的"宪法时刻（constitutional moment）"——这往往是一个宪法被迫匿迹、最具伤害能力的暴力拥有者"说了算"的时期，宪法最多只是凸现在"日常时期"的初始阶段，在此期间，其在政治生活中的"存在感"一度可能达至最强的刻度，④ 而通过宪法中有关国家组织规范的赋权及实施，也会一时纷呈宪法"正被实施"的盛况，但在接下去的凡庸的日常时期（下称"凡庸时期"），宪法则悄然遁形而去，充其量也只有被束之高阁之感。这或可谓是"中国式宪法实施周期律"。

　　作为一部转型期宪法，中国现行宪法是中国立宪史上迄今为止最具稳定性、也最富有成就的一部宪法典，但其同样尚未跳出上述的"中国式宪法实施周期律"。长期以来，这部宪法一方面置身于风起云涌、波澜壮阔的改革开放浪潮之中，通过四度的部分修改不断顺时而动，屹立不倒，另一方面则又一向以静制动，神奇地安身于上述的那种"宪法的凡庸时期"，以致学界对其实施绩效的评价颇为消极，乃

① 即便在民主化转型较为成功的我国台湾地区，其学界同样认为宪法就其本质而言是一种政治法，但这种"政治"绝非革命时代上纲上线的意识形态，作为政治法的宪法也并非政治权力的直接反映。其中论述可参见许宗力《宪法与法治国行政》，元照出版公司，1999，第1～52页；陈爱娥：《宪法作为政治之法与宪法解释》，翁岳生教授祝寿论文编辑委员会编辑：《当代公法新论（上）》，元照出版公司，2002，第711～737页。

② 施米特有关"非常状态"的论述，可参见〔德〕施米特《政治的概念》，刘宗坤等译，上海人民出版社，2004，第5页以下。

③ 〔美〕布鲁斯·阿克曼：《我们人民：奠基》，汪庆华译，中国政法大学出版社，2013，第2页以下。

④ 在我国宪法制定或修改之际，往往会形成全民讨论宪法草案以及学习宪法文本的热潮，1954年宪法制定时如此，1982年宪法修改时亦复如是。参见许崇德《中华人民共和国宪法史》，福建人民出版社，2005，第144～148页以及第448～453页。

至由此导致宪法虚无主义的泛现。①

有鉴于此，本文首先拟用规范分析的手法，考察现行宪法实施的结构形态，再从比较宪法的角度，将现行宪法的实施方式进行历史类型学意义上的比较考察，从而为审视我国现行宪法的实施形态提供一种立体的图景，在此基础上进一步探究其深远的成因，并寻求其有效的出路。

二 现行宪法实施的结构形态

有关我国宪法实施的现况，迄今研究成果甚丰，已呈汗牛充栋之观，② 但总体上倾向于笼统的判断，而鲜见具体的规范分析。这种研究状况也是情有可原的，因为通过对现行宪法进行全面细致的规范分析来考察其实施的状况，毕竟是一项浩大的学术工程。囿于文章的篇幅，本文也不可能胜任这一盛举，但仍想通过对宪法文本中各条款之实效性的考察，检索出那些有待得到有效实施的宪法条款，并通过审察它们在宪法文本中的分布情况以及它们在总体上与宪法规范中的价值秩序之间的关系，来概括性地把握宪法实施的结构形态。

当然，要完成这项作业，首先需要确定有关"有待得到有效实施的宪法条款"的判断标准。应该说，这反而是一个颇为困难的学理性问题，③

① 关于宪法规范的虚无主义，其实就是宪法规范准据上的虚无主义。可参见林来梵《中国宪法学的现状与展望》，《法学研究》2011 年第 6 期，第 20 ~ 22 页。

② 兹举几例，比如范进学《中国宪法实施与宪法方法》，上海三联书店，2014；魏建新：《宪法实施的行政法路径研究——以权利为视角》，知识产权出版社，2009；翟小波：《论我国宪法的实施制度》，中国法制出版社，2009；等等。

③ 关于法律实效性的判断标准是一个颇为困难的话题，尽管近年来已经有了相当的讨论，但仍莫衷一是。参见张琪《法律实施的概念、评价标准及影响因素分析》，《法律科学》1999 年第 1 期，第 40 ~ 46 页；谢晖：《论法律实效》，《学习与探索》2005 年第 1 期，第 95 ~ 102 页等等。更值得注意的是，宪法条款是否得到有效实施可能与一般的法律实效性判断标准还有所不同，对于后者而言，某个具体的规范是否被整个社会加以遵从构成了判断法律实效的标准，但对于宪法而言，其往往也可能需要通过立法的方式加以实现，那么这些实现宪法的立法自身的实效性是否影响宪法条文本身的实效性则是一个尚待探究的话题。

但哪个宪法条款不具有充分的实效性，在一个政治共同体的一般成员之间反而可能具有一定的社会共识。为此，我们完全可以将某个宪法条款是否具有实效性作为判断其是否属于"有待得到有效实施的宪法条款"的统一标准。当然，由于宪法规范本身也具有不同的类型，为此作为其判断标准的具体内容亦应有所不同，具体而言，对于宪法中的那些宣言性、政策性或纲领性的条款（如宪法序言和总纲部分），因其本身具有原则性和指导性，为此可采用相对宽松的判断标准，只要其得到一定程度的现实化，或曰只要其与政治现实或社会事实之间形成了一定的对应关系，即可将其排除在"有待得到有效实施的宪法条款"之外；而对于那些规范性程度较高的宪法条款，则因其具有较高的规范拘束力，而采用相对较为严格的判断标准，其中，由于在当今中国，基本权利条款一旦没有在法律上得到具体化固然难以获得实效性，但纵然有法律予以具体化也可能受到法律过当的限制，为此该部分的宪法条款应基于"无救济即无权利"的传统原理，即以其在实定法制度上是否存在有实效性的救济途径作为判断标准，而其他有关宪法规范，则主要视其是否通过普通立法得到具体化、又或通过其他途径得到了可辨析的现实化作为具体的判断标准。

根据上述的判断标准，如果逐条分析宪法文本中的各个条款，我们就会初步发现：即使在"宪法的凡庸时期"，我国现行宪法文本中真正可认定为"有待得到有效实施的宪法条款"的条款，其在数量方面其实并不可观。以下，我们即根据上述的标准，就宪法文本中的各个部分依次进行缕析。

首先，我们可将宪法序言也纳入分析范围，这是因为在构成该部分的 13 个自然段之中，除了前面 6 个自然段基本上属于事实命题的叙事之外，后面 7 个自然段则多属于规范性命题构成的，具有一定的规范性。在此，可将其每一个自然段视为一个"宪法条款"来分析。应该说，这是宪法文本中实施得较好的部分，这不仅得益于其内容与国家统治秩序之间的密切关联性，同时也因为其本身即属于柔性的指导性规范，为此不仅易受重视，也便于得到实施。如果说本部分还存在有待得到有效实施的条款的话，那可推宪法序言的最后一个自然段，即有关宪法地位及各主体守宪职责的宣明。至少，这一自然段中的部分规范性命题，比如其所宣明的本宪法"具有最高的法律效力""全国各族人民、一切国家机关和武装力量、各政党和各社会团体、各企业事业组织，都必须以宪法为根本的活动准则，并且负有维护宪法尊严、保证宪法实施的职责"的这些部分，可被认为并未充分转化为现实的生活。对此，我们姑且可用一个术语对其描述，即"部分性有待得到有效实施的宪法条款"。

其次，要分析的是宪法第一章"总纲"部分。该部分关涉国家总体秩序的纲领，大多是由政策性条款、纲领性条款构成，但大多也属于指导性规范。该部分一共32条（第1条—第32条），根据前述的标准，大致只有如下三个条款可认定为有待得到有效实施的条款，即：第5条的法治主义条款、第13条的私有财产权保障条款、第14条的有关生产、生活、社会保障制度条款，其中的第14条，也可视为"部分性有待得到有效实施的条款"。

再次，来分析宪法第二章"公民的基本权利与义务"部分。此部分共24条（第33条—第56条），其中基本权利条款18条，而关涉基本义务的条款6条，相较之下，基本义务条款实施较好，基本权利条款的实施状况则不然。这是因为，现行宪法对基本权利的保障方式，主要是采取了相对保障方式，即不是由宪法本身建立一种强有力的制度（主要是违宪审查制度）来加以直接保障，而是通过法律（主要指国家立法机关所制定的法律）将各个基本权利条款加以具体化之后、再由法律来间接保障的。应承认，目前，现行宪法中的大部分基本权利条款均得到了法律的具体化。① 但对于基本权利的保障而言，这可认为是一种实效性较低的方式。这又是因为法律在将各项基本权利加以具体化的过程之中，完全有可能对其保护范围和内容也进行限制，尤其在行政机关在立法提案上拥有广泛和重大影响力的当今，情况更是如此。更遑论一旦不存在有实效性的违宪审查制度，即使出现这种情况，也只能徒叹无奈。② 总之，由于基本权利的保障往往高度依赖于具有实效性的权利救济制度，而当下中国这种机制则尚付阙如③，为此，本章 18 个基本权利条款均可纳入有待有效实施的宪法条款之范畴。

复次，是宪法第三章"国家机构"部分。该部分共有 79 个条款（第 57 条—第 135 条），是宪法文本中条文最多的部分（占条文总量一半以上），也是实施得较好的部分，但如根据前述的判断标准加以判断，还是会发现，大致有 10 个涉及国家权力机关之权限、国家司法机关职权之独立性的条款，可纳入"有待得到有效实施的宪法条款"的范畴，其中的第 62 条、第 67 条、第 99 条、第 104 条、第 125 条和第 136 条，可视为"部分性有待得到有效实施的条款"。

最后的部分是宪法第四章"国旗、国歌、国徽、首都"部分，共 3 个条文（第 136 条—第 138 条）。无须多言，这是宪法文本中得到最全面、也是最切实施行的部分。

上述各条款的内容与实施状况，可见下文表 1：

---

① 例外的不多，主要有第 35 条的基本政治自由条款、第 36 条的宗教信仰自由条款、第 40 条的通信自由和秘密等。

② 这也可以解释，为何宪法上的人身自由尽管在普通立法层面上早已得到了可谓最为切实的具体化，但如劳动教养制度、收容审查制度、收容教育制度等类似这样的、本身在是否严重限制了人身自由这一点上就极具争议性的制度，不仅方式多样，而且存在之久。

③ 依据目前的法律体制，宪法上的人身自由、财产权等少量的基本权利可以通过行政诉讼进入司法救济程序，但总体上所受限制极大。参见何海波《行政诉讼法》，法律出版社，2011，第 109 页以下。

表 1　宪法各条款的内容与实施状况

宪法序言	第 13 自然段
第一章 总纲	第 5 条法治主义
	第 13 条私有财产权保障
	第 14 条生产、生活、节约与社会保障制度
第二章 公民的基本权利与义务	第 33 条—第 50 条全部基本权利条款
第三章 国家机构	**第 62 条全国人大的职权**
	第 67 条全国人大常委会的职权
	第 71 条全国人大及其常委会特别问题调查委员会组织权
	第 73 条全国人大及其常委会质询权
	第 99 条地方人大的职权
	第 104 条地方人大常委会的职权
	第 125 条审判公开与被告人获得辩护权
	第 126 条审判权独立
	第 131 条检察权独立
	第 136 条司法系统内部的分工与制约
第四章 国旗、国歌、国徽、首都	无

说明：表格中黑体所示的条款，可理解为属于"部分性有待得到有效实施的条款"。

以上分析，因涉及评价性的判断，难免具有一定主观性，但不难从宪法实践以及现实生活中得到客观的验证，并可从学科专业内获得较高的共识。值得说明的是，虽然它看似只是说明了现行宪法的实施状况，但实际上由于其本身具有一贯性和反复继存性，毋宁说反映了新中国宪法特有的实施形态。

这种实施形态，首先可以从上述这些条款在整个宪法文本中的规范分布结构中分析出来。在这一点上，我们可以看到，现行宪法并非完全没有得到实施，相反，其中大部分条款实际上已得到较好的实施，只有少部分条款有待于得到有效实施，具体而言，总共相当于 32 个条款（宪法序言第 13 自然段，加上另外 31 个条文），如以 145 个条款（宪法序言 7 个自然段加上宪法本文 138 条）作为分析基数，仅约占宪法文本整体的 22% 左右。

　　然而，如果进一步分析这种结构，就会发现其呈现出一种有规则的倾斜性。具体而言，在宪法文本中，有关国家总体秩序纲领（第一章总纲部分）、国家组织规范（第三章国家机构部分）以及公民基本义务条款，一般均能得到相对较好的实施，而基本权利保障条款、国家权力机关职权条款、司法机关职权独立性条款等，则往往属于"有待得到有效实施的宪法条款"。

　　如果更进一步分析的话，则不难发现，宪法实施的这种结构倾斜性，其实也反映了其价值倾向上的结构倾斜性。作为一个转型期宪法，我国现行宪法内在的价值秩序是颇为复杂的，其中既显现了国家主义的价值取向，同时也蕴含了立宪主义的价值立场，[①] 彼此之间就形成了一种复合并存的结构。而从上述宪法实施的规范分布结构来看，那些有待有效实施的宪法条款虽然数量不多，但多属于与立宪主义具有较为密切关系的条款，或曰均为主要体现了立宪主义精神的条款。从这一意义上而言，不论已然得到实施的那些宪法条款在何种程度上体现了国家主义的价值取向，就这种宪法实施的规范分布结构本身，就在一定程度上体现了国家主义的价值倾向。

----

① 这里所言的国家主义，主要指的是各种国家优位主义、国家中心主义乃至国家至上主义的倾向。基于近代以后国家百年积弱以及帝国主义半殖民统治的深刻体验，同时也面临着国家统合的历史课题，我国现行宪法难免在一定程度以及许多方面上蕴含了国家主义的价值取向。但另一方面，现行宪法也难能可贵地蕴含了立宪主义精神。其中，序言第 13 段中就明确宣明："全国各族人民、一切国家机关和武装力量、各政党和各社会团体、各企业事业组织，都必须以宪法为根本的活动准则"。第五条中还进一步规定："一切国家机关和武装力量、各政党和各社会团体、各企业事业组织都必须遵守宪法和法律""任何组织或个人都不得有超越宪法和法律的特权"。

三 历史类型学意义上的实施形态

上述我国宪法实施的这种倾斜性结构形态，属于一种静态的、作为结果意义上的实施形态。此外，无疑还存在一种动态的、作为过程意义上的宪法实施形态，这就是通常所理解的宪法实施的方式或路径。从二者关系上来看，前者即是后者的结果，后者才是前者的成因。申言之，我国宪法的实施之所以存在倾斜性结构形态，原因自然是复杂多样的，但从制度性的要素来分析，与宪法实施的方式即过程意义上的实施形态亦不无关系。

然而，有关宪法实施的具体方式究竟为何，学界则存在颇多不同的观点。举其荦荦大端者，主要有以下两类。

第一类是规范论意义上的宪法实施论，其主要又有两种观点。

第一种观点认为，根据宪法序言第 13 自然段，"全国各族人民、一切国家机关和武装力量、各政党和各社会团体、各企业事业组织"，均有"保证宪法实施的职责"，即是宪法实施的主体，但"在实际生活中，负有实施宪法职责的主体主要是国家机关"，其中全国人大及其常委会尤其负有重要的职责，因为在这种观点看来，"法律实施是宪法实施的主要环节""法律得到实施，便意味着通过法律得到具体化的宪法实质上也得到了实施"。① 质言之，根据这一观点，宪法主要应该通过立法机关制定法律得到具体化，并通过法律的实施而得到实施的。

与此不同，第二种观点则主要倾向于将宪法的实施理解为宪法条款具体适用于个案的活动。至于如何将宪法条款适用于个案，迄今学界又主要存在三种不同看法。其中广为人知的一种看法是将违宪审查制度的存在作为宪法适用的制度性背景，即认为应该通过建立健全违

---

① 《宪法学》编写组：《宪法学》（马克思主义理论研究和建设工程重点教材），高等教育出版社、人民出版社，2011，第 296～297 页。

宪审查制度，通过该制度的运作而适用宪法，从而使宪法得到实施；①第二种看法可以将其视为是从前一种看法中分化出来的，但具有独立的倾向性，将宪法的实施理解为主要是普通司法审判引用宪法作为裁判依据的过程或活动，其中最为激进者，则主张引入美国式的司法违宪审查制度，作为宪法实施的"不二法门"。曾几何时颇为活跃的"宪法司法化"，其最初的主张即体现了这种看法，只是尚未明显达至激进的程度，②但由于没有在实践动机上及时划清与美国式违宪审查制度之间的界限等复杂的原因，这一司法动向目前已告完全挫败。有鉴于此，晚近又出现一种由部分年轻学人提出的第三种看法，认为如果能够在普通司法审判中确立合宪性解释的机制，则既可实现宪法对一般部门法适用的规范作用，又可避开了所谓"法院不得行使宪法解释权"的禁区，为此可作为推动宪法实施的一条通幽曲径。③

与上述第一类规范论意义上的宪法实施论不同，第二类是事实论意义上的宪法实施论。其中主要有三种有代表性的观点。

第一种观点其实就暗含在前述规范论意义上的宪法实施论中的第一种观点之中，即认为我国现行宪法实施的主要方式就是立法机关通过法律将宪法加以具体化，行政机关依据法律做出行政行为，司法机关依据法律做出裁判；总之，我国宪法的实施，采取了通过法律的实

---

① 当前论述并尝试构建违宪审查制度论著不可胜数，举起要者，如王振民《中国宪法审查制度》，法律出版社，2004；胡锦光：《违宪审查比较研究》，中国人民大学出版社，2006；莫纪宏：《违宪审查的理论与实践》，法律出版社，2006；林来梵编《宪法审查的原理与技术》，法律出版社，2009；等等。

② 关于宪法司法化的讨论可参见王磊《宪法的司法化》，中国政法大学出版社，2000；蔡定剑：《中国宪法司法化路径探索》，《法学研究》2005年第5期，第110~124页；等等。

③ 代表性的作品可参见张翔《两种宪法案件——从合宪性解释看宪法对司法的可能影响》，《中国法学》2008年第4期，第110~116页；上官丕亮：《当下中国宪法司法化的路径与方法》，《现代法学》2008年第4期，第3~16页；郑磊：《制度层面的合宪性限定解释》，《浙江社会科学》2010年第1期，第45~52页；王书成：《合宪性推定论——一种宪法方法》，清华大学出版社，2011；等等。

施而得到实施的形式。① 执政党及有关公权机关的领导人同样也持有这种见解，即认为现行宪法主要是"通过（制定）完备的法律推动宪法实施"的。②

第二种观点则认为：宪法实施可分为程序性实施与实体性实施，前者是指公权力机构按照宪法规定的程序做出决定或行为，后者则是指以特定宪法条款为目标做出决定或行为；而我国现行宪法的"实施"则主要限于程序性实施，实体性实施严重不足。③

第三种观点是晚近所出现的一种新的观点，其提出了"宪法实施模式"这一概念，认为：我国宪法的实施模式与许多西方国家不同，违宪审查并非其实施的主要方式；尤其是司法机关不能根据宪法直接审查立法的合宪性，而作为有权机关的全国人大常委会也没有做出过宪法解释或宪法判断；而从比较法角度看，中国宪法更像一个政治纲领式的宣言，更多依靠政治化方式实施，体现为执政党主导的政治动员模式；只是伴随着法治化进程的发展，中国宪法的实施有可能逐渐过渡到政治化实施与法律化实施并存的双轨制格局。④

在上述两大类的宪法实施论中，第二类的事实论意义上的宪法实施论之中的各种观点，已经从各个不同侧面描述了我国现行宪法实施的现状，尤其是其中的"双轨制宪法实施模式"论，为我们观察中国宪法实施的状况提供了颇为剀切的叙述，但另一方面，第一类的规范论意义上的宪法实施论亦不乏启迪意义，因为这种理论有可能在一定程度上总结了比较宪法上的一些结论。而如果我们立足于比较宪法的视角，尤其是从宪法实施的历史类型学这一角度加以考察，便会发现：

---

① 参见《宪法学》编写组《宪法学》（马克思主义理论研究和建设工程重点教材），高等教育出版社、人民出版社，2011，第 296 ~ 297 页。另参见林彦《通过立法发展宪法——兼论宪法发展程序间的制度竞争》，《清华法学》2013 年第 2 期。

② 参见习近平《在首都各界纪念现行宪法公布施行 30 周年大会上的讲话》（2012 年 12 月 4 日）；张德江：《在全国人大常委会立法工作会议上的讲话》（2013 年 10 月 30 日）。

③ 参见张千帆《宪法实施的概念与路径》，《清华法学》2012 年第 6 期，第 19 页以下。

④ 参见翟国强《中国宪法实施的双轨制》，《法学研究》2014 年第 4 期。

主张将宪法实施主要依托于普通法律的具体化，这在事实上则比较接近于以德国、法国为代表的近代欧陆国家的做法；主张将宪法的实施主要理解为宪法具体适用于个案，尤其是将违宪审查制度的运行视为宪法实施的主要保障的观点，则在事实上倾向于接受当代世界各国的主流做法。

　　具体而言，在近代宪法时期，特别是立宪主义原理确立时期，除了美国这一典型的例外，以近代欧陆法德等国为代表，当时世界上绝大多数宪政国家，都将公权意义上最终的宪法解释权交给议会，即否定任何机关对代议机关所制定的法律可以进行违宪审查。法国第三共和宪法（1875 年宪法）即是一个典型，其背后存在着议会中心主义的理念，此外还有卢梭思想的影响，为此自大革命时期之后就形成了这样的一种意识形态，即在理念上将议会所制定的法律看成是"公意的体现"，具有优越的地位；至于基本权利，宪法文本中一度不再直接规定，而是被作为"公共自由"，通过普通法律的层面来确立。① 近代德国宪法的情况亦大致相同。根据施托莱斯在《德国公法史》中的描述，在 19 世纪早期，德国面临的历史课题是把旧等级社会改造成公民社会、使干预正当化和废除特权的杠杆，它的目标方向"不是反立法，而首先是反封建"，为了实现这个目标，首先需要的不是宪法和宪法司法审判，而只需要有一个积极活跃的立法者，通过制定法律来实现基本权利的政治要求。② 正因如此，直至魏玛宪法为止，德国历史上的历部宪法虽然也规定了基本权利，但对其普遍采取法律保留的方式，即同样交由议会的普通法律去加以具体化。总之，在 19 世纪，大部分国家的宪法实施主要是立法机关通过积极的立法去贯彻宪法中的立宪主义原理，尤其是宪法中有关基本权利的规定，与此同时，司

---

① 〔日〕樋口陽一：『比較憲法』（全訂第三版），青林書院，1996 年，149ページ以下，特に157ページ参照。

② 参见〔德〕施托莱斯《德国公法史》，雷勇译，法律出版社，2007，第 499 页。

法机关与立法机关则合力限制脱胎于君主权力的行政权，建立起了法律优位和法律保留的机制。

伴随着近代立宪主义的危机，议会中心主义亦遭遇重大挫折，主要通过立法的具体化来实施宪法的方式自然也受到挑战。尤其是基本权利的保障方面，近代宪法的那种将基本权利交由普通立法去保护的做法，原本就具有重大风险，因为立法机关在将其具体化过程中，既可以规定赋予其具体内容，也可能对其进行过当的限制，尽管"只有通过法律才能限制基本权利"这一法律保留观念的命题，在逻辑上无法推导出"只要通过法律就能限制基本权利"，但遗憾的是，在近代西方宪法史上，"只有通过法律才能限制基本权利"的理念，确实在很大程度上演变成为"只要通过法律就能限制基本权利"的事实。[①] 有鉴于此，对普通法律是否违反了宪法规范进行审核，就成为现代宪法的重要课题之一。从比较宪法的角度来看，各国在现代宪法时期大致均建立了各种宪法保障制度，用以保障宪法的实施，违宪审查制度是其中发挥了最重要功能的一项制度。[②]

如果从上述宪法实施的历史类型学角度反观我国宪法的实施状况，不难发现，就目前我国宪法的实施形态而言，与其说它已然跻身于现代宪法之列，毋宁说较为接近于欧陆国家的近代宪法。众所周知，在我国宪法所构建的国家公权力体系之中，人民代表大会居于核心的枢要的地位，尤其是基于民主集中制的组织及运行原理，全国人大及其常委会拥有广泛的、重要的权力，其中既包括国家立法权乃至修宪权，又包括宪法解释权和宪法实施监督权，质言之，与许多国家的近代宪法一样，我国现行宪法同样也将宪法的解释权交给最高国家权力机关，并否定了由外部的任何机关对国家立法机关所制定的法律进行

---

① 即便在奥托·迈耶有关法律保留的论述中，也存在着只要是法律就能限制基本权利的看法，参见〔德〕奥托·迈耶《德国行政法》，刘飞译，商务印书馆，2002，第72~73页。

② 〔日〕芦部信喜：『憲法』（第5版），岩波书店，2011，三六六ページ参照。

审查。在这种情形之下，宪法实施的具体方式确实主要是通过国家立法机关制定具体的法律来实施的，行政机关、司法机关等其他国家机关、各政党和社会组织乃至"全国各族人民"虽然根据宪法也"负有维护宪法尊严、保证宪法实施的职责"（宪法序言），即同样也应视为宪法实施的主体，尤其是其他国家机关和各政党（主要是执政党）在国家总体秩序纲领以及国家组织规范等部分的宪法规范的实施中，无疑应直接承担相应的责任与功能，但宪法序言中的这一规范性命题本身也含有一定的政治宣言色彩，而在实定宪法制度中，除了立法机关之外，行政机关和司法机关等国家机关以及各政党，在宪法实施过程中更多是处于规范意义的消极地位之上，简单说就是不超越宪法、或曰不违反宪法即构成对宪法的实施（此可谓消极意义上的宪法实施）。在此值得一提的是，在现实中，司法机关对宪法实施一般也是采取了消极的态度，尤其是自"宪法司法化"遭受挫败之后，其对宪法规范的适用或宪法问题的判断几乎避之唯恐不及，对司法违宪审查更是视之为畏途。

但另一方面，自现行宪法颁行之后，尤其是进入 21 世纪以来，宪法实施监督制度也有所发展，目前已形成了受动审查和主动审查两种方式，① 以致许多学者均将其视为一种"违宪审查制度"。然而，应该承认的是，与各国现代宪法下的违宪审查制度不同，我国的这一制度不仅在自身的制度构造上尚未完善，而且在现实中亦未充分发挥其在自身的制度框架内所能发挥的应有功能。鉴于这个问题的重要性，以下就两种审查方式分别详述之。

（一）受动审查方式

众所周知，2000 年颁行的《立法法》第 90 条第 1 款引入了复数

---

① 这里所言的"受动审查"，迄今在学界多被称为"被动审查"，但由于"被动"一词在中文语境中含有贬义色彩，故本文改采"受动审查"这一更趋中性的用语。

特定国家机关有权向宪法监督机关提出特定立法审查要求的机制,[①]同条第 2 款更进一步引入了其他组织和普通公民有权向宪法监督机关提出特定立法审查建议的机制,[②] 而且后者是一种无其他适格条件限制且无前置性过滤机制的提请机制。这本来属于我国宪法实施监督制度发展史上的一个具有里程碑意义的制度创新,并曾被寄予强烈的期望。但令人大跌眼镜的是,《立法法》实施 14 年以来,在实践中,却从未出现过特定国家机关向全国人大常委会提出立法审查要求的个案,公民向全国人大常委会提出立法审查建议的件数,也大大低于人们的期待与想象,据内部人员新近的一份研究透露,自 2008 年到 2012 年,全国人大常委会共收到各类审查建议只有 361 件,其中以公民个人名义提出的有 335 件,占其中 92.8%,[③] 其间,每年平均仅数十件。全国人大常委会在十一届全国人大二次会议上所做的工作报告中曾正式公开的一个数据资料,也印证了这一点,即:全国人大常委会于 2008 年度所收到的所有审查建议的件数,仅为 86 件。[④] 更有进者,从未有正式的信息显示,公民审查建议被正式纳入审查程序,或得到有效处理或答复。多次以著名学者带头联名所提出的并在公众舆论中受到广泛关注的审查建议,同样也面对了这样的命运。[⑤] 而之所

---

① 该条款规定:"国务院、中央军事委员会、最高人民法院、最高人民检察院和各省、自治区、直辖市的人民代表大会常务委员会认为行政法规、地方性法规、自治条例和单行条例同宪法或者法律相抵触的,可以向全国人民代表大会常务委员会书面提出进行审查的要求,由常委会工作机构分送有关的专门委员会进行审查、提出意见"。

② 该条款规定:"前款规定以外的其他国家机关和社会团体、企业事业组织以及公民认为行政法规、地方性法规、自治条例和单行条例同宪法或者法律相抵触的,可以向全国人民代表大会常务委员会书面提出进行审查的建议,由常委会工作机构进行研究,必要时,送有关的专门委员会进行审查、提出意见"。

③ 参见张鹏《地方性法规的合法性审查研究》,2014 年中国政法大学宪法学博士论文,2014 年 3 月送审稿,第 24 页。

④ 吴邦国在十一届全国人大二次会议上作的常委会工作报告中公布的数字。据说,这是迄今为止唯一一次公开的有关数字。

⑤ 比如说俞江等三博士就孙志刚案向全国人大常委会递交审查《城市流浪乞讨人员收容遣送办法》的建议书,北京大学法学院沈岿等五位学者建议全国人大常委会对《城市房屋拆迁条例》发起违宪审查,但全国人大常委会并没有启动审查程序。

以还有类似的后继者出现，乃是提请者出于想借助这一合法途径使得自己的诉求获得公众关注这一策略性的考虑而已，并未真正寄望宪法实施监督机关能够给予有效的回应。

（二）主动审查方式

全国人大常委会对法律法规的主动审查，本来也属于通常所说的立法监督的范畴，是基于备案审查制度的基础上展开的。主动审查的程序也具有一定的内部性，但相较于受动审查方式而言，主动审查方式更具有实效性。特别是 2004 年全国人大常委会在法工委之下设立法规审查备案室，专门负责各类立法及司法解释的审查工作，取得了一定的绩效。据前述内部人员的那项研究成果透露，自 2006 年《中华人民共和国各级人民代表大会常务委员会监督法》实施之后，审查机关对依据该法必须向全国人大常委会备案的司法解释实行了逐件审查；自 2010 年起，审查机关又开始对行政法规（目前共 690 多件）实行逐件审查；而对于地方性法规，由于其数量极为庞大，[①] 为此采取有重点开展审查的方式。[②] 这些内部工作的绩效应得到学界的关注，并予以充分的肯定。[③]

然而，正如笔者曾经分析过的那样，由于该制度在审查主体、审查对象、审查方式以及审查程序等方面仍然存在一些先天的不足，在实际运作过程中也往往采行内部沟通斡旋等相当柔性的、没有应有制约力的审查方式作为前置性程序，而其在性质上又属于脱离具体个案的抽象审查，不存在对诉结构，为此其审查的强度也是颇为有限的，

---

① 吴邦国 2011 年 3 月 10 日上午向十一届全国人大四次会议作全国人大常委会工作报告时说，地方性法规数目为 8600 件，而到 2012 年底，这一数目增长为 9000 件，参见《人民日报》评论部《让法治成为一种全民信仰》，《人民日报》2013 年 3 月 1 日。

② 参见张鹏《地方性法规的合法性审查研究》，2014 年中国政法大学宪法学博士论文，2014 年 3 月送审稿，第 34 页。

③ 参见董和平《中国宪政建设三十年：成就与问题》，《法律科学》2013 年第 1 期，第 55～63 页；但也有学者认为这一机制收效甚微，参见陈道英《全国人大常委会法规备案审查制度研究》，《政治与法律》2012 年第 7 期，第 108～115 页。

大多只是字面上的作业，即非精细化的"文面审查"，而且主要也只是通过字义解释的方法，发现一些"肉眼"看得出的明显违宪之处，难以期待它从规范原理的角度审查深层次的违宪问题。①

由上观之，我国现行的宪法实施监督制度虽然也被学者们策略性地称为"违宪审查制度"，但该制度并不具有典型性，更由于其本身所存在的缺陷，为此并不足以充分保障宪法的实施。这几乎可谓是我国现行宪法的"阿喀琉斯之踵"。在这个意义上而言，如果从历史类型学的角度加以考察，目前我国宪法的实施形态确实较为接近西方国家的近代宪法。

当然，有一点明显不同的是，如前所述，西方国家近代宪法的实施，在很大程度表现为立法机关积极通过制定法律贯彻立宪主义的原理，即一方面力图以法律保护基本权利，② 另一方面又力图与司法机关共同携手限制行政权。③ 与此不同，就我国目前的情形来看，作为"宪法守护者"的全国人大及其常委会虽然在规范意义上也拥有相当广泛的重要权力，但长期以来在现实政治中，则一向采取了一种可谓自我谦抑主义的政治立场，以致宪法中所规定的一些涉及其重要职权的条款本身，即属于"有待得到有效实施的宪法条款"。

---

① 参见林来梵《中国的"违宪审查"：特色及生成实态——从三个有关用语的变化策略来看》，《浙江社会科学》2010 年第 5 期。

② 比如，在近代的法国，尽管不存在宪法高于一般法律的观念，违宪审查同样难以想象，但是通过立法实现宪法中有关基本权利的规定却是一个主流趋势。尽管法律的合宪性是立法机关的自我审查加以实现的，但立法机关仍然在大多数情况下尽力在字面上与精神上符合宪法的要求。参见狄骥《宪法学教程》，王文利等译，辽海出版社，1999，第 190、199、206～210、229～233 页。

③ 在控制行政权力方面，无论是近代的法国行政法还是德国行政法都区分了一般法律与行政法规，尽管一般立法不能被审查，但是行政法规却在法院的审查范围之内。在近代法国，即便是具有委托立法性质的行政法规同样在司法审查的范围之内，与此同时，由于行政法治化的进步，政治行为的概念以及自由裁量行为的概念在法国的公法领域逐渐缩减。参见〔法〕狄骥《公法的变迁》，郑戈译，中国法制出版社，2010，第 69～73、147～157 页；近代德国法上制定法与法规命令的区别、德国法治国观念中"法律优位"和"法律保留"的形成以及德国行政法对于行政行为司法化的努力，参见〔德〕奥托·迈耶《德国行政法》，刘飞译，商务印书馆，2002，第 64～76 页。

四　深远的背景与最终的出路

我国宪法之所以形成了上述的实施形态，其背景是深远的,[①] 笔者认为，其中较为直接的一个原因是：尽管其他国家机关以及执政党本身对宪法的实施也均负有职责，但由于作为最高国家权力机关的全国人大及其常委会既拥有国家立法权，又拥有宪法实施监督权，为此至少在实定宪法意义上应属于宪法实施的"第一责任者"，然而，如前所述，长期以来，其在现实的政治生活中则采取了自我谦抑主义的立场。而从宪法实施的动力机制这个角度来看，作为本身就是经过多层级间接选举产生的民意机关，全国人大及其常委会就其目前的制度构造而论，确实很难获得实际推动宪法全面有效实施所需的必要动力，无论是当今中国政治权力的分配格局，还是国家治理的基本模式，则从更为根本的意义上决定了这一点。

当然，进一步分析宪法实施的政治力学，可能超出了作为规范科学的宪法学的研究任务，而上述我国宪法的实施形态，从某种意义上而言，也是由我国现行宪法本身作为一种"转型期宪法"这一基本事实与其内在的特质所决定了的。当然，从终极意义而言，我国现行宪法之所以形成了上述的实施形态，其根源未必在于转型期宪法这一属性本身，毋宁在于其原本所具有的规范属性，只是作为转型期宪法，我国现行宪法无法完全克服这种规范属性所必然伴生的内在局限。那么，这种原本的规范属性是什么呢？笔者认为，不妨可理解为主要是一种"政权合法性认定书"。基于这种规范属性，在新政权甫告成立之时，或在政治上的拨乱反正、重大变革发生之际，宪法的功能即会受到高度重视，尤其是宪法文本中的国家总体秩序纲领、国家组织规范部分的重要性即会得到彰显，为此也得到大力的宣明或实行，而根

[①] 国内对此已有诸多研究，较有代表性的，可参见范进学《宪法在中国实施何以艰难?》，《政法论丛》2009 年第 7 期。

据前述的"中国式宪法实施周期律",在这些"宪法时刻"过去之后,平心而论,宪法虽然未必不被"认真对待",但总是悄然淡出了政治生活的中心,用一个比喻而言,它真的就像一份重要证书所可能获得的待遇那样,被谨慎地装裱起来,悬挂在墙上,几乎成为一种象征性的"镇国之法宝"。

其实,一旦贴近现实生活加以观察,也不能发现,在急剧转型的时代激流之中,宪法的规范秩序也难免受到了一些冲击。曾几何时,就出现了一些改革措施先是突破了宪法条文、事后再通过修改宪法来解决其与宪法规范相抵牾的现象,学术界所谓"良性违宪"之说就是这样应运而生的。① 更有进者,为了有效应对大国社会转型,应对大规模的经济体制改革以及社会变革所带来的纷繁复杂的各种社会矛盾,内在地要求公权力组织结构内部做出相应的调适,甚至要求公权力在一定层面上的相对集中,在此情形之下,宪法秩序本身亦必然随之发生变迁,作为宪法实施之主要路径的宪法规范的具体化,难免遭逢一定的界限。凡此种种,也可明证,只要转型期宪法本身的转型尚未完成,全面有效的宪法实施就不可能成为现实。②

当然,我国宪法之所以形成了上述的那种实施形态,还有一种潜在的原因,即可能肇源于某种规则隐微术。有学者即言之凿凿地指出,除了实定的现行宪法之外,中国还存在一种实效性更强的"不成文宪法",而"目前,就不成文宪法的渊源类型而言,不仅有类似《中国共产党党章》这样的规范性宪章,而且还有大量的宪法惯例、宪法学

---

① 良性违宪论的主要观点,可参见郝铁川《良性违宪论》,《法学研究》1996 年第 4 期,第 89 ~ 91 页;郝铁川:《社会变革与成文法的局限》,《法学研究》1996 年第 6 期,第 23 ~ 24 页。

② 这也是当前政治宪法学批评规范主义宪法理论的主要论据之一。参见陈端洪《论宪法作为国家的根本法与高级法》,《中外法学》2008 年第 4 期,第 485 ~ 511 页;强世功:《宪法司法化的悖论——兼论法学家在推动宪政中的困境》,《中国社会科学》2003 年第 2 期,第 18 ~ 28 页。

说以及宪法性法律。"①

晚近数年，这种观点颇受学界关注，但其立论与分析方面也已受到了诸多批评。②而从笔者的立场来看，这种见解可能蕴含了一种更为重要的问题，即从事实命题中直接推断出规范性命题，为此难免将某种特定的现状格局加以直接正当化。

然而，如果从宏阔的视角将宪法理解为是一种与社会事实之间也有着一定对应关系的规范体系，那么我们不妨承认，在当今中国的政治生活之中，除了现行宪法文本之外，确实还存在某种"隐形宪法"，与现行宪法文本（也可谓"显形宪法"）一起构成了实在宪法的全部内容。而现行宪法文本之所以没有得到全面有效的实施，其部分原因正在于这种"隐形宪法"本身的实效运行，在一定范围和一定层面上或替代，或弥补，或抑制了"显形宪法"的一部分功能，从而形成了笔者曾经所描述的"宪法的日偏食结构"。③但之所以出现这种奇异的现象，这与我国现行宪法作为转型期宪法也不无干系。

总之，尽管作为规范科学的宪法学难以胜任预见未来，但鉴于以上的分析，即使从规范性理论的角度而论也可得出这样的判断，即：要真正全面有效地推动宪法的实施，尤其是要切实推动宪法规范中那些与立宪主义的价值立场较为密切的宪法条款的有效实施，

---

① 参见强世功《中国宪法中的不成文宪法——理解中国宪法的新视角》，《开放时代》2009年第12期，第10~39页。值得顺便一提的是，其中所言的"《中国共产党党章》"，乃"《中国共产党章程》"之笔误。

② 比如何永红《中国宪法惯例问题辨析》，《现代法学》2013年第1期，第18~27页；李忠夏：《中国宪法学方法论反思》，《法学研究》2011年第2期，第160~172页；翟志勇：《英国不成文宪法的观念流变——兼论不成文宪法概念在我国的误用》，《清华法学》2013年第3期，第86页以下。

③ 至于这种"隐形宪法"为何，笔者认为，则不应从现行宪法的外部事实中直接去捕捉，而是相反，应该从现行宪法规范内部中最富有生命力的、最能符合时代发展趋势的价值立场出发去把握和确认，并由此审慎地处理和建构"隐形宪法"与"显形宪法"之间的关系。这种立场就是规范主义应有的立场。参见林来梵《宪法的日偏食结构》，同氏《文人法学》所收，清华大学出版社，2013，第3~10页。

则有待于作为转型期宪法的现行宪法基本完成其必要的转型。换言之，在转型期宪法完成其转型之前，全面有效实施宪法是不可能实现的。①

所幸的是，作为转型期宪法，我国现行宪法已经逐步开始了这种转型。这是因为现行宪法本身就具备了自我继续形成的内在机理，尤其是改革开放的洪流更是有力地推动了它的次第转型。对此，笔者曾将其描述为如下三个方面，即：第一，从宪法的价值原理来看，现行宪法已开始从过去的那种主要秉持"报应正义"的宪法，正在向秉持"互惠正义"的宪法逐步转型；② 第二，从宪法的规范属性上来看，现行宪法已开始从过去的那种单纯的"政权正当性认定书"，正在向"规范宪法"逐步转型；第三，从宪法的核心内容上看，现行宪法已开始从过去的那种单纯的"国家总章程"正在向"权利保障书"逐步转型。③

这里有必要提出一个问题，即：当转型期宪法完成其转型之后，过程论意义上的宪法实施究竟将可能采取何种形态呢？对此，笔者认为，由于我国目前已初步具备了违宪审查制度的基础，虽然如前所述，这一制度在当下尚不拥有充分的实效性，但完全可以通过加以必要的改善，逐步将其提升为一种具有实效性的违宪审查制度，以发挥监督和保障宪法实施的功能。为此，有一点是可以期待的，即在未来转型期宪法完成其转型之后，完备的、具有实效性的违宪审查制度应在我国宪法实施的过程中真正起到担纲的作用。而当今世界上大部分国家的情形，也均可作为比较法上的先例。

---

① 除了笔者这一见解之外，夏勇教授亦曾提出从"改革宪法"向"宪政宪法"转型的观点。可参见夏勇《中国宪法改革的几个基本理论问题》，《中国社会科学》2003 年第 2 期，第 4～17 页。

② 关于这一点，另可参见林来梵《互惠正义：第四次修宪的规范精神》，《法学家》2004 年第 4 期，第 36～39 页。

③ 参见林来梵《转型时期的宪法与宪政》，《财经》2013 年 10 月，15 周年纪念专号，第 22～23 页。其中，个别用语的表述在此有所订正。

五　代结语：针对当下的提议

当然，以上的判断，非谓从今开始我们即可安下心来，袖手坐等转型期宪法的彻底转型，最终乐享其成。其实，离开弦歌不辍的宪法实践，宪法转型本身就不可能完成。有鉴于此，如何在当下这一由执政党所推动的"全面深化改革"的时期中把握机遇，努力探索并落实"把全面贯彻实施宪法提高到一个新水平"① 的改革方案，确实是目前我国宪法实践的要务之一。

而就违宪审查制度本身来看，其内部不仅存在多种可供选择的具体模式，即使在某一个特定模式的具体运作上，也拥有很大的回旋余地，在积极主义与消极主义的路线之间即具有不同的刻度，为此，从现下即开始着手逐步改善和健全我国现行的违宪审查制度，并不是没有可操作性的。有鉴于此，笔者坚持认为：在全国人大之下设立与全国人大常委会相并立的宪法委员会，使其专门行使违宪审查权，哪怕在最初阶段采取相对审慎的自我谦抑主义的审查路线，也有利于宪法实施的保障，并为纾解当今我国社会不断积累的、纷繁复杂的社会矛盾，开通一个"法治号"的理性对话和纠纷解决机制。而这本身亦大可裨益于转型期宪法的转型，使其理性有序得以推进。

另一方面，目前，"大规模立法时代"已告完成，2011 年我国最高国家权力机关宣称"中国特色社会主义法律体系已经形成"，这意味着自此之后，中国法律的实务和学术不仅将进入一个"法律解释"的时代，而且更为重要的是还将进入一种"法律评价"的时代，即需要建立健全一种制度，由特定的有权主体对普通法律，尤其是那些低位阶的行政法规、地方性法规、政府规章本身是否具有

---

① 中国共产党在其十八大三中全会决定中即指出，"要进一步健全宪法实施监督机制和程序，把全面贯彻实施宪法提高到一个新水平"。

合法性（含合宪性）与合理性进行具体的评价，以保障公民的基本权利，维护法律体系的统一性和权威性，回应社会各方面的理性诉求，促成国家治理的法治化①。而从比较法上各国法治建设的经验来看，其中最具有实效性的法律评价制度，无非就是违宪审查制度。为此，逐步健全现行的违宪审查制度，其实也是顺应法治发展的内在要求。

当然，由于转型期宪法的转型一时难以完成，违宪审查制度的全面改革与完善一时也难以到位，但在现下，至少也可以充分发掘和穷尽现行宪法体制内的一切制度性资源，从其内部尽力开拓出推动宪法有效实施的可行之路。在此方面，笔者认为，不妨激活《立法法》第90条第1款有关立法审查请求权的机制，疏通法院与全国人大常委会之间的制度通道，逐步形成一种可称为"合宪性审查优先移送"的机制。

具体而言，情况是这样的：如前文所述，根据《立法法》第90条第1款的规定，最高人民法院与国务院，中央军事委员会，最高人民检察院和各省、自治区、直辖市的人大常委会一样，如认为行政法规、地方性法规、自治条例和单行条例同宪法或者法律相抵触的，可以向全国人大常委会书面提出进行审查的要求，由常委会进行合宪性审查；而法院系统内部本来也存在案件请示制度，2009年10月最高人民法院更在《关于裁判文书引用法律、法规等规范性法律文件的规定》第7条中明确规定："人民法院制作裁判文书确需引用的规范性法律文件之间存在冲突，根据立法法等有关法律规定无法选择适用的，应当依法提请有决定权的机关做出裁决，不得自行在裁判文书中认定相关规范性法律文件的效力"。

---

① 事实上，从2005年起，我国的国家权力机关就开始了立法评估工作，但是这种评估的重点在于衡量立法的社会效益而非进行合宪性控制。参见席涛《立法评估：评估什么和如何评估（上）——以中国立法评估为例》，《政法论坛》2012年第5期，第59~75页。

　　根据实定法上的这些规定，我国至少在实定法的层面上已经存在了一套相应的制度条件，可整合为一种机制，其具体内容可做如下描述，即：下级法院在具体审理普通司法案件时，如遇到所需适用的规范性法律文件之间存在冲突，尤其是发现下位法存在违宪之虞，可中止当前的诉讼程序，通过法院系统内部的案件请示制度，将系案中所涉及的规范性法律文件是否符合宪法的问题，以书面形式呈报至最高人民法院；最高人民法院在经过必要的初步审核之后，如认为系案中所适用的规范性法律文件确实涉及合宪性问题，则可根据《立法法》第 90 条第 1 款的有关规定，以书面提起审查要求的法定形式转呈全国人大常委会，由后者纳入立法审查的程序；全国人大常委会对系案中所适用的规范性法律文件合宪性问题做出正式的宪法判断之后，将该判断发回法院，由原审法院继续审理原案，但对案件的判决须受全国人大常委会有关宪法判断的约束。这就是笔者前面所说的"合宪性审查优先移送"机制。这里顺便值得一提的是：实际上，无论是战后德国还是 2008 年修宪后的法国，均存在类似这样的制度。①

　　然而，如前所述，在实践中，由于各种原因，上述各种制度性条件并未被有效整合，以致全国人大常委会迄今从未接受过法院的审查请求。这同样可能与当今中国公共权力分配格局以及国家法治化的总体进程不无关系，但实定法上的制度本身没有被激活也是一个直接的因素。有鉴于此，建议国家立法机关可专门制定一部法律，对"合宪性审查优先移送机制"的原则、内容以及技术进行具体规定，以推动该机制的有效运作。

　　上述的"合宪性审查优先移送机制"如可得以激活，可成为推

---

① 有关德国方面，可参照林来梵主编《宪法审查的原理与技术》，法律出版社，2009，第 111 页以下。法国本来只有事前审查机制，2008 年修宪时，引入了事后性的法律审查机制，其中文译名各说不一，较有代表性的称为"合宪性审判前提问题处理机制"。参见张莉《当代法国公法——制度、学说与判例》，中国政法大学出版社，2013，第 117 页。

动宪法有效实施方面的一项最低限度的改革举措。但这一机制如能得以认真对待，审慎践行，或许也有可能成为一条"阿里阿德涅的丝线"，引导我们走出宪法实施的现有闷局，使我国宪法从"镇国之法宝"最终演变成为"治国之大典"，在国家治理中发挥重要的作用。

（本文原载于《比较法研究》2014 年第 4 期）

宪法实施状况的评价方法及其影响

莫纪宏[*]

一 宪法实施概念的意义

（一）宪法实施概念的研究状况

2012 年是我国现行宪法颁布 30 周年。30 年来，我国宪法学界以现行宪法关于"宪法实施"的规定为制度依据，围绕着宪法实施的概念、途径、保障、意义等问题展开了全面和深入的研究，取得了一些研究成果。具体说有以下方面成果：一是一些学者以宪法实施为题，进行专门和系统性的学术研究，撰写了相关的学术著作，推动了宪法学界对宪法实施问题进行了深入和系统的专题化研究，[①] 此外还有一些与宪法实施专题相关性很强的学术著作问世。[②] 上述学术著作的出版对于我国宪法学界深入研究宪法实施问题都做了很好的理论和学术铺垫。二是以宪法实施相关的问题为研究课题，在全国性有影响的法学学术刊物上发表了近 200 篇论文，从不同侧面和角度对宪法实施问题做了系统和全面的论述，其中不乏在理论上产生了重要学术影响，在实践中对于加强宪法实施起到积极影响作用

---

[*] 莫纪宏，中国社会科学院法学研究所研究员。

[①] 例如，胡正昌：《宪法文本与实现宪法实施问题研究》，中国政法大学出版社，2009；翟小波：《论我国宪法的实施制度》，中国法制出版社，2009。

[②] 例如，胡锦光、韩大元：《中国宪法发展研究报告（1982 – 2002）》，法律出版社，2004。

的论著。① 此外，还出现了一些以宪法实施为题进行比较研究的论著②
等等。

虽然自现行宪法颁布以来我国宪法学界对宪法实施的理论研究取
得了积极的进展，但是，从理论对实践的指导意义来看，这些研究成
果本身还存在着进一步需要研究的问题，如相关研究成果缺少对宪法
实施的实际状况的精准描述，"问题"意识薄弱，无法有效地发现问
题和提出解决问题的有效方案，致使我国现行宪法颁布30年来，宪法
实施的基本状况缺乏权威性的评价标准和科学合理的评价结论。从宪
法实施的理论研究态势来看，对宪法实施的理论研究主要偏重于构建
概念，阐述意义以及关注对宪法实施的"保障"，缺少对宪法实施的
性质、特征的准确定义和分类分层分级研究，尤其是作为宪法实施理
论的基础问题"宪法实施状况的评价方法或评价机制"一直没有得到
全面和系统的规范性研究，这一方面的研究成果寥寥无几，只有少数
论著有所涉及。③ 很明显，在对宪法实施基本的法律特征都缺少有价
值的研究成果前提下，在学术上难于系统地提出加强宪法实施工作的
有针对性的对策和建议。

宪法实施问题在国外宪法学理论中一般没有专门涉及，世界上绝
大多数法治国家一般不独立和专门地强调宪法实施的意义，而只是重
点研究如何解决宪法适用问题，即怎样在具体的案件中将宪法作为判
断案件所涉及的法律问题的依据，所以，国外宪法学理论在研究宪法
实施问题时，重点探讨的是宪法实施中的最核心的部分，即宪法适用
或者是违宪审查。但是，近年来，随着一些法治国家开始反思自身的
法治状况以及一些发展中国家也开始在宪法学理论上从总体和宏观的

---

① 例如，王叔文：《论宪法实施的保障》，《中国法学》1992年第6期；程湘清：《我国宪法
和宪法实施的几个问题》，《北京联合大学学报（人文社会科学版）》2007年第1期；周
叶中：《宪法实施：宪法学研究的一个重要课题》，《法学》1987年第5期。

② 例如，陈绍兴、武玉风：《论各国宪法实施的保障制度》，《环球法律评论》1993年第3
期；朱应平：《澳大利亚宪法实施的条件和路径》，《学术界》2006年第2期。

③ 张艳：《论宪法实施评价原则》，《理论界》2006年第4期。

角度来把握宪法实施问题，出现了以宪法实施为题的专门性的理论专著，例如，J. De Groof，R. Malherbe & A. Sachs 编著的《南非的宪法实施》①，Bezalel Peleg & Eyal Winter 著《宪法实施》② 等等。这些论著都直接采用了"宪法实施"的概念，对宪法实施的一般理论进行了全面和系统的阐述，填补了以往法治理论对宪法实施问题缺少系统研究的不足。从近年来国外的宪法实施的实践来看，一些国家为了强化宪法自身的权威，从立法的角度，也开始强调宪法实施的重要性，制定和出台实施宪法的专门宪法性法律，以此来推动宪法实施。在这一方面比较突出的例子就是 2006 年塞尔维亚共和国制定了《保证塞尔维亚共和国宪法实施的宪法性法律》③ 等等。

（二）宪法实施内涵的变迁

综观当下我国宪法学界对"宪法实施"概念的内涵的探讨，其解释是多种多样的，其内涵也处于变化之中。也有学者指出宪法实施概念使用上的不规范现象，而"造成宪法实施的有关概念混乱的原因，与我国作为宪政制度的引进国，翻译不同国家违宪审查制度用的外来语有关。由于这些不同的词在中文中有不同的含义，从而导致可以建立不同的制度。对上述概念存在的问题也引起过一些学者的关注，并做了一些研究"。④ 蔡定剑教授在其论文《宪法实施的概念与宪法施行之道》中提出了认识和分析宪法实施内涵可以把握的"三个层面"。即宪法实施在宏观层面上的概念是宪法保障和宪法实施；在中观层面的概念是宪法监督和宪法适用；在微观层面上或宪法实施操作层面上

---

① *Constitutional Implementation in South Africa*，editedby：J. DeGroof，R. Malherbe & A. Sachs，Mys & Breesch publishers，Belgium（2003）.

② *Constitutional Implementation*，Bezalel Peleg & Eyal Winter，Rev. Econ. Design，187 ~ 204（2002）.

③ "Constitutional Law on Implementation of the Constitution of the Republic of Serbia，" *The Official Gazette of the RS*，No. 98/06.

④ 蔡定剑：《宪法实施的概念与宪法施行之道》，《中国法学》2004 年第 1 期。

的概念是违宪审查（司法审查）和宪法诉讼。^① 特别是蔡教授还就"宏观层面"的宪法实施给出了一个逻辑非常严密的"定义"，也就是："宪法实施是相对宪法制定而言的概念，是指把宪法文本转变为现实制度的一套理论、观念、制度和机制。宪法实施是很广义、宽泛宏观意义上的概念，它包括通过立法使宪法法律化，行政机关执行宪法，司法机关施行宪法等。宪法实施的具体机制包括宪法监督及宪法解释，或者是违宪审查和宪法诉讼等，宪法实施与宪法保障制度相佐。"但蔡教授也意识到"由于这一概念过于概括和宽泛，使之只能作为概念表达意义，难以作为制度进行操作"。^② 当然，值得我们注意的问题是，在没有界定宪法实施的性质，以及认识宪法实施概念意义基础上提出的"统一解释"方法在法理上仍然存在着相互矛盾之处，也就是说，宪法实施必须关注宪法实施的"对象"的客观性和主观性。无论是宏观意义上的宪法实施总体概念，还是微观意义上的宪法实施制度概念，都必须要认识研究宪法是什么，宪法实施准备实施什么。有关宪法实施概念存在的学术争议，实质上是关于宪法现象自身的"客观性"与"主观性"的精确描述。如果没有一套逻辑严密的描述宪法现象"客观性"与"主观性"的学术方法，要想建立严格意义上的宪法实施理论基本上是不可能的。

（三）宪法实施概念在实践中的意义

有鉴于对宪法实施概念在法理上的混乱，在实践中，宪法实施也被做了不同层次和不同角度的任意解释，导致了对宪法实施状况认定的方法和结果的差距很大。田赞在《试论我国宪法实施现状、成因及对策》一文中尖锐地指出：我国宪法的实施现状不容乐观，主要表现在：宪法不能进入诉讼；宪法监督制度名不副实。究其原因，主要有三：公民宪法意识淡薄；宪法功能政治化；宪法价值虚无化。我国宪

---

① 蔡定剑：《宪法实施的概念与宪法施行之道》，《中国法学》2004 年第 1 期。
② 蔡定剑：《宪法实施的概念与宪法施行之道》，《中国法学》2004 年第 1 期。

法的实施陷入了实体与程序背离的两难境地。① 由于在实践中没有形成有效的关于宪法实施的制度化定义或者是制度化内涵，就宪法实施现象来看，存在着实施动机与实施效果严重脱节的问题。以根据2012年3月14日第十一届全国人民代表大会第五次会议《关于修改〈中华人民共和国刑事诉讼法〉的决定》第二次修正的《中华人民共和国刑事诉讼法》为例，在新修条文的第2条写入了"尊重和保障人权"。从宪法与部门法之间的相互关系来看，刑事诉讼法作为全国人大制定的基本法律，具有依据宪法制定、将宪法原则与宪法中的各项制度具体化的使命。2004年现行宪法第4次修改时将"国家尊重和保障人权"写入了"宪法"，体现了宪法尊重和保障"人权"的精神。作为部门法的刑事诉讼法在修改时，在具体条文中重申一下宪法关于"尊重和保障人权"的规定，从强化刑事诉讼法的人权保障精神、推动宪法实施角度来看，不论是法理上，还是对于具体的法律实践，都是非常有意义的。但需要探讨的问题是，2004年"人权入宪"后，依据宪法享有宪法解释权的全国人大常委会并没有做出明确的宪法解释来，说明"国家尊重和保障人权"中的"人权"的具体法律内涵，特别是没有以宪法解释的形式来明确"人权"的享有主体。由此，有可能造成刑事诉讼法脱离宪法文本独立发展自身的宪法原则内涵的"法制不统一"现象。

总之，宪法实施概念不仅仅具有构建宪法学理论的学术价值，对于指导宪法实践也具有非常重要的意义。由于我国宪法实施长期缺少科学和有效的理论指导，实践中实施宪法的工作做法不一，有些具有一定的积极影响，更多的是引发了关于宪法权威和宪法效力的争论，故有必要从理论上建构有说服力的宪法实施概念及其应用体系。

---

① 田赞：《试论我国宪法实施现状、成因及对策》，《湖南公安高等专科学校学报》2002年第1期。

二　宪法实施状况的评价方法及其对评价结论的影响

宪法实施是一个兼具理论与实践特征为一体的较为复杂的宪法现象，因此，对宪法实施状态的把握，既需要理论上的深入透析，也需要关注研究宪法实施的目的性，只有将理论上的"应然性"与实践中的"必要性""可行性"结合起来，才能透彻地把握宪法实施概念的内涵，建立起关于宪法实施的比较全面和系统的分析框架。

（一）宪法实施状态取决于科学的评价机制

从逻辑上来看，与宪法实施相关的基础理论问题至少包括了以下几个方面：（1）宪法实施主体的明确性。谁有义务来实施宪法，宪法对谁的行为具有法律拘束力。（2）宪法实施对象的确定性。宪法实施对象是限于宪法文本之内，还是包括了宪法文本之外的宪法原则或者宪法价值。如果仅限于宪法文本的实施，那么，宪法文本中哪些内容应当得到实施，对此，存在广义与狭义之分。广义的宪法规范论认为，只要是宪法文本中的规定，都必须得到"实施"，包括宪法序言中的"陈述性事实"、宪法总纲中的"宪法原则"以及宪法正文中的"宪法规范"，其中，"宪法规范"是宪法实施的主要对象。狭义的宪法规范论不包含缺少具体权利义务关系内容的宪法规定。狭义的宪法规范包括基础性的授权性规范、义务性规范和禁止性规范，也包括由基础性的宪法规范"复合"而成的"职权职责性规范"和"条件式授权性规范""强制性义务规范"等等。（3）宪法实施评价对象的客观性。宪法实施评价机制建立在实施对象的"主观性"与评价对象的"客观性"之间的二元对应关系基础之上。宪法实施的目标是使"静态的宪法"变成"动态的宪法"，其基本制度功能是使"宪法"处于"运行"状态之中，故从逻辑上来看，何者在"运行"具有客观性，应当使何者处于"运行"状态具有很强的主观性，所谓宪法实施，在评价体系中必然是通过被评价对象的"主观性"与"客观性"相结合特征体现出来的。（4）评价标准的科学性。宪法实施是一种基于客观事实而产生的一种主观评价，而直接的评价对象是宪法，不论是宪法文本意义上的宪法，还是超越宪法文本意义上的宪法，都带有很强的主观性，能否在现实中付诸实施，必然存在着较大的个性差异，也就是说，宪法规范的实施应当分为"可实施"与"不可实施"、"全部实施"与"部分实施"和"未实施"、"稳定持续性的实施"与"间歇性的实施"、"有效率的实施"与"无效率的实施"等等评价尺度。（5）评价程序的公正性。宪法实施是对静态宪法处于运动状态的主观评价，因此，不同的评价主体，都可以得出与宪法实施相关状态的评价结论，对于一个国家的宪法制度建设来说，应当适时建立"权威性"的和"有法律效力"的评价机制，评价过程应当遵循"公正""公开""透明"等原则，才能为正确地认识宪法实施的制度意义，通过总结宪法实施的经验和教训来进一步完善宪法制度提供可靠的参考意见。

从宪法实施具体评价方法来看，结合宪法实施的目的性，对一个国家现行宪法实施状态的评价，应当关注以下几个方面的问题：（1）通过对包括现行宪法序言在内的现行宪法所有条文进行逐条分析，从章节和条文的角度来对现行宪法的总体实施状况以及每一个具体条文的实施状况做出精准的分析和评价，做到评价结论的点面结合、一般与重点相结合。（2）在逐条分析现行宪法实施状况的基础上，按照一定的分类标准，制作相关的统计分析图表，对不同类型的宪法规范的实施状况进行差异比较和分析，突出宪法规范的特征对宪法实施状况的影响因子和差异。（3）对实践中超出宪法文本规定但符合宪法原理、具有弘扬宪法价值意义的宪法事件进行归纳总结，提出宪法解释和宪法修改方面的对策和建议。（4）对一个国家宪法实施状态作历史角度的考察，分析不同时期宪法实施的状态以及不同宪法文本实施状态之间的连续性和相互影响，研究宪法实施的连续性和整体性。（5）就相同或相似的宪法文本规定对照比较其他国家宪法实施的状态来分析本国宪法文本实施的特点，提出改进宪法实施的建议和对策。（6）根据一个国家某个阶段特定的政治发展目标的要求，分析宪法实施状态对社会发展的宏观影响，指出法治发展的方向，明确宪法在国家政治生活和社会生活中的地位和作用等等。

（二）我国宪法实施方面存在的方法论问题及其影响

我国宪法学界目前对宪法实施概念的把握不论从理论上来看，还是从目的性来看，都属于局部性的或者是个别意义上的考察，并没有自觉地从界定宪法实施的性质出发，全面和系统地构建宪法实施的概念，以及宪法实施的构成、意义，这种研究状况也必然会影响到实践中的宪法实施工作。由于实践中存在的宪法实施现象存在着诸多价值矛盾，不仅没有树立起宪法作为根本法所应当具有的权威地位，相反，却因为缺少科学理论的指导导致宪法实施工作流于形式化、简单化，宪法实施对社会生活的实际影响效果不明显。

1. "依据宪法，制定本法"在宪法实施方面存在的问题

目前，我国最高国家立法机关在制定法律时，比较注重"依据宪法，制定本法"这一立法原则。从历史上考察，《全国人民代表大会和地方各级人民代表大会选举法》（1979 年 7 月 1 日第五届全国人民代表大会第二次会议通过）其第 1 条开先河地笼统地写入根据《中华人民共和国宪法》制定全国人民代表大会和地方各级人民代表大会选举法。其后，大量的由全国人大及其常委会制定的基本法律或者是基本法律以外的其他法律在第 1 条都规定了"依据宪法，制定本法"这一原则，以示制定法律的"合宪性"，例如，在与宪法相关的法律《立法法》《选举法》《香港特别行政区基本法》《澳门特别行政区基本法》都写入"根据宪法"；在行政法部门中，《行政诉讼法》《国家赔偿法》《行政处罚法》《行政复议法》《行政许可法》都写入"根据宪法"，但《治安管理处罚法》未写入；在刑法部门中，《刑法》《刑

事诉讼法》都写入"根据宪法";在民法部门中,《民法通则》《物权法》《继承法》《民事诉讼法》都写入"根据宪法",但《合同法》《婚姻法》《仲裁法》未写入;在商法部门中,《公司法》《保险法》都写入"根据宪法",但《证券法》《海商法》《破产法》未写入;在知识产权部门中,《著作权法》写入"根据宪法",但,《专利法》《商标法》未写入。这种在立法第 1 条笼统地指出"依法宪法,制定本法",其立法本意是要宣示立法本身关注到宪法的规定,并且属于将宪法原则和宪法规范加以具体化的"宪法实施"行为,但是,这种抽象地说明"依据宪法,制定本法"存在着两个非常致命的缺陷,一是不能有效地解释和说明现有的 240 部①左右法律中有近一半的写入"依据宪法,制定本法",而另一半没有写入,没有写入的是否意味着立法的时候没有"依据宪法,制定本法"。二是已经写入"依据宪法,制定本法"的由于该立法原则过于抽象,无法在逻辑上判断到底是如何"依据宪法"的,以至于一些宪法文本没有明确规定的事项在具体的法律中被"依据宪法"制定出来的。

2. 从宪法第 100 条看宪法实施理论的缺失

在我国目前的宪法实施实践中存在着依据 1954 年宪法第 100 条而制定的法律目前仍然有效的现象。根据 2008 年 2 月国务院新闻办公室发布的《中国的法治建设》白皮书,我国现行有效的法律共 229 件(实际数目目前应当是 240 件),行政法类的法律共 79 件,其中第 2 件是《全国人民代表大会常务委员会批准国务院关于劳动教养问题的决定的决议》。该决议是 1957 年 8 月 1 日全国人民代表大会常务委员会第七十八次会议通过的。根据《中国的法治建设》白皮书,该决议目前属于仍然有效的"法律"。该"法律"的具体内容是该决议批准的

---

① 到 2010 年底,全国人大及其常委会共制定 236 件法律,2011 年以来,全国人大及其常委会制定的新的法律包括:《中华人民共和国车船税法》《中华人民共和国非物质文化遗产保护法》《中华人民共和国行政强制法》《中华人民共和国军人保险法》,到 2012 年 5 月底共制定法律 240 部。但全国人大常委会没有发布权威数字。

《国务院关于劳动教养问题的决定》。而《国务院关于劳动教养问题的决定》明确规定，该决定是根据中华人民共和国宪法第100条①制定的。从法理上来看，《国务院关于劳动教养问题的决定》是直接依据1954年《中华人民共和国宪法》第100条制定的，从立法依据的角度来看，没有宪法第100条，就没有该"决定"的合法性。由此可以反向推论，由于该"决定"目前仍然有效，所以，该"决定"的宪法依据应当仍然有效。这样就不难推出既然国务院新闻办公室公布的《中国的法治建设》白皮书中所确认的目前仍然有效的法律包括了批准《国务院关于劳动教养问题的决定》的决议，那么，《国务院关于劳动教养问题的决定》的立法依据——1954年宪法第100条应当仍然有效。否则，该"决定"就失去了必要的合法性。由于《国务院关于劳动教养问题的决定》支持了1954年宪法第100条的直接法律效力，所以，就给我国宪法学理论提出了一个问题，即如何在宪法实施的过程中引用宪法文本？宪法学界认可的宪法文本通常是1982年宪法，而且还将1982年宪法冠以"现行宪法"的称号。但是我国1982年宪法文本中并没有明确说明"本宪法通过之日起，本宪法之前的宪法文本失去法律效力"。由于这种宪法文本规定上的缺陷，就导致了在现实中一旦出现了在1982年宪法文本之外，引用1954年宪法作为现行有效的法律的立法依据时，自然而然产生了我国现行有效的"宪法文本"的选择困境。如果承认这种现实的话，那在法理上自然可以推论，1954年宪法作为新中国的第一部宪法，不仅其宪法基本原则和基本制度目前可以在宪法实施中作为宪法依据，而且其宪法文本中的具体条文，都可以作为具体立法的依据加以引用。例如，由于1954年宪法共有106条，而1982年宪法有138条，两个宪法文本重复的宪法条目数目有106处，因此，如果要以1954年宪法的具体条文作为立法依据的

---

① 1954年宪法第100条规定：中华人民共和国公民必须遵守宪法和法律，遵守劳动纪律，遵守公共秩序，尊重社会公德。

话，就必须明确指明是引自 1954 年宪法第几条，以区别于 1982 年宪法的同条。否则笼统地说"根据宪法第几条"，就可能出现无法找到对应的宪法文本的情形。

　　解决上述因为引用宪法文本中的具体条文所产生的宪法实施困境，一条实际可行的办法就是可以参照 1954 年第一届全国人大第一次会议期间通过的《国务院组织法》。该《国务院组织法》第 1 条规定："中华人民共和国国务院组织法，根据中华人民共和国宪法第四十八条第二款制定"。① 显然这里的"根据中华人民共和国宪法第四十八条第二款"是准确的。1982 年 12 月 10 日第五届全国人民代表大会第五次会议重新制定了《中华人民共和国国务院组织法》，该法第 1 条规定："根据中华人民共和国宪法有关国务院的规定，制定本组织法"。重新制定的《国务院组织法》只是笼统地强调了"根据中华人民共和国宪法有关国务院的规定"，虽然从法理上不能完全排除重新制定的《国务院组织法》可能受到 1954 年宪法相关条文的影响，但是，其"依据宪法"的准确度和可靠性相对要灵活和清晰一些。而《农业税条例》（1958 年 6 月 3 日全国人大常委会第九十六次会议通过，于 2005 年 12 月 29 日由全国人大常委会废止）其第 1 条写入："根据宪法第一百零二条'中华人民共和国公民有依照法律纳税的义务'"② 制定。由于《农业税条例》已经因农业税的取消而终止，《农业税条例》中所依据的"宪法第一百零二条"也就没有宪法实施方面的任何影响了。

---

① 1954 年宪法第 48 条第 2 款规定："国务院的组织由法律规定"。

② 1954 年宪法第 102 条规定："中华人民共和国公民有依照法律纳税的义务"。《中华人民共和国农业税条例》在 2006 年 1 月 1 日正式废止之前并没有加以修改，其第 1 条规定：为了保证国家社会主义建设，并有利于巩固农业合作化制度，促进农业生产发展，根据《中华人民共和国宪法》第 102 条"中华人民共和国公民有依照法律纳税的义务"的规定，制定本条例。很显然，在 1982 年宪法已经生效的情况下，《农业税条例》第 1 条的宪法依据存在严重的指称不明问题，与《国务院关于劳动教养问题的决定》所存在的法理问题的性质是一样的。

三　加强宪法实施制度建设的几点建议

宪法实施是宪法学理论与宪法实践中一个比较重要的话题，但是由于长期以来，我国宪法学界对宪法实施缺少系统性的研究，致使宪法实施问题在法理上出现了诸多误解，在实践中也被使用得非常混乱，虽然彻底和有效地解决宪法实施方面存在的理论和实践方面的问题尚需假以时日，但从实效性角度来看，是可以从以下几个角度来进一步拓展宪法实施的研究视野，通过明确宪法实施的概念、性质，运用有效的分析宪法实施的方法，来改变目前宪法实施法理混乱的问题。

（一）要从完善评价机制的角度来进一步认识宪法实施的性质

"徒法不足以自行"，宪法实施作为宪法学的一个重要概念，其概念的功能是要解决使"静态的宪法"变成"动态的宪法"，使"文本中的宪法"变成"行动中的宪法"。近年来，宪法学界也出现了一些著作对与宪法实施概念密切相关的"宪法评价"① "宪法实现"② 等现象的研究。就宪法实施概念的性质来说，宪法实施不是纯粹客观意义上的宪法活动或宪法行为，虽然它与"宪法实践"③ 概念内涵靠近，但它必须依赖于一套科学的评价体系来确定自身的基本内涵。宪法实施实际上是在实施对象与实施效果之间寻找的一种制度上的必然联系，因此，脱离了对具体实施对象的考察，过于宏观地谈论宪法实施的效果，显然是空洞乏力的，特别是在实践中，很容易引发

---

① 参见钟铭佑的硕士论文《论宪法评价》，该文认为，宪法评价是宪法学中重要的一个理论问题。搞好宪法评价，对于限制国家权力、保障公民权利、树立宪法权威、促进宪政建设具有深远的理论意义和现实的指导意义。由于历史的原因，我国对宪法研究不够重视，有关宪法评价理论的专著或论文更是寥寥无几。（广西师范大学，2005 年。）参见 http：// dbpub. cnki. net/grid2008/detail. aspx？ dbname = CMFD9908&filename = 2005142827. nh，最后访问日期：2012 年 6 月 5 日。

② 参见胡正昌《宪法文本与实现》，中国政法大学出版社，2009。

③ 参见秦强、解永照《宪法文本与宪法实践的价值统一——基于宪法学方法论意义思考》，《理论探索》2011 年第 5 期。

"架空宪法"等使宪法的"法律效力"流于形式化等弊端；不讲实际效果，单纯地宣传宪法文本的意义，以宣传效果来代替实施效果，也会使得宪法作为根本法的法律地位成为空中楼阁。因此，从评价角度来看，宪法实施必须注重宪法实施对象与宪法实施效果两个方面的高度统一，宪法实施概念要放在宪法、宪法评价以及宪法实现等诸多逻辑上相互衔接的逻辑链条中来全面考察，要认识到宪法实施概念的主观性与客观性，尤其是宪法实施概念所具有的实践性和社会影响，不应滥用宪法实施概念来表述各种非宪法实施现象或问题，要以宪法为依托，通过对宪法实施状况的科学评价，树立宪法的根本法权威，提升宪法作为法律规范对人们行为所具有的实际指引作用。

（二）要对宪法实施的评价对象进行科学的分类

宪法实施状态的评价结论如何，在很大程度上取决于对宪法实施对象的分类。从宪法学原理的角度来看，宪法实施对象不能仅限于宪法文本，事实证明，将宪法实施概念完全囿于宪法文本的框架内来理解，在宪法实践中就无法发挥宪法价值的指引作用，特别是一些重要的宪法原则对人们行为的规范指引作用就会被忽视。宪法文本从理论上来看，是宪法价值的体现，但是，限于具体特定的政治环境和时代背景，任何国家的宪法文本都不可能完全体现理想化的宪法价值的要求，所以，如果在宪法实践中能够超越宪法文本直接运用更好的宪法价值来指导人们的行为，就应当毫不迟疑地来弘扬宪法价值。例如，从民主本身的价值功能和价值要求来看，直接民主应当具有优于间接民主的价值品质。在直接民主，能够有效地调整人们行为时，即便宪法文本确定的是间接民主机制，直接地采用直接民主方式来解决依据宪法文本应当由间接民主机制解决的宪法问题的措施就不应视为"违宪"。

此外，宪法实施因为受到评价机制的影响，所以，宏观意义上的实施样态与微观意义上的具体措施，都是宪法实施状态的表现形式，但是在宪法实践中必须将两者有机结合起来，并且重点在于具体措施，而不是宣传或者是宏观意义上的政治表态。对于宪法文本的规定，也要正确地加以分类，对于确认某些法律事实的宪法规定，主要是应当考察实践中有无对宪法所确认的法律事实的相反表述或否定性表述；对于设立了国家机关具体权利义务的宪法规范，应考察这些具体权利义务的落实情况；对于需要通过具体的立法措施加以实现的宪法所规定的公民基本权利，要重点关注立法机关制定法律保障人权实现的情况；对于宪法文本所规定的具有时间、地点等数量关系要求的事件，应当严格地考察宪法规定实现的情况。此外，还有客观地分析宪法文本中的宪法规定，尤其是宪法规范自身的规范性的严谨程度，对于制宪技术上存在严重问题或者是政策性过于强烈的宪法规定，应当分门别类加以整理，对于与宪法文本整体精神不一致的，应当予以废止，并且要阻止这些条文的实施，对于政策性或者是政治性过强的条款，应当通过其他政治性渠道来实现宪法条文的价值诉求。总之，宪法实施的评价结论应当是全面和客观的，而不能只限于某几个方面，更不应以偏概全，恶意否定宪法的权威。

（三）要抓住宪法实施的主要环节和主要领域

从现代宪法所具有的主流价值来看，通过宪法来有效地限制国家机关的国家权力，保障公民的基本权利及国际人权公约下所规定的缔约国政府应当履行的人权保障义务，属于宪法制度的核心价值。因此，关注国家机关正确地履行宪法赋予的职责以及公民依据宪法所享有的基本权利的实现状况，是任何一个国家宪法实施所应当抓住的主要环节和主要领域。为此，审查立法机关制定的法律是否构成对宪法所规定的基本人权及公民基本权利造成了实质性的侵害，是宪法实施工作的"重点"，也是通过建立有效的宪法实施"监督"机制来强化宪法实施效果的重要制度保障途径。对于重点的宪法实施问题领域，需要在制度上建立相应的宪法实施监督机制，从而保护宪法所确立的核心价值能够得到有效实现。我国目前宪法实施领域存在的主要问题是对国家机关行使国家权力的监督以及公民享有的基本权利实现状况制度上的保障力度不够，一是缺少依宪行权的必要的法律程序，二是相关的宪法实施监督机制不健全，缺少维护宪法权威、保证宪法实施的专门宪法实施保障机构。

（四）要积极地启动宪法解释机制

宪法实施由于与宪法评价密切相关，因此，其实际状况以及对人们行为产生的实际影响，都存在一定程度的主观性。宪法实施的领域非常广泛，需要予以科学评价的宪法实施对象也很复杂，基本上与价值形态的宪法和文本意义上的宪法是同等内涵的。在行为法学上，大部分宪法实施现象是自动发生的，不需要制度上的过多关注。只有可能存在宪法争议的领域，才需要强化宪法实施的评价工作以及建立必要的宪法实施监督机制。我国现行宪法序言规定了较为广义和宽泛的宪法实施概念，宪法序言规定：本宪法以法律的形式确认了中国各族人民奋斗的成果，规定了国家的根本制度和根本任务，是国家的根本法，具有最高的法律效力。全国各族人民、一切国家机关和武装力量、各政党和各社会团体、各企业事业组织，都必须以宪法为根本的活动准则，并且负有维护宪法尊严、保证宪法实施的职责。根据上述要求，几乎是所有的国家机关、社会组织和公民个人都有宪法实施方面的职责，因此，从行为法学的角度来看，宪法实施效果的好坏主要应当依赖于国家机关、社会组织和公民个人自觉地依据宪法规定来约束自身的行为，而不是依靠宪法实施的评价机制或监督机制，通过外部的压力来推动宪法实施。对于宪法实施状况和影响的关注应当侧重于宪法争议领域，即人们在宪法实施过程中对如何实施宪法发生了争议，而对这种争议的有效解决可以极大地促进宪法实施的效率。所以，在制度上建立有效的宪法争议处理机制是宪法实施的最大保障。根据我国现行宪法的规定，全国人大及其常委会有权和有职责来监督宪法实施，同时，全国人大常委会依据《宪法》第 67 条的规定有权解释宪法，故当下在我国宪法实施工作中，最核心的环节是如何在制度上启动宪法解释机制，如果全国人大常委会能够积极主动地行使宪法解释权，就可以有效地解决宪法实施中出现的各种宪法争议，推动宪法文本以及宪法原则的有效实施。

（本文原载于《中国法学》2012 年第 4 期）

论对法律的违宪审查

胡锦光[*]

　　基于宪法的基本功能，违宪审查的对象是国家机关直接依据宪法所实施的宪法行为，[①] 在宪法行为之中，最主要的是立法行为，[②] 而在立法行为之中，又主要是制定法律的行为，[③] 即违宪审查的对象，实际上主要是由民意代表机关制定的法律。这是一些国家的学者通常将违宪审查又称为"违宪立法审查"的根本原因。探讨对法律的违宪审查，对于进一步完善我国的违宪审查制度，使公民的宪法权利更具有实效性，具有非常重要的意义。

---

[*]　胡锦光，中国人民大学法学院教授。

[①]　宪法的主要功能是控制公权力，因此，公权力直接依据宪法实施的行为，即宪法行为。国家权力是公权力的主体部分，根据国家权力分工原则，国家权力可以分为立法权、行政权和司法权，故宪法行为包括立法机关、行政机关和司法机关直接依据宪法实施的行为，可以分为抽象的宪法行为和具体的宪法行为。具体说来，在英美法系国家，由普通法院对公权力直接依据宪法实施的行为进行审查，宪法行为主要是立法机关的行为和行政机关的行为，不包括司法机关的行为；在大陆法系国家，由特设的宪法法院（宪法委员会）对公权力直接依据宪法实施的行为进行审查，宪法行为包括立法机关的行为、行政机关的行为和司法机关的行为。这里也涉及宪法行为与法律行为的区分问题：直接依据宪法实施的行为为宪法行为；直接依据法律实施的行为为法律行为。因而，判断宪法行为的基准是宪法，对其进行的审查是合宪性审查；而判断法律行为的基准是法律，对其进行的是合法性审查。能够通过合法性审查解决的问题，就不需要进行合宪性审查；只有进行合法性审查仍然解决不了的问题，才需要进行合宪性审查。

[②]　立法机关直接依据宪法制定法律，而行政机关和司法机关则主要是依据立法机关所制定的法律实施自己的行为，行政机关和司法机关较少直接依据宪法实施行为。

[③]　在我国，通常将制定法律、行政法规、地方性法规、自治条例和单行条例、规章的行为包括在立法行为之中，而行政法规主要是依据法律而制定，地方性法规主要依据法律和行政法规而制定，自治条例和单行条例主要依据宪法和民族区域自治法制定，规章依据行政法规、地方性法规制定。因此，只有法律是直接依据宪法而制定。

一　法律是违宪审查的主要对象

（一）各国宪法文本上的规定

近代以来，各国所制定的宪法文本，在规定违宪审查的对象或者在规定宪法是国家最高法、具有最高法律效力的同时，都明确规定了法律是违宪审查的主要对象。这一点，我们在实行不同违宪审查体制国家的宪法文本上都可以明确地看出来。

在实行司法审查制最为典型的美国，其宪法虽然没有明确规定违宪审查制度，但《宪法》第6条规定："本宪法和依本宪法所制定的合众国法律，以及根据合众国的权力已缔结或将缔结的一切条约，都是全国的最高法律；每个州的法官都应受其约束，即使州的宪法和法律中有与之相抵触的内容。"与美国同为实行司法审查制的日本《宪法》第98条规定："本宪法为国家的最高法规，凡与本宪法条款相违反的法律、法令、诏敕以及有关国务的其他行为的全部或者一部，一律无效。"

在实行宪法法院审查制的大陆法系国家中，德国最为典型。德国《基本法》第20条第3款规定："立法权应服从宪法秩序。"其他国家如意大利《宪法》最后部分规定："宪法应由全体公民和国家机关当作共和国根本大法来忠实遵守。"

（二）法律是违宪审查主要对象的法理基础

法律是违宪审查主要对象的最主要法理基础，是宪法与法律之间关系的位阶理论，即在一个国家的法体系中，宪法的位阶是最高的，法律居于宪法之下。① 在回答为什么宪法的位阶是最高的问题上，不同的法学派给出了不同的答案。

在规范法学派看来，宪法在一国法的体系中之所以居于最高的位

---

① 宪法在效力上高于法律，这是违宪审查制度建立的基本前提。如果宪法在效力上并不高于法律，就不需要建立违宪审查制度，或者说就不可能建立起违宪审查制度。

阶，即宪法的效力为什么是最高的，其根本原因在于假设。[①] 换言之，是人们假设宪法的效力是最高的，而不是其他的什么原因。如果不假设宪法的效力是最高的，实际上就无法证明宪法具有最高的效力，也就无法回答法律具有效力。[②] 法律之所以具有效力，是因为其符合宪法，即法律的效力来源于宪法；而宪法之所以具有最高效力，是人们必须假设宪法具有最高的效力。在自然法学派看来，宪法之所以具有最高效力，是基于宪法为高级法的理念。而宪法之所以是高级法，又是基于其以普通法为基础。普通法是最接近自然法的"法"，或者说其本身就是自然法的体现，而自然法是高于一切法的"法"。

　　近代以来，资本主义国家普遍奉行卢梭的社会契约理论。[③] 由这一理论而引申出人权理念，进一步由人权理念而推导出人民主权原理，即国家的权力是属于人民的。在人民实际上无法直接行使国家权力的状况下，人民需要通过制定一部宪法来设定国家权力及其范围，并控制和保障国家权力的运行，以保障人权。制定宪法的权力主体是人民，宪法是民意的体现。法律是立法权行使的产物，而立法权是由宪法设定的国家权力之中的一种权力。立法权由民意代表机关行使，因此，法律是民意代表机关意志的产物。可见，宪法是民意的体现，法律是民意代表机关意志的体现，民意代表机关的意志并不能等同于民意，而民意是至高无上的。这样，在宪法与法律之间产生了位阶之分。

　　各国制定和修改宪法的程序设计也说明了这一点。宪法的制定和修改主体通常是全体国民（即进行全民公决）、专门的制宪机关（制宪议

---

　　① 以规范法学派首领凯尔森看来，下位法之所以有效力，是因为其符合上位法，下位法的效力源于上位法；法律的效力源于其符合宪法。那么，宪法的效力又源自什么呢？如果无穷尽地追问下去，实际上是不可能有答案的。因此，只能假定宪法的效力是最高的。

　　② 欧洲国家在制定宪法以后的很长时间里，因没有确立宪法在法体系中的最高位阶的地位，也就没有建立起违宪审查制度。

　　③ 资本主义国家制定宪法的基本逻辑关系是：假定人类曾经存在过自然状态，在自然状态下每个人都具有自然权利——人类为了更好地生活并追求更大的幸福而自愿地让渡一部分自己原有的权利组成社会并组织政府——政府的权力来自于组成社会的每一个人的让渡（人民主权）——人类为了控制国家权力并能够保障自己的人权而制定宪法。

会或者制宪会议）、人民代表机关，制定和修改宪法的程序均要求全体的三分之二以上，甚至是四分之三或者五分之四以上。我们知道，一般的法律是由专门行使立法权的立法机关通过的，也由立法机关进行修改，立法机关在通过和修改法律时，只需要全体的二分之一或者到会人数的二分之一以上通过即可。这一程序设计表明，由全民公决通过宪法，其直接说明宪法是民意的体现；即使是由制宪会议、制宪议会或者人民代表机关通过宪法，也间接说明，宪法的民意基础在可能的条件下，要高于法律的民意基础。而民意基础的高低实际上决定着法律文件的效力，甚至可以说是法律文件效力高低的唯一根据。修改宪法的程序之所以需要严格，一是要取得修改原来具有最高民意基础的宪法内容的资格；二是要赋予新修改内容以最高的民意基础，使其也具有最高效力。①

（三）法律是违宪审查主要对象的宪法基础

宪法的基本功能是保障人权，② 而在宪法层面上保障人权的基本方法是，在第一个层次上控制、分配和保障国家权力。在控制、分配和保障国家权力三种基本方法之中，完成宪法功能的最基本方法是控制国家权力。即将国家权力控制在必要的、最小限度的范围之内，若不能如此，受国家权力扩张及滥用之本性所决定，人权的空间必然越来越小，人权甚至可能不复存在。

宪法控制国家权力的方法多种多样，其中之一是将国家权力分为三部分，即立法权、行政权和司法权。③ 在三种国家权力中，立法机

---

① 我国宪法学界对于规定严格的修改宪法程序之原因的通说是，为了保证体现统治阶级根本意志的宪法的稳定性。

② 正因为如此，马克思说："宪法是人权保障书"；列宁说："宪法是一张写满人民权利的纸"。

③ 三权分立原则具有双重意义：一是将国家权力分解为三种权力，即将国家权力进行必要的分工，以不同的方式作用于社会公共事务；二是使国家权力之间形成制约，通过国家权力之间的对抗，达到任何一种国家权力不至于集中并进而形成专制的目的。对于第一种意义上的三权分立，恩格斯曾经评价说，三权分立不过是一种权力的分工罢了。我国虽然不实行三权分立原则，但我国仍然存在国家权力之间的分工，国家机关中也分为立法机关、行政机关和司法机关，即国家权力的作用也分为立法作用、行政作用和司法作用。国家权力之间的分工，实际上也是控制国家权力的一种方法。

关依据宪法制定法律，行政机关依据法律实施行政管理，司法机关依据法律裁判案件。通常情况下，行政机关不需要直接依据宪法实施行政管理，司法机关不需要直接依据宪法裁判案件，只有立法机关直接依据宪法行使立法权，制定法律。因此，在立法权、行政权和司法权中，最有可能对宪法构成侵犯的是立法权，其直接的表现是，所制定的法律违反宪法。

宪法控制国家权力的另一种基本方法是，对国家权力采用授权原则，即任何国家机关行使国家权力，都必须有宪法和法律上的授权。换言之，宪法和法律授权其行使国家权力，才具有相应的国家权力，没有获得授权的国家机关就不得行使相应的国家权力；宪法和法律授予多大的国家权力，则仅具有此项范围的国家权力，而不得行使其他国家权力。因此，实际上授权原则的另一个侧面是限权原则。行政机关依据法律行使行政权，司法机关也是依据法律行使司法权，而立法机关是直接依据宪法行使立法权，只有立法机关才可能通过制定法律改变宪法上的授权范围，特别是扩大宪法上对自己的授权范围。

权力分立与制衡原则是控制国家权力的基本方法，它的内在意义在于，通过由不同国家机关行使的国家权力之间的相互制约，达到使任何一种国家权力不能逾越宪法所设定的国家权力范围。在立法权、行政权和司法权之中，只有立法权才可能侵犯其他两种国家权力，行政机关和司法机关都是依据由立法机关制定的法律行使自己的国家权力。受立法权的权能所决定，其可能通过制定法律，扩大自己的权力范围，而缩小其他两种国家权力的范围。判断行政权和司法权行使的直接根据是法律，只有判断立法权行使的直接根据才是宪法。

宪法控制国家权力的行使，而依据宪法直接行使国家权力的基本方法有两种，即依据宪法制定规范和依据宪法实施具体行为。在这两种基本方法中，依据宪法制定规范又是主要的方法，在依据宪法制定规范之中，由立法机关依据宪法制定法律又是最基本的方法。①

（四）其他国家的经验

针对法律实行违宪审查的反面经验，主要是两类国家：一是实行专门机构审查制的大陆法系国家；一是实行最高国家权力机关审查制的社会主义国家。

从理论上说，制定了宪法并且宣布宪法是国家的最高法，同时就应当建立针对可能违宪的行为的审查制度，以保证宪法的地位和权威。欧洲大陆产生的第一部宪法是1791年的法国宪法，而最早建立违宪审查制度的是1920年的奥地利，其他欧洲国家建立的时间则更晚。这些欧洲国家之所以长期未建立起违宪审查制度，其主要原因是宪法与法律之间的效力位阶没有区分开来。这些国家通过特定的资产阶级革命途径，即资产阶级通过自己的议会最终取得了资产阶级革命的胜利，因此，在理念上非常信任议会，认为只有议会才是自己真正的完全的代表，议会所制定的法律就是民意的体现。② 在这种理念支配下所建立的宪政体制也是以议会为中心的议会内阁制。制宪权与立法权均控制在议会之手，宪法与法律被认为只有规定的内容之分，而没有效力上的差别。既然如此，也就无须建立针对法律的违宪审查制度。

---

① 法律是立法机关制定的，而立法机关制定法律的基本规则是少数服从多数。这样，多数人即有可能利用自己处于多数的优势地位，侵犯少数人的宪法权利。而宪法即是控制多数人滥用自己权利的利器。

② 这一理念应当说是以英国为代表。英国资产阶级以议会下院为阵地与国王进行斗争，逐渐取得资产阶级革命的胜利，因此，极为信任议会。信任的程度如学者所说，除了不能把男人变为女人和把女人变为男人的权力以外的权力都具有；甚至有学者说，英国议会可以把男人变为女人，也可以把女人变为男人，因为它只要通过一项法律规定，男人以后称为女人、女人以后称为男人即可。英国没有一部成文宪法典，这与英国议会所具有的地位有着密切关系。换言之，英国议会既然是这样一种明显优越于其他国家机关地位的机关，并且是民意的体现，即不需要制定一部宪法去控制立法权。因为法国制定了宪法典，所以法国议会所制定的法律是否构成违宪审查的对象，就成为观察问题的焦点。法国实行类似于英国的政治体制，即议会内阁制，而且根据卢梭的人民主权学说，议会的法律即是民意的体现。因此，长期以来，法国议会的法律是不受违宪审查的。

即使是走得最远的 1799 年和 1852 年法国宪法，也只是建立了由作为议会其中一院的元老院去审查其他三院通过的法律是否符合宪法的体制。

1920 年奥地利宪法是在规范法学派首领凯尔森的主导下制定的。按照凯尔森的观点，一个国家的法体系是由宪法、法律及其他法律文件构成的，在这一法律体系中，宪法的位阶最高，法律居于宪法之下；法律的效力源于其符合宪法。因此，这部奥地利宪法率先在欧洲国家建立了针对法律的违宪审查制度。实际上，欧洲国家真正建立针对法律的违宪审查制度，主要是源于制宪权与立法权的分离，制宪权主体与立法权主体的分离。也就是说制宪权由全体国民行使，而立法权由议会行使，这样就使得宪法是民意的体现、法律是民意代表机关意志的体现的观念和意识被区分开来。在此基础上，民意代表机关的意志要低于民意、民意代表机关的意志可能违反民意，这已被明确意识到。由此，欧洲国家以德国和法国为代表，开始大规模地建立起独具特色的针对法律的违宪审查制度。

1918 年苏俄制定第一部社会主义宪法，这部宪法及以后的其他苏联宪法，依据社会主义国家特有的政治理念，建立起以人民代表机关为核心的政治体制。其他社会主义国家也仿效苏联宪法所奉行的政治理念，建立起以人民代表机关为国家权力机关的政治体制。在这一政治体制下，最高人民代表机关为国家的最高权力机关，由它代表全体人民行使国家的最高权力，包括制宪权、立法权、最高监督权、国家重大问题的决定权、其他最高国家机关领导人的任免权等，即制宪权与立法权在主体上是合一的。在这一制宪和立法体制下，最高国家权力机关既代表人民制定宪法，又作为人民的代表机关制定法律。这样，宪法与法律在效力位阶上难以区分。当然，对作为最高国家权力机关制定的法律的合宪性，其他国家机关也就不可能具有对其进行审查的资格。因此，社会主义国家虽然也在宪法上建立起了违宪审查制度，但其审查的对象均是法律以下的法律文件。即使是当时走得最远的成立宪法法院的南斯拉夫、捷克斯洛伐克等，其宪法法院也只是审查法律以下的法律文件的合宪性。

二　如何对法律实施违宪审查

（一）对法律实施违宪审查的主体

除法国 1799 年和 1852 年宪法规定由作为议会的一院审查其他三院通过的法律的合宪性外，建立针对法律进行违宪审查的国家，所采用的都是体制外进行审查的违宪审查体制，即由行使立法权的议会之外的国家机关对议会所制定的法律进行合宪性审查。

美国宪法明确规定了宪法的地位和最高法之效力，但没有规定违宪审查机关。美国的制宪者们在探讨美国宪法上的违宪审查主体时，从来没有一种观点认为，应当把审查法律合宪性的权力交给立法机关。[①] 多数意见认为，应当将此权力交给司法机关，其中理由之一，也是只有对法律进行体制外的审查，这种审查才具有实效性。否则，如果将此权力交与制定法律的国会，违宪审查制度将形同虚设。以马歇尔首席大法官为代表的美国联邦最高法院之所以能够通过"马伯里诉麦迪逊案"开创法院审查国会制定的法律的合宪性的先例，[②] 其原因也在于法学家们、政治家们及美国的民众认为由法院进行合宪性审查是恰当的，从而能够接受这一事实。

欧洲大陆法系国家在制定了宪法以后的很长时间里，并没有建立针对法律的违宪审查制度。之所以在绝大多数大陆法系国家成立专门保障宪法地位的宪法法院（法国称为"宪法委员会"），由其进行针对法律的违宪审查，是因为在排除了宪法上的立法机关、行政机关和司

---

①　美国的制宪者认为，没有立法机关即无法形成法律，社会秩序的形成和维持也就没有规则依据；立法者如果不受控制，就可能形成多数的暴政，而多数的暴政比个人的暴政实际上更为可怕。

②　1803 年美国的马伯里案所解决的是"由谁来进行违宪审查"的问题。

法机关成为违宪审查机关的可能之后所做出的选择。虽然这些国家在政治心理上仍然非常信任立法机关，在宪政体制上立法机关仍然处于高于其他国家机关的地位，但伴随着实际的政治运作，政党对议会进行恶劣操纵的问题逐渐显现，议会作为民意代表机关的意志体现与民意之间的差距为人们所认识。因此，法律的合宪性可以免受审查，或者法律的合宪性可以由制定法律的议会自己进行审查，就成为不能为人们所接受的事情。那么，在议会之外，由行政机关对法律进行合宪性审查，受行政机关首长负责制所决定，是人们所不可能考虑的。能否建立类似美国式的由作为司法机关的法院对法律进行合宪性审查呢？受传统上大陆法系国家对司法机关的不信任观念、特有的司法体制及对司法权的理解等因素的影响，将针对法律的违宪审查权交与法院也是不可能的和不可行的。

（二）启动对法律进行违宪审查的主体及途径

基于违宪审查制度建立的基本功能和基本理念上的不同，在启动违宪审查的主体上也存在着差异。世界上，违宪审查制度建立的基本功能和基本理念主要有两种，即保障私权和保障宪法秩序。一般说来，以美国为代表的英美法系国家所建立的违宪审查制度，主要是基于保障私权的需要；以德国为代表的大陆法系国家所建立的违宪审查制度，主要是基于保障宪法秩序的需要。基于这两种违宪审查制度的不同功能和理念，在启动违宪审查的主体上也存在着差异。

在美国式的违宪审查制度下，必须是公民个人在自己的合法权益受到实际侵害、形成具体的诉讼案件后，在法院审理该个案过程中，作为当事人的公民个人才具有向法院提出适用于本案的、作为本案审理依据的法律违反宪法的资格。案件性和当事人资格是启动违宪审查的基本条件。

在德国式的违宪审查制度下，可以在不同的情形下，由不同的主体提出违宪审查的请求，具体有以下三种情况。（1）一般情况下，作为立法机关以外的其他国家机关的领导人在法律通过以后的法定时效内，有向宪法法院提出议会通过的法律违反宪法的资格。① 国家领导人在向宪法法院提出法律违反宪法时，既不需要自身是受害人，也无需该法律已经给他人造成了实际侵害并形成了案件。这样，能够启动违宪审查的主体是受到极大限制的。在一个国家之内，只有 3 至 5 个主体具有提出违宪审查的主体资格。② （2）普通法院在审理案件过程中，如果认为作为普通法律案件依据的法律违反宪法，可以向宪法法院提出违宪审查请求。③ （3）公民个人在穷尽了法律救济之后，也可以在法定时效内，直接就作为普通法院判决依据的法律违反宪法，向宪法法院提出异议。④

法国的情况比较特殊，主要表现为：（1）法国宪法要求议会的组织法在通过之后，必须自动提交宪法委员会进行合宪性审查，以使组织法具有法律效力；（2）议会两院的议长和议会两院各 60 名议员，即议会的少数派在议会的多数派通过法律以后，如果认为该法律违反宪法，可以向宪法委员会提出违宪审查请求。⑤ 但是，法国的普通法院在审理普通法律案件过程中，不得向宪法委员会提出违宪审查请求；公民个人在穷尽法律救济之后，也不得向宪法委员会提出违宪审

---

① 这一制度设计的基本目的，是为了保持宪法上的三权分立体制，防止议会通过制定法律扩大自己的权力，而侵害其他国家机关由宪法授予的权力。

② 在联邦制国家，为了防止联邦议会制定的法律扩大联邦政府的权力，侵害联邦政府由宪法授予的权力，联邦政府可以向宪法法院请求对联邦议会的法律进行违宪审查，联邦政府也可以向宪法法院请求对联邦议会的法律进行违宪审查。

③ 这一制度设计的基本目的，是为了使普通法院能够正确地通过适用法律，将正在审理的案件审理清楚。否则，在普通法院对所适用的法律存有疑问的情况下，仍然适用普通法院自身都不相信的法律，当事人之间的实体权利义务纠纷就无法得到彻底解决。

④ 所谓穷尽法律救济，包括两种情况：一是在有宪法规定而没有法律规定的情况下，受害人可以直接针对公权力的具体行为，向宪法法院提出违宪审查请求；二是在议会制定法律的情况下，当事人必须先向普通法院提起法律诉讼。在普通法院法律诉讼中，向普通法院提出所适用的法律违反宪法，而审理案件的法院仍然认为法律是符合宪法的，并直接适用该法律做出了判决。当事人在普通法律诉讼结束后，可以就普通法院作为判决依据的法律，向宪法法院提出违宪审查请求。

⑤ 这一制度设计显然在于防止多数暴政。

查请求。

实际上，无论是美国式基于保障私权的理念，还是德国式基于保障宪法秩序的理念，两者并无本质上的差异。无非是制度设计时，它在第一目的和第二目的上，或者说是在直接目的和间接目的上，存在着一定的差异。美国式下，违宪审查制度的第一目的和直接目的是保障私权；德国式下，违宪审查制度的第一目的和直接目的是保障宪法秩序。保障了私权实际上也就保障了宪法秩序，保障了宪法秩序也就同时保障了私权。

（三）违宪审查机关对法律的违宪审查

就审查的方式而论，违宪审查机关对法律的违宪审查，分为具体的案件审查和抽象的原则审查。在美国式的违宪审查体制下，法院必须是在审理具体的案件过程中，才能对法律的合宪性进行审查。在法律实施之前，或者在法律实施之后还没有形成纠纷并进入诉讼阶段，法院是不得对法律的合宪性进行审查的。在德国式的违宪审查体制下，宪法法院既可以在没有形成具体纠纷的情况下，也可以在形成具体的纠纷并由普通法院审理过程中，对法律的合宪性进行审查。

就审查的效力而论，在美国式的违宪审查体制下，作为普通法院直接审理的对象是当事人之间的实体权利义务纠纷，普通法院对法律的合宪性进行审查的直接目的，是为了将其所审理的普通法律纠纷在法适用上予以澄清。因此，美国式的违宪审查又称之为"附带性审查"。既然是附带性审查，法律并不是普通法院审理的直接对象，法院不能对法律是否符合宪法做出直接的判断。普通法院只是在判决理由部分对法律的合宪性发表自己的意见，即为什么要依据该法律做出判决，或者为什么不依据该法律做出判决。换言之，普通法院即使认为法律违反宪法，也无权撤销被认为违反宪法的法律，而只能在对当事人之间的实体权利义务纠纷做出判决时，消极地"拒绝适用"被认为违反宪法的法律，该法律在形式上仍然是一个有效的法律。①

在德国式的违宪审查体制下，宪法法院无论是通过何种途径得到违宪审查请求，有权启动违宪审查的主体直接诉讼的对象是法律，宪法法院直接审理的对象也就是法律。即使是存在具体案件的情况下，宪法法院并不审理具体法律诉讼案件中当事人之间的实体权利义务纠纷。正因为如此，宪法法院可以直接对法律是否符合宪法发表自己的意见。换言之，宪法法院有权直接撤销被认为违反宪法的法律，或者确认被审查的法律违反宪法，使其在法律上失去效力。只是被宪法法院认为违反宪法的法律，于何时失去效力各国存在着差异。少数国家规定，被宪法法院宣布违反宪法的法律，自被撤销之日起无效；大多数国家规定，被宪法法院宣布违反宪法的法律，自宣布之日起 60 天后失去效力；几乎没有国家规定，被宪法法院宣布违反宪法的法律具有溯及力。②

三　我国对法律的违宪审查问题

（一）宪法文本上的规定

我国现行宪法文本上对于宪法与法律的关系有多处作了规定，主要表现为以下几点。

《宪法·序言》最后一段规定："本宪法以法律的形式确认了中国各族人民奋斗的成果，规定了国家的根本制度和根本任务，是国家的根本法，具有最高的法律效力。全国各族人民、一切国家机关和武装力量、各政党和各社会团体、各企业事业组织，都必须以宪法为根本

---

① 由于英美法系国家实行"先例约束原则"，即上级法院的判决可以成为下级法院未来类似案件的审理依据，因此，如果最高法院认为某项法律违反了宪法，虽然该法律并没有被撤销，形式上仍然是一项有效的法律，但实际上，全国所有的法院以后都不会再适用该项法律，该项法律事实上成为一个"死法"而失去效力。在该项法律实施以后到被法院在某个个案中拒绝适用时，该法律的效力仍然是肯定的，根据该法律所获得的法益仍然是受保护的。

② 这是基于公权力行使的比例原则之利益衡量之后所做出的选择：如果撤销违反宪法的法律的决定具有溯及力，社会关系即可能处于不稳定的状态。

的活动准则，并且负有维护宪法尊严、保证宪法实施的职责。"

《宪法》第 5 条第 3 款规定："一切法律、行政法规和地方性法规都不得同宪法相抵触"。第 4 款规定："一切国家机关和武装力量、各政党和各社会团体、各企业事业组织都必须遵守宪法和法律。一切违反宪法和法律的行为必须予以追究"。第 5 款规定："任何组织和个人都不得有超越宪法和法律的特权"。

《宪法》中关于监督宪法的实施和监督法律的实施、宪法的解释权和法律的解释权、宪法的修改程序和法律的修改程序等，都是分开的。

从宪法的上述规定可以看出：其一，在我国，宪法与法律在位阶、效力上有着明确的差异；其二，特别是《宪法》第 5 条第 3 款的规定，明确了法律不得与宪法相抵触。在我国，法律的效力亦是源自于与宪法的一致性，法律如果与宪法相一致，该法律即为有效；如果与宪法相抵触，该法律即为无效。

（二）我国的法律是否存在违宪的可能

对于我国的法律是否存在违宪可能性的问题，有学者曾经提出"法律无所谓违宪不违宪"的说法，[1] 似乎法律在我国不存在违宪的可能性，或者即使法律违反了宪法也无所谓。也有学者认为，在我国，法律不可能违反宪法，因为如果法律违反了宪法，即意味着制定法律的全国人大和全国人大常委会出现了严重背离人民意志的问题。[2]

上述说法在我国宪法体制上，似乎存在着较为充分的根据。依据我国宪法的规定，全国人大既制定宪法、修改宪法、解释宪法，又制定法律、修改法律、解释法律；全国人大常委会既提出宪法修正案、解释宪法，又制定法律、修改法律、解释法律。这样，全国人大和全国人大常委会制定的法律又怎么可能与自己制定、修改、解释的宪法

---

[1] 陈国刚：《宪法权威：一个虚构的神话——对中国宪法权威性缺失的制度分析》，北大法律信息网。

[2] 中国法学会编《宪法论文选》，法律出版社，1982，第 14 页。

相抵触呢？或者说，全国人大和全国人大常委会制定的法律，如果可能与宪法相抵触，又怎么可能将违宪审查权交与它自己呢？

上述说法在我国宪政理论上，似乎也存在着较为充分的根据。在宪政理论上，我们是将全国人大定位在全国人民的代表机关。根据《宪法》第2条第1款的规定，国家的一切权力属于人民。这是宪法关于人民主权原则的表述。而《宪法》第2条第2款又规定，人民行使国家权力的机关是全国人大和地方各级人大。这是对人民代表大会主权的表述。可见，在我国，人民主权实际上表现为人民代表大会主权。人大常委会作为人大的组成部分，当然也属于人大的范畴。从宪法关于全国人大职权的规定上也可以看出，全国人大不仅是人民的代表，而且它的意志等同于人民的意志，因为全国人大可以行使"认为应当由最高国家权力机关行使的权力"。宪法学对这一规定的通说是，全国人大的权力具有全权性、最高性、无限性。既然全国人大和全国人大常委会的意志即是全国人民的意志，那么，给宪法所下的定义是"全国人民的意志的体现"，给法律所下的定义也同样是"全国人民意志的体现"，也就非常自然了。既然宪法和法律都是全国人民意志的体现，那么，全国人民的意志之间存在着矛盾和冲突，反而就成为不正常和无法解释的事情。

上述观点似乎在《立法法》上也能找到根据。《立法法》第90条第1款规定了属于立法范畴的违宪审查的对象，在这一规定中没有将法律纳入其中，而只是将行政法规、地方性法规、自治条例和单行条例纳入其中；同时，根据全国人大常委会关于《司法解释备案审查工作程序规定》，将最高人民法院和最高人民检察院的司法解释纳入违宪审查的对象，也没有将法律纳入其中。

笔者认为，实际上，即使在我国宪政体制和宪政理论上，法律仍然存在着违反宪法的可能性。在我国，由于制宪权主体与立法权主体的合一性，即都由全国人大行使制宪权（包括修宪权）和立法权（包括修改法律的权力），使人们对于它在行使不同权力时所代表的不同的意志产生了一种模糊认识，由此也产生了对宪法与法律在位阶上的错误认识。

从人民主权原理出发，制宪权的主体为人民，全国人大制定宪法是作为制宪机构代表人民行使制宪权，因而宪法体现的是全国人民的意志；立法权及立法权主体是由制宪权所设定的，全国人大行使立法权，是由全国人大通过制定宪法所设定的，全国人大在行使立法权时的身份是民意代表机关，因而法律是民意代表机关意志的表现，而非民意的直接表现。这就是为什么通过宪法的程序要严格于通过法律的根本原因。既然宪法是民意的体现，而法律是民意代表机关意志的表现，那么，法律的位阶和效力当然要低于宪法。

从宪法关于全国人大职权的规定出发，得出全国人大是全权性、无限性的国家机关的结论是值得商榷的。全国人大在我国是最高国家权力机关，这是人民代表大会制度所决定的。但全国人大在行使权力时仍然存在限制，它至少不能制定违反宪法精神的法律，不能制定应当由宪法规定的事项的法律。

在实践中，全国人大和全国人大常委会制定的法律，也是存在违反宪法的疑问的。在刘燕文诉北京大学不批准授予博士学位案中，双方争论的一个焦点问题就是，1980 年由全国人大常委会制定的《学位条例》所规定的学位授予体制是否违反了宪法。① 在一些案件中，也

---

① 根据全国人大常委会于 1980 年制定的《学位条例》的规定，一个博士研究生要获得博士学位，必须经过以下 6 个程序：（1）通过学习期间的综合考试；（2）导师推荐论文参加答辩；（3）通过同行评议；（4）通过答辩委员会的答辩；（5）通过学位评定委员会分会的表决；（6）通过校学位评定委员会的表决。在刘燕文诉北京大学案中，原告提出，他在 6 个程序中，通过了前 5 个程序，只是最后一个程序没有通过。前 5 个程序中，论文的审查者和答辩委员都是看得懂他论文的人，而校学位评定委员会的组成人员是由各院系的学科带头人构成的，这些人基本上都是看不懂他的论文的人。但是，根据《学位条例》的规定，前 5 个程序的参与者只具有建议权，只有校学位评定委员会才具有最终的批准权。换言之，内行只具有建议权，外行具有最终的批准权，这一学位授予体制违反了宪法。这一争议虽然是诉讼中的焦点，但由于法院没有对法律的违宪审查权，也没有将此问题提交全国人大常委会进行违宪审查，只是直接依据《学位条例》的规定做出了判决。此判决只从形式上解决了当事人之间的权利义务纠纷，并没有从实质上解决问题，可以说司法功能并没有彻底完成。

涉及全国人大和全国人大常委会是否存在立法不作为的问题。

由全国人大制定和修改宪法，由全国人大和全国人大常委会解释宪法，由全国人大和全国人大常委会监督宪法的实施，由全国人大和全国人大常委会制定法律、修改法律，宪法的这些规定是由我国所实行的人民代表大会制度这一政治体制所决定的。全国人大和全国人大常委会同时行使这些权力，并不能由此意味着它们所制定的法律就不可能违反宪法。全国人大和全国人大常委会制定的法律可能与宪法相抵触，而宪法又将宪法监督权授予这两个国家机关。看起来两者之间存在着一种矛盾关系。在我国的政治体制之下，这一制度安排，存在着以下可能性。

法律不可能违反宪法。如果认为全国人大和全国人大常委会制定的法律不可能违反宪法，那就意味着法律在位阶和效力上与宪法是完全相同的。换言之，也就意味着宪法与法律没有位阶和效力之分，而只存在所规定的内容之别。这样，宪法的内容完全取决于法律的规定，法律的规定即是宪法的规定，法律的精神即是宪法的精神，法律的原则即是宪法的原则。在这种认识下，似乎可以得出这样一个结论：我们国家如果没有宪法也是可以的。

法律可能违反宪法，但全国人大和全国人大常委会能够自律解决。如上分析，在我国无论是在宪政理论还是在实践上看，法律同样存在着违反宪法的可能性。那么，能否不由其他主体向全国人大或者全国人大常委会提出违宪审查建议，它们自己就能够自动发现法律所存在的违反宪法的情形，并能够自觉地予以纠正？从各国违宪审查的实践看，特别是欧洲大陆法系国家的实践看，这种假设是不可靠的。

法律可能违反宪法，但只能由全国人大和全国人大常委会自己判断。根据我国的宪政体制，全国人大是最高国家权力机关，全国人大常委会是最高国家权力机关的组成部分，所有国家机关均在全国人大和全国人大常委会之下，而且全国人大和全国人大常委会与其他国家机关之间的关系是监督与被监督、决定与被决定的关系。基于这种上下关系，其他国家机关不具有对全国人大和全国人大常委会制定的法律是否违反宪法进行审查的资格和地位。因此，虽然全国人大和全国人大常委会制定的法律存在违反宪法的可能性，但只能由全国人大和全国人大常委会自身进行判断，而不可能由其他国家机关做出判断。

笔者认为，在理论上承认法律有与宪法相抵触的可能性，在实践中正视法律与宪法相抵触的事实，对于维护宪法的地位和权威，对于保障人权，都是极为重要的。

（三）我国如何对法律实施违宪审查

1. 审查主体

在我国的宪政体制之下，基于全国人大和全国人大常委会的地位，只能由其自身对所制定的法律实施违宪审查。换言之，在我国，对法律只能进行体制内的审查，而不可能由体制外的机构进行审查。这一点是我国违宪审查制度有别于其他国家的特色。

2. 启动主体

全国人大的专门委员会通过法律实施状况的检查和调查，是发现法律可能违反宪法的一个途径，但并不是唯一途径或者是主要途径。发现法律可能违反宪法的主要途径，应当是在法律适用过程之中，即法院在适用法律审理案件过程中，最有可能发现法律违反宪法的情形。因此，启动违宪审查的权力应当首先赋予法院。

法院审理案件的整个过程，无非是两个步骤：一是查明案件事实；二是在查明案件事实的基础上，正确地适用法律。法院在适用法律过程中，极可能遇到某个法律是否违反宪法的情形，即：或者是作为案件当事人的原告、被告、第三人认为，适用于该案件并作为该案件审理依据的法律违反宪法；或者是审理案件的法院认为，适用于该案件的法律违反宪法。法院如果直接适用一个是否符合宪法仍然存在争议的法律做出裁判，表面上看，案件已经解决，但实际上案件中所涉及的纠纷并未得以解决，或者说司法功能并未彻底完成。在案件当事人提出适用于该案件的法律违反宪法，而审理该案件的法院也持有此种观点的情况下，法院应当中止诉讼，将问题提交到全国人大常委会，由它对法律的合宪性进行审查；在案件的当事人提出适用于该案件的法律违反宪法，而审理该案件的法院不同意此种观点的情况下，审理案件的法院应当直接依据该法律做出裁判。在法院做出终审裁判之后，如果案件的当事人仍然认为作为案件依据的法律违反宪法，侵犯了其宪法权利，可以直接向全国人大常委会提出审查请求。

审理案件的法院是直接向全国人大常委会提出审查请求，还是通过最高人民法院提出审查请求？笔者认为，基于法院之间的独立性，以审理案件的法院直接提交全国人大常委会进行审查更为妥当。

依据宪法的规定，我国的人民检察院是法律监督机关。检察机关在实施法律监督过程中，需要依据法律监督其他国家机关及其工作人员，在此过程中，也极有可能遇到法律是否符合宪法的问题。但检察机关并不是最终适用法律的机关，因此，检察机关能够根据自己的理解和判断去适用法律，因适用法律在未来可能出现争议的情况下，再由法院进行判断。行政机关与检察机关的情况是相同的。

至于公民个人启动对法律的违宪审查，从宪法权利救济的意义上说，应当是不言而喻的。但需要设定一定的条件：（1）公民必须成为该法律的实际受害人；（2）形成实际的纠纷并被法院受理而形成案件；（3）公民作为具体案件的当事人；（4）通过审理该案件的法院提出违宪审查的建议①。换言之，公民不能在不存在案件的情况下，直接向全国人大和全国人大常委会请求对法律的违宪审查，必须先向法院提起普通的法律诉讼。在法律诉讼过程中，向法院提出案件所适用的法律存在违反宪法的可能，请求法院向全国人大常委会提出审查法

①　《立法法》第90条规定，任何公民个人都可以启动违宪审查程序。此规定因未对公民个人启动审查程序设定条件，实际上是不可行的。

律是否违反宪法的建议；如果审理案件的法院认为法律并不违反宪法，而直接依据法律做出了判决，在此种情况下，即在穷尽法律救济之后，公民仍然认为法律违反了宪法，才可以直接向全国人大常委会请求，对作为法院判决依据的法律进行违宪审查。

3. 审查效果

因属于体制内的审查，即全国人大常委会既有权解释宪法，也有权解释法律，在审理案件的法院或者受害的公民在穷尽法律救济之后，就法律的合宪性，向全国人大常委会提出违宪审查请求时，全国人大常委会的第一选择显然是，或者是通过解释宪法，或者是通过解释法律，以说明法律是符合宪法的；只有在以解释的方法无法得出法律是符合宪法的情况下，全国人大和全国人大常委会才可能通过修改法律的方式，使法律符合宪法。在通常情况下，全国人大常委会不可能采用类似宪法法院那样的直接撤销或者确认法律违反宪法的方法。

（本文原载于《北方法学》2007 年第 2 期）

论我国法院适用宪法的"体制空间"

朱福惠[*]

保障宪法的实施已经成为当代中国法治建设中的热点问题，由于受苏联法学和计划经济的消极影响，我国宪法长期以来没有发挥其应有的作用，表现为公民基本权利"虚置"，国家机关的权力没有受到宪法的有效约束，国家政治生活和社会生活中出现的违宪现象也没有及时处理。这种状况显然与民主和宪政的发展不相适应，为此理论界从 20 世纪 80 年代开始对违宪问题进行了热烈的讨论并提供了基本的政策主张。现行宪法制定时，有些学者曾建议在全国人大内设置专门的宪法监督机构——宪法委员会。[1] 90 年代以来，法学界从不同的角度论述了宪法监督的理论和制度，其中尤其着重外国宪法监督体制的介绍和我国建立专门宪法监督机构的可行性与必要性。在司法界，法院开始抛弃传统的观念，在审判实践中直接援用宪法来保护公民的基本权利。[2] 然而，由于受宪法确立的宪法监督体制的制约，法院对公民基本权利的司法保护在理论和实践上需要进一步论证。本文从公民基本权利的宪法保护形式以及与此相关的保障机制的基础上，探讨我国法院具有适用宪法的"体制空间"。

---

* 　朱福惠，厦门大学法学院教授。
① 　许崇德：《学而言宪》，法律出版社，2000，第 7 页。
② 　最高人民法院于 2001 年 8 月 13 日就侵犯公民宪法上规定的受教育权是否应当承担法律责任进行司法解释，引起了理论界的极大关注。

一 法院对公民基本权利的直接保护和间接保护

制定宪法的目的在于保护公民的基本权利并规范政府的权力。因此，宪法的权威性便必然体现为公民基本权利是否得到宪法的保护，而不论宪法为此设置了一种什么样的监督体制。根据法理，宪法也是法，它具有法律的一般特征；宪法规范是一种强制性的规范。因此宪法的法律特征决定了国家机关能够适用宪法解决现实问题，它说明宪法不是道德说教，而是具有法律力量的。① 宪法作为国家的根本法，它确认公民的基本权利、限制政府权力的范围和行使方式等都是其保护公民基本权利的手段。但这些规定毕竟是纸上的东西，如果宪法不是公民用于维护自己权利的法律，也不为国家机关适用，那么它即使具有最高的法律效力，也不会为国家机关和公民所重视。

宪法具有司法适用性是法院适用宪法解决案件的前提，法院对公民基本权利的保护是一种司法保护，但司法保护并非公民基本权利宪法保护的唯一手段，立法和行政救济也是公民基本权利的重要保护手段。法院对公民基本权利的保护主要有两种方式。

第一种方式是间接保护的方式。即宪法对公民权利的确认由普通法律加以具体化，并由普通法律设置相应的保护手段。它意味着公民的权利受到侵犯时，可以按照法定程序向法院提起诉讼，请求救济。此种方式主要适用于公民与公民之间、公民与法人之间的权利争端。如宪法确认公民的人格权，便在民法通则中具体化并由民事法律加以保护，侵犯了公民的人格尊严应当承担相应的民事责任。因此，凡宪法确认的公民基本权利在普通法律中已经具体化并规定了相应的保护手段时，法院不需要直接适用宪法来解决此类案件。宪法中的基本权利大部分通过普通法律来具体化，通过普通法律由法院来保护公民的

① 〔美〕杰罗姆·巴伦、托马斯·迪恩斯：《美国宪法概论》，刘瑞祥等译，中国社会科学出版社，1995，第10页。

权利是主要手段和方式。

第二种方式是直接保护方式。即公民的基本权利受到侵害时，由国家机关按照法律程序直接适用宪法解决。同时，公民的基本权利没有通过普通法律具体化或者普通法律规定得不够明确，为保障公民的基本权利，法院可以直接适用宪法的规定。

首先，由于国家权力具有侵略性和扩张性的特点，对公民基本权利构成潜在的威胁。因此，宪法在规范国家权力时确立国家机关相互监督和相互制约的原则，从客观上起到保护公民权利的作用。设置专门的监督机关裁决国家机关行使公权力是否违反宪法和法律是监督宪法实施的主要内容。如果政府的立法和行政行为违反宪法并对公民的基本权利产生了实质性影响，应当由专门的宪法监督机关按照宪法规定的程序来处理，因为国家机关的行为是否符合宪法的规定、原则和精神不是一个普通的法律问题，而是是否符合宪法的问题，对立法行为的判断便涉及国家权力运用的合法性。同时，为了保障国家机关行使管理公共事务的权力，宪法和法律对国家机关的主要官员做出了某些保障性的规定，如有些国家的宪法规定，总统非经弹劾去职不能由普通法院追究刑事责任，从而导致国家机关主要官员的违法难以由普通法律加以惩罚，而宪法是规定国家机关的组织与活动原则的法律，只有直接适用宪法才能及时追究政府官员的法律责任。对国家机关行使权力的合宪性往往由宪法设置的专门监督机关来判断，在普通法院监督制的美国以及在宪法法院监督制的德国，法院行使判断权；而在非法院监督体制的国家，则由专门的宪法机关或者由议会来判断。

其次，公民之间以及公民与法人之间侵害基本权利的案件，虽然主要通过普通法律来解决，但并不是说一切此类案件普通法律都能解决。当出现下述情形时，国家机关尤其是司法机关必须适用宪法：宪法确认的公民基本权利普通法律没有具体化，当出现权利争执时，国家机关在普通法律上找不到相应的依据，只能直接适用宪法。同时，宪法上所列举之基本权利并没有穷尽公民的权利，也不能将宪法对公民权利的列举视为对公民权利范围的限制，随着经济与社会的发展，公民的基本权利在范围上进一步扩大，如环境权、获得国家赔偿权、社会保障权等等，这些权利随社会的进步而产生，在宪法尚未做出新的规定时，从法律规范上来说这些权利没有为宪法确认，但我们不能因此而否定公民享有这些权利或者说公民的这些权利由宪法所保护。另外，某些公民的基本权利不能由普通法律具体化，或者虽然普通法律做出了相应的规定，但并没有充分体现基本权利的本质内容。如有些国家的宪法规定不经正当法律程序不能剥夺生命、自由和财产，这一规定虽然保护的是公民的财产权和生命权，但国家机关在限制或剥夺这些权利时应当通过正当法律程序，然而何谓正当法律程序，则普通法律很难具体化。还有宪法确认的受教育权、平等权等等与其他基本权利有密切的关联，体现在社会生活的不同领域将会出现不同的含义和表现形式，因此不同的法律对之做出规定可能会出现范围上的交叉，只有直接适用宪法或者根据宪法的原则和精神来做出相应的处理。

二 法院的宪法适用权

法院在公民基本权利的直接保护和间接保护中均发挥极重要的作用，并在不同的政治体制中有不同的表现形式，但都涉及法院的宪法适用问题。在法理学上，对法的适用有不同的理解，一般认为法的适用"特指拥有司法权的机关及司法人员依照法定方式把法律规范应用于具体案件的活动"。[①] 这是从狭义的角度来讲的，广义的法律适用应当包括行政执法和裁决，立法机关根据法定程序适用宪法和法律监督其他国家机关的活动等，这些活动大都具有程序性、专业性和强制性的特点，只不过立法与行政机关对法律的适用具有不同于司法适用的

---

① 沈宗灵主编《法理学》，高等教育出版社，1994，第 344 页。

形式特征。

宪法适用的基本原理与普通法律并无实质性的差异，但宪法是国家的根本法，调整特定的社会关系，宪法责任与一般法律责任也不同，宪法适用所要达到的目标与普通法律适用所企求达到的目标也不同。因此，法院能否适用宪法以及在何种条件下适用宪法涉及政治权力的配置。宪法是法律中的一种，应当由法院来适用；法院具有保护公民权利的职责；因适用法律而必须有解释法律的权力；因宪法赋予的管辖权而取得对行政行为的监督权等等，这些都是法院适用宪法的理论依据，为了维护宪政秩序并保护公民的基本人权，必须有相应的宪法监督体制，宪法确认专门监督机关与非专门监督机关在适用宪法上的分工，这是我们理解法院适用宪法的现实依据。世界各国的宪法监督体制按照一定的标准大致可以划分为四种模式，即普通法院监督模式、宪法法院监督模式、宪法委员会监督模式以及议会监督模式。在这四种模式中，法院的宪法适用权限和方式有较大的区别，在普通法院审查体制下，法院有权直接适用宪法裁决国家权力行使的合宪性，有权直接适用宪法裁决社团、法人和公民的行为是否构成对他人基本权利的侵害。在这种体制下，法院是专门监督宪法实施的机关，拥有解释宪法的权力。其他三种监督体制都是非普通法院监督体制，其中宪法法院监督体制虽然具有普通法院审查体制的一般特征，但宪法法院为专门法院，与普通法律在案件管辖权上有明确的分工，实际上就是将宪法监督权从普通法院中分离出来，由专门法院来行使的体制。在非普通法院监督体制下，普通法院不是监督宪法实施的专门机关，其适用宪法的权限受到严格的限制，即法院不能审查立法机关制定的法律是否符合宪法，也没有解释宪法的权力。

在四种宪法监督体制中，虽然在宪法监督权的配置方面有很大的不同，但也有以下两个共同特点：其一，专门宪法监督机构适用宪法与其他国家机关适用宪法相结合。但只有专门监督机关才有权解释宪法，其宪法解释对一切国家机关有约束力。其二，专门宪法监督机关主要解决国家机关权力是否合宪的问题，在非普通法院监督体制下，法院和其他国家机关都在法定的职权范围内适用宪法解决特定的宪法问题，许多国家的宪法规定，总统或其他高级政府官员违反宪法和法律，由议会通过特别司法程序——弹劾来追究法律责任。在实行行政法院体制的法国，行政行为是否合法以及立法机关的立法是否应当承担赔偿责任均由行政法院裁决；总统和议长有权将议会已经通过的法律提交公民复决。英国法律规定部长有权接受公民对下级行政机关的申诉并做出相应的处理。由于宪法监督体制具有上述特点，因此宪法监督体制是一种由专门机构为主体，其他国家机关在宪法规定的范围内行使保障权的体制。

宪法监督体制的特点充分反映出宪法适用与普通法律适用的区别，由于公民的基本权利涉及社会生活的广泛领域，宪法监督的目标在于既要阻止国家权力又要阻止非公共权力对公民权利的侵犯，虽然设置专门的机构来处理违宪问题是必不可少的，但专门机构受到分权与制约原则的约束，其权力的行使是有限的，以有限的权力去保护公民广泛的基本权利显然是不够的。因此，其他机关在其职权范围内负有保护公民权利的职责，公民认为其基本权利受到侵犯时，可以有多种救济途径，直到穷尽一切救济手段。

法院在具体案件中直接适用宪法，但在普通法院监督体制和非普通法院监督体制下其适用范围和方式有很大的差别，在非普通法院审查体制的国家，法院虽然没有审查法律合宪性的权力，也没有解释宪法的权力，但如果法院在处理案件过程中基于保护公民权利的需要，在普通法律没有做出规定或者规定得不明确的情况下，可以根据宪法的规定对普通法律的含义和法律规范的适用做出解释，此种解释虽然援用了宪法，但不是宪法解释，而是对一般法律的解释。在个别国家如英国，由于没有成文宪法，法院适用的法律中包括宪法性法律，法院在适用法律的过程中不能审查议会制定法是否合宪，但也有权在审理案件时依据遵循先例的原则而拒绝适用某一法律；有些国家的宪法规定，议会提出的弹劾案由普通法院审理。① 除法院外，议会直接适用宪法维护公民的基本权利，如议会对行政机关是否遵守宪法的监督，议会对公民申诉的处理等等。

三　我国法院直接适用宪法的依据

近年来，最高人民法院以及地方法院适用宪法审理涉及公民权利的案件，引起了法学界的关注。最高法院是否有权适用宪法裁决案件？是否有权解释宪法？是否会冲击全国人大常委会的权力？其发展的前景如何？这些问题迫切需要从理论上进行深入的探讨。

我国现行宪法以全国人大常委会为宪法监督实施的机关，全国人大常委会有权解释宪法和法律，有权审查行政法规、规章、自治条例和单行条例是否符合宪法和法律，有权审查行政机关以及地方权力机关的决定和命令是否合法并做出相应的决定。适应这一体制，我国现行宪法没有赋予法院对法律和法规的合宪性审查权，在行政诉讼法和行政复议法中也排除了对抽象行政行为的审查权。它意味着法院只能严格执行权力机关制定的法律，当行政法规和地方性法规发生冲突影响法院对案件的审理时，法院只能依法提请有权处理的机关做出决定。从形式上来看，法院完全是被动执行法律和法规的机关，但这一体制并没有排除法院对宪法的适用，在我国现行宪法体制的框架内，法院适用宪法仍然有较大的"空间"。

第一，从公民基本权利的保护体制来看，法院有直接适用宪法的

---

① 如瑞典政府组织法规定，现任大臣和前大臣在任职期间犯罪，应当由议会立法常设委员会提出弹劾，由最高法院审理。芬兰宪法规定，如果总统或者国务委员会成员犯有叛国罪，应当由司法总监报告议会，如果议会以全体议员的 3/4 多数通过，应当由司法总监向最高法院提出公诉。

空间。如上文所述，专门宪法监督机构的职责主要在于裁决国家权力行使的合宪性，对于非国家权力对公民权利的侵犯仍然由普通法院来处理，这在非普通法院监督体制的国家表现得极为明显。为防止国家权力侵犯公民权利，宪法设置专门的机关适用专门的程序对国家机关行使权力的合宪性进行审查。我国现行宪法规定全国人大常委会审查下级国家权力机关和同级行政机关制定的法规、规章是否合宪，上级权力机关有权审查下级权力机关以及同级行政机关的规范性文件、决定和命令是否符合宪法与法律。但对于公民基本权利受到非国家权力侵犯而成为一个法律问题时，国家权力机关没有相应的权力，法院对此类案件的审理当然主要根据普通法律，但当普通法律没有对公民基本权利具体化，或者规定得不够全面时，法院直接适用宪法来解决案件并无不当。

第二，从我国立法体制来看，法院有直接适用宪法的空间。我国的立法体制具有多层次、多主体的特点，既有全国统一适用的法律和行政法规，又有大量的地方性法规。这种体制的优点是能够使法律的规定和实施与地方的特殊情况相符合，但也可能出现法制不统一的现象，当各种法律、法规之间的规定不一致甚至相互矛盾时，法院不能裁决何种法律、法规与宪法相符合，为避免地方保护主义和部门保护主义对司法权威产生消极影响，作为适用法律的司法机关，有权选择适当的法律予以适用，当同位法的规定不一致或相互矛盾时，法院或者选择其中之一予以适用，当案件的处理涉及公民基本权利时，可以直接适用宪法，这是符合法理的。

第三，从我国的法律解释体制来看，法院有直接适用宪法的空间。适用法律必然会涉及解释问题，我国现行宪法规定全国人大常委会是解释宪法和法律的机关，但是由于宪法没有详细规定宪法解释的提请程序，也没有规范解释权，使得全国人大常委会的解释难以启动，导致实际生活中需要解释宪法时，得不到全国人大常委会的解释。如改革开放过程中有关土地转让问题、国有企业资产的处理、法律法规相互冲突、规范性文件侵犯公民基本权利等等，不得不频繁启动修宪程序。全国人大常委会不对宪法做出解释，主要是程序上和体制上的不完善造成的：一方面，权力机关不受理公民和法人的宪法控诉，也不受理国家机关之间就权限不明的争执，使得宪法解释权脱离了现实生活层面。另一方面，宪法和法律没有明确国家机关提请全国人大常委会进行宪法解释的程序，当法院需要解决具体案件或者行政机关在行使权力过程中，需要对宪法的条文、原则和精神进行阐释，却没有提请全国人大常委会解释的程序。这一现状是导致我国宪法监督体制运转"失灵"的主要原因之一，如果法院在审理案件过程中需要直接适用宪法，并在适用时对宪法做出解释，在不侵犯全国人大常委会的宪法解释权的条件下，为保证对案件的及时审理，有权对具体案件中应否适用宪法条文做出司法解释，当然，法院的司法解释不是对宪法规范的内涵、宪法的原则和精神所做出的具有约束力的阐释，而是对什么情况下适用宪法以及适用宪法中的哪些条文做出明确的说明，它不是实质意义上的宪法解释，也不能超越宪法权限而侵犯全国人大常委会的权力。

第四，从我国的法院体制来看，法院有直接适用宪法的空间。我国实行民事、刑事和行政案件均由普通法院审理的体制，与普通法系国家法院的管辖权范围大致相同；但在法官的产生、诉讼程序、律师制度以及法院的权限方面又借鉴了大陆法系国家的某些做法。虽然法院不能审查规范性文件的合宪性，但这一体制的特色说明法院在宪法的监督和实施方面必然有所作为。大陆法系的德国、法国由宪法法院和宪法委员会作为专门的宪法监督机关，但以行政法院对抽象行政行为的审查作为补充，法国宪法委员会不受理宪法诉讼，但行政法院体制相当完善，并设权限争议法庭处理普通法院和行政法院管辖权的争端，权限争议法庭在 1873 年布朗戈案中裁决，国家公务活动侵害公民权益不受民法原则的支配，而属于行政审判的范围。① 据此，法国行政法院在一系列的判决中确认议会的立法行为以及议会中的行政管理活动应负赔偿责任。② 同时，行政法院有权审查抽象行政行为是否合法。所以，在排除普通法院审查法律的合宪性的同时，必然要在体制上为公民基本权利的司法保护提供相应的途径。我国没有专门的行政法院，行政案件由普通法院管辖，而普通法院在审理涉及公权力的案件时有时不得不根据宪法原则做出判断，以保护公民的基本权利并监督行政机关执行法律。

四　结语

我国的宪法监督体制和法院体制说明法院有直接适用宪法的空间，在大力提倡法治并强化法院独立审判的条件下，法院在这一空间内直接适用宪法处理案件，保护公民权利不仅没有越权，而且在实践中提高了宪法权威。如果法院将这一权力运用于公民基本权利的保护的范围，并且不侵入全国人大的立法解释权和宪法解释权，就不会出现违宪的问题。法院适度地适用宪法对于完善我国公民权利的保障体制并进而推动法治进程具有极为重要的意义。

首先，可以在现行宪政体制下形成权力机关和司法机关共同监督宪法实施的体制。权力机关对宪法的监督实施起了重要的作用，但在审查范围上仅仅限于法律法规和其他规范性文件，法院在涉及公民基本权利的案件中如果能够直接适用宪法，在客观上扩大了宪法监督的范围，从某种程度上来说弥补了我国现行宪法监督体制的缺陷。

其次，在不改变现行宪法制度框架的前提下，权力机关和司法机关在宪法监督方面的分工，有利于全国人大宪法解释权的启动。在全

---

① 王名扬：《法国行政法》，中国政法大学出版社，1988，第575页。
② 皮纯协、何寿生：《比较国家赔偿法》，中国法制出版社，1998，第22页。

国人大常委会解释宪法权难以启动的情况下，应当充分发挥其他国家机关尤其是法院在宪法的监督实施中的作用，以保证宪法在我国的社会生活中真正体现出根本法的权威。法院是具体适用宪法解决纠纷的机关，与公民的日常生活发生极为密切的联系，对法律适用过程中法律法规的违宪问题容易发现，虽然无权宣布其违宪，但有权提请全国人大常委会解释；在审理非国家权力对公民权利的侵犯案件时也可以进行司法解释。

（本文原载于《华东政法学院学报》2002 年第 3 期）

宪法实施的观念共识与行动逻辑

苗连营*

宪法实施是任何一个成文宪法国家都极为关注的法治课题。在我国，宪法更是"与国家前途、人民命运息息相关。维护宪法权威，就是维护党和人民共同意志的权威。捍卫宪法尊严，就是捍卫党和人民共同意志的尊严。保证宪法实施，就是保证人民根本利益的实现"。①但长期以来，我国宪法实施中所存在的种种不足与缺憾又令人深感纠结而难以释怀。对这一问题的关注和讨论甚至成了当代中国宪法学术史上一个难以破解的"哥德巴赫猜想"。

一 宪法实施的意义界定及其现实图景

宪法自其在近代诞生以来，便承载着人类诸多美好的政治理想与价值追求，而如何让纸面上的宪法成为现实中的宪法，如何让宪法的原则和精神成为社会秩序演变与维新的法治动因，则有赖于静态的宪法规范转化为动态的宪法实施过程。正所谓"宪法的生命在于实施，宪法的权威也在于实施"。的确，宪法的权威不是来自于宪法文本的自我宣示，更不是来自于理论上的推理和论证，而是来自于宪法的实效和行动，来自于社会的认可和忠诚，宪法的价值和意义只有通过实施方能得以体现。

---

* 苗连营，郑州大学法学院教授。

① 习近平：《在首都各界纪念现行宪法公布施行 30 周年大会上的讲话》（2012 年 12 月 4 日），http：//news. xinhuanet. com/politics/2012 - 12/04/c _ 113907206. htm，最后访问日期：2013 年 8 月 5 日。

　　抽离于纷繁复杂的知识观与方法论之纠缠，宪法实施实际上就是适用宪法规范处理宪法争议、矫正违宪行为的活动，其关键在于通过对公权行为的合宪性进行审查与监督以保护公民权利不被漫天飞舞的权力之剑所击伤。这是由宪法根本的价值取向与功能定位所决定的。从这个意义上讲，宪法政治可以分为三个阶段：通过制定和修改宪法而实现有宪可依，通过执行和遵守宪法而实现依宪办事、依宪治国，通过宪法实施（包括违宪审查、宪法监督、宪法诉讼等）而实现违宪必究。第二个环节与第三个环节有着不同的旨趣，在依宪办事、依宪治国的语境下，宪法和其他诸多法律一样，只是执政者治国理政手段之一"器"；而在违宪必究的理念下，宪法的锋芒则直指各种权力主体的违宪行为，涉及的主要是权利保障的宪制性问题以及由此而产生的权力存在和行使的正当性问题，这在任何一个社会都带有全局性和根本性的意义。

　　对于我国宪法的实施状况，基于不同学术立场和认识标准自然会做出不同的评价。一种观点认为，国家机关依据宪法做出具体行为都是实施宪法的表现，其中，立法机关依据宪法制定法律等规范性文件的行为，是宪法实施的主要表现形式。[①] 另一种观点则更为开放，认为宪法制定后由议会通过立法将其转化为具体法律规范，有关国家机关执行、适用这些法律，社会团体、公民遵守这些法律，都是在实施宪法。[②] 其实，立法机关的立法行为以及其他国家机关依据宪法而做出的行为都是其在宪法范围内正常行使职权、履行职责的依宪办事的体现，社会组织和普通公民自觉遵守宪法的活动更是与宪法实施不可同日而语。它们与通过对违宪行为进行纠正而使宪法争议得到消弭、宪法权威得到维护的宪法实施有着本质的不同。对宪法实施做这样宽泛的解读，不仅淹没了宪法实施的真义与精髓，而且会进一步隔膜人

① 参见宪法学编写组《宪法学》，高等教育出版社、人民出版社，2011，第296～297页。
② 参见马岭《违宪审查相关概念之分析》，《法学杂志》2006年第3期。

们对宪法的认知和敬仰。当然，我们不能否认宪法的遵守与执行具有重要意义，更不能否认我国宪法所确立的基本制度和原则已经得到了很好的贯彻落实，但这毕竟不同于使宪法层面的纷争与冲突得以有效解决的宪法实施。

当下在学界引起广泛关注的政治宪法学立足于对中国宪法实质内容的解构，一方面认为中国宪法得到了实施，当然，这主要是靠执政党和政府进行的政治机制意义上的实施；另一方面又认为中国宪法没有得到实施，因为中国目前"没有创设出政治的或法律的机制让公民合法公开地挑战公共权力机构行为的合宪性，并由权威机构做出裁决"。① 这种宪法实施的二分法在一定程度上调和了规范与现实、应然与实然之间的紧张关系，但从宪法的功能定位而言，第二个方面的问题，即宪法上的人权条款以及围绕人权保障而编织起来的公权力运行规则的真正实施，才是宪法实施的要害。我国宪法实施的关键和难点同样"在于公民宪法权利的保障与落实"，② 否则，宪法就失去了其作为"根本法"所应该具有的价值属性与内在品质。虽然我国现行宪法建立起了比较完善的公民基本权利体系以及保障人权的制度框架，尊重和保障人权也被宪法修正案申明为是国家的责任，但是，公民目前还无法拿起宪法的圣典并通过宪法渠道去捍卫自己的权利；各种各样的违宪行为还难以通过宪法途径而加以遏制与矫正；调整公权与私权以及国家权力之间相互关系（如部门之间的权力之争，央地之间的利益博弈等）的宪法机制尚未建立或运转起来。而只有这种意义上的宪法实施才能真正让公民感受到宪法的存在和意义，感受到宪法与自己的命运和利益息息相关，也才能真正让人们从心底深处生发出对宪法的敬仰与信赖。

长期以来，我国学术界关于宪法实施的研究，往往绕开了公民与

---

① 陈端洪：《论宪法作为国家的根本法与高级法》，《中外法学》2008 年第 4 期。
② 韩秀义：《中国宪法实施的三个面向》，《开放时代》2012 年第 4 期。

社会这一基座而直接切入到作为宪法实施制度安排的宪法监督方面，这可能主要是由于宪法对全国人大和全国人大常委会"监督宪法的实施"的职权有明确规定，而且，宪法关于"改变或者撤销"有关规范性文件的规定，实际上所涉及的正是违宪行为中最典型的立法性行为。由此，我国宪法关于宪法监督的制度性建构及其运作，便成为人们认识和评价我国宪法实施状况的基本依据。虽然这一体制在理论上具有不言自明的合理性与优越性，但其在实践中的表现却差强人意，因为迄今为止监督宪法实施的机关还没有公开"以宪法的名义"宣布过任何一个法律法规或公权力行为因违宪而无效。可以说，"它原本就是一个没有实效性的、庶几处于怠滞状态的'制度'，表现在法定的'监督主体'对违宪审查活动始终保持着一种消极不作为的立场。"① 现实中屡屡发生的违宪事件与宪法监督制度的长期虚置形成了巨大的反差，这一尴尬局面使得任何关于我国宪法实施制度合理性与优越性的学理论证都显得苍白无力。

与宪法实施的沉寂局面形成鲜明对照的是，学术界对这一问题的研究却一直是锲而不舍，不仅其他国家宪法实施的基本理论、制度模式、运作实践被大量引介进来，而且对如何完善和启动中国的宪法实施监督制度，学者们更是皓首穷经，提出了各种各样的思路和方案。然而，总的看来，这些研究成果"缺少对宪法实施的实际状况的精确描述，问题意识薄弱，无法有效地发现问题和提出解决问题的有效方案"②。其实，在宪法监督制度长期休眠的情况下，让学者们对宪法实施的实际状况做精确描述是办不到的，其所能做的也只能是这种纸上谈兵式的坐而论道。而且，令人扼腕的是，这些建言献策迄今为止既没有引起民间的参与和兴趣，也没有引起决策层的回应和互动，以至于宪法实施仍然是一个剪不断、理还乱的愁结和谜团。

---

① 林来梵：《中国的"违宪审查"：特色及生成实态》，《浙江社会科学》2010 年第 5 期。
② 莫纪宏：《宪法实施状况的评价方法及其影响》，《中国法学》2012 年第 4 期。

二　制度变革的困局与宪法实施的障碍

宪法是根本法，谁也不愿意它成为一个无所作为、"没有牙齿"的摆设；宪法是人权保障书，谁也不愿意它成为一纸高高在上、远离民众的具文。面对我国宪法实施的困境，学者们一直在孜孜探究其中的症结与根源。

长期以来一种相当流行的观点认为，目前我国由全国人大及其常委会监督宪法实施的体制存在着难以克服的内在缺陷，因为宪法实施的一项重要内容就是确保包括法律在内的一切规范性文件不得与宪法相抵触，而让最高国家权力机关自己监督自己所制定的法律，违背了"自己不能做自己的法官"以及"监督者应当具有高于被监督者的权威"等基本的监督规律和原则。这确实是一个问题，但又解释不了所有的问题。因为在我国的法律体系中，除了法律之外，还有数量远远多于法律的各种法规、规章以及名目繁多、内容庞杂的各种决定、命令等规范性文件。这些立法性文件不仅量大面广，而且由于层级较低以及立法水平等因素的影响，其违宪的可能性和危险性更大，现实情况也确实如此。综合宪法和立法法的规定，它们都属于违宪审查的对象。然而，到目前为止，还没有发生过这些规范性文件因违宪违法而被撤销的情形。如果说对全国人大及其常委会的立法进行宪法性审查存在障碍的话，而拥有宪法监督权的最高国家权力机关从未对低位阶的立法进行过正式的审查监督，这恐怕是难以用"自己无法监督自己"的逻辑去解释的。

与这种观点相连的理由还有，全国人大及其常委会之所以未能有效地行使监督宪法实施的职权，是由于缺少专事宪法监督的机构以及健全的监督程序与方式。为此，学界耗费了巨大的学术资源和精力设计了种种对策性方案，以期完善和启动我国的宪法监督制度。其中，被认为最可行的主流性思路就是设立一个隶属于全国人大及其常委会的宪法委员会，因为这既不会与我国现行的宪法体制相冲突，又可以增强宪法监督的实效性。然而，即使这样一个稳妥甚至有些保守的方案也始终未能付诸实施。《立法法》显然希望在违宪违法审查方面有所作为，初步规定了相应的审查机制和程序，此后还专门成立了"法规审查备案室"。尽管这些规定非常小心和谨慎，程序环节也设计得相当详尽甚至烦琐，[①] 但即便如此，这些规定仍然被束之高阁，无论是审查机构还是实施机制都还尚未运转起来。"孙志刚案"发生后，三位博士建议对《城市流浪乞讨人员收容遣送办法》进行违宪审查。这曾被视作是开启我国违宪审查之先河的难得契机，但最后以国务院自行宣布废止这一"已经不适应新形势需要"的行政法规而告终结。"唐福珍案"发生后，五位教授上书全国人大常委会，认为《城市房屋拆迁管理条例》与宪法相抵触，建议对其进行审查。时隔一年之后经过反复的征求意见和利益博弈，国务院出台了《国有土地上房屋征收与补偿条例》，但法定的违宪审查程序仍然没有启动。看来，寄希望于通过设置机构、完善程序来启动我国的宪法实施似乎不太可行。原因可能很简单，这些环节都只不过是宪法实施链条中的"末枝"而不具有决定性的意义。

超越上述制度决定论的局限，有学者敏锐地认识到，违宪审查制度的理论前提是议会的立法权不是绝对的，而应该受作为根本法的宪法的约束，但我国的民主集中制并不接受这一理论，全国人大及其常委会制定的法律实际上无所谓合不合宪。[②] 然而，在任何代议制民主政体之下，由于存在着代议机关与人民相分离这一客观事实，代议机关都有背离民意的可能和危险，也都有背离体现人民根本意志的宪法的可能和危险，因此，"全国人大及其常委会无论在逻辑上还是理

---

① 参见《立法法》第 88、89、90、91 条之规定。

② 参见洪世宏《无所谓合不合宪法：论民主集中制与违宪审查制的矛盾及解决》，《中外法学》2000 年第 5 期。

论上都有违背制宪者意愿的可能，从而陷入'作为立法者的人民'反对'作为制宪者的人民'之伦理困境。"① 不过，即使出现这种困境也不难解脱，因为全国人大拥有的修宪权和全国人大常委会拥有的释宪权，完全可以使其通过修改宪法或者重新界定宪法的含义而避免使自己所制定的法律发生违宪的情况。

不管是否承认全国人大有无违宪的可能，都无法回避全国人大的最高性与宪法的最高性之间存在着内在的张力与冲突。如果宪法的最高性高于全国人大的最高性或者与全国人大的最高性相并列，那么，全国人大自然有违宪的可能；如果宪法的最高性从属于全国人大的最高性，那么，全国人大违宪便是一个假问题。在我国的政治哲学传统中，全国人大的"最高性"不仅可以从"一切权力属于人民"的主权原则和全国人大的宪法地位中得到论证，而且可以从其历史渊源和国情特色等方面得到解释。既然主权的本源在于人民，那么，作为人民最高代表者的全国人大自然拥有无可置疑的最高性，而且，这种最高性在我国的宪法体制中是统一而不可分的。而我国宪法则主要是因为其"以法律的形式确认了中国各族人民的奋斗成果，规定了国家的根本制度和根本任务"，所以才成为"国家的根本法，具有最高法律效力"。因此，我国宪法的最高性，并非因为它是由什么"始源性权力"制宪权所创制的。那种"创制宪法的权力"与"被宪法所创制的权力"之区分，以及宪法是一种先于政府的存在之"高级法背景"，在中国的宪法理论与实践中只是一种西方的神话。

其实，我国的宪法和普通法律都是由全国人大所创制的，都是最高国家权力机关的立法意愿，进而也都体现着人民的意志。在这种情况下，怎么能够区分同一立法主体的意志有高低之别呢？又怎么能够用全国人大自己通过的宪法去否定自己制定的法律呢？而且，我国宪法中不少地方都是把宪法和法律相并列的，从这些表述中也很难看出

---

① 王旭：《我国宪法实施中的商谈机制：去蔽与建构》，《中外法学》2011 年第 3 期。

宪法有哪些独特于法律之处，最典型的如第 5 条之规定："一切违反宪法和法律的行为，必须予以追究；任何组织或者个人都不得有超越宪法和法律的特权"等。因此，全国人大的最高性与宪法的最高性并不是并列地存在，全国人大的最高性在理论上是绝对的、自洽的，而宪法的最高性是相对的，是由全国人大通过"宪法"的形式所赋予的。① 在我们的宪法观念中，宪法获得根本法地位的主要原因在于它记载了普通法律无法涵盖的一些特别重要的内容，为了保护这些内容不被怀疑和破坏，就需要借用宪法这样一种特殊的法律形式确立其与众不同的独特地位和权威。所谓"一切法律、行政法规和地方性法规都不得同宪法相抵触"；一切机关、组织和个人"都必须以宪法为根本的活动准则"等，只是全国人大通过宪法对法律体系的位阶所做的安排以及对社会所发出的宪法动员与号召，是全国人大认可并鼎力追求的一种宪法秩序。就此而言，立法法将全国人大的法律排除在违宪审查的范围之外并非匪夷所思的事情，这也注定了我国宪法实施的宿命。

如果说，对法律进行违宪审查存在着上述法理上的难题的话，那么对低位阶立法以及行政和司法行为进行审查则不存在任何理论上和体制上的障碍，而这方面的监督为什么也千呼万唤不出来呢？这恐怕主要得归咎于"非不能也，是不为也"的态度问题了。"一方面是为政者或许会担忧'违宪审查'制度的彻底完善，可能将'冲击或打破迄今在现实中形成的政治权力分配格局'，改变现实中的政治力学关

---

① 梁慧星教授认为：在我国的人大制度下，全国人大一经成立，就拥有全部国家权力，包括制定宪法的权力以及立法权；这些权力直接来自人民，而不是来自宪法的"授权"（参见梁慧星《不宜规定"根据宪法，制定本法"》，《社会科学报》2006 年 11 月 16 日）。对梁慧星教授的观点，童之伟教授在《立法"根据宪法"无可非议——评"全国人大立法不宜根据宪法说"》（《中国法学》2007 年第 1 期）等文中做了深入而系统的回应。对"人大至上"还是"宪法至上"的讨论，还可参见洪世宏前引文和张千帆教授的《论宪法的选择适用》一文。笔者无意在此评介上述学术争鸣，但全国人大的最高性与宪法的最高性之间的关系确实是一个值得深入思考的问题，对该问题的认识，可能是理解具有中国特色的宪法体制和宪法理论的一把钥匙。

系；另一方面则是，在许多人看来，30 年来的改革开放及市场经济建设，在一定程度上均是在'违宪'状态下进行的，一旦确立动真格的'违宪审查'制度，则反而会'捆绑了改革的手脚'。"① 这种揣测能否成立有待考证，但一个不争的事实是，在我国传统的政治文化和实践中，人们往往希望通过道德教化和个人自律来达到修齐治平的理想境界，有效的权力监督与制约则一向是政治结构中的短板。《立法法》所设计的宪法监督机制同样有浓厚的自我纠错和自我约束色彩，即如果认为行政法规、地方性法规等有可能存在违宪情形时，只有在经过反复的沟通、协商、反馈之后，制定机关仍然不予修改的，才可能启动"撤销"这一具有较强威慑性的外在监督机制。而且，即使这样一种对被监督者极留"面子"、极为温和的监督方式到目前为止也仍然处于休眠状态。或许监督者和被监督者都还没有做好这方面的心理准备，因为国家机关之间的直接对立与叫板不符合我们的政治伦理和习惯；或许当通过内部的沟通、协商就可以解决问题的时候，外部的监督与制约并非是高明的选择；或许在各国家机关有着共同的目标与使命、共同的政治定位与信念的情况下，这种激烈的对抗式监督根本就没有必要。

　　鉴于对公权力行为进行违宪审查目前存在着难以逾越的瓶颈，有学者另辟蹊径，提出了宪法私权诉讼制度的设想，即将我国的宪法实施机制按两方面建设：一是宪法监督或违宪审查权由全国人大行使，主要保证各国家机关依宪法行使职权；二是由法院行使宪法的私权诉讼，可在具体案件中适用宪法，主要用于解决宪法上的公民私权冲突，从而通过宪法私法化把宪法司法化起来，以激活宪法。② 这样一种先易后难、从外围到内核的策略选择，具有很强的实践理性和学术诱惑力，它可以绕开违宪审查这一难点而启动宪法实施，从而拉近宪法与

① 林来梵：《中国的"违宪审查"：特色及生成实态》，《浙江社会科学》2010 年第 5 期。
② 参见蔡定剑《中国宪法实施的私法化之路》，《中国社会科学》2004 年第 2 期。

民众的距离，并为实质性的违宪审查创造条件、寻找时机。然而，"齐玉苓案"的司法解释被废止正式宣告了宪法私法化或宪法司法化的寿终正寝，也宣告了通过宪法私法化走宪法司法化之路行不通。①2010 年旬阳县人民法院在"余崇华诉安康市尧柏水泥有限公司土地侵权纠纷"一案中也适用了宪法，但是，该案仅仅是在论证部分引用现行宪法之规定否定了原告于 1953 年根据《共同纲领》之规定所取得的《土地房产所有权证》的法律效力和证据效力，但在判决依据中则刻意回避了宪法而直接援引的是《森林法》的有关规定。②因此，该案不具有宪法实施的示范性意义，也不是人们企盼激活宪法条款的产物；更重要的是，宪法如果以这种角色介入私权诉讼，那它不仅不能成为公民权利的守护神，反而可能成为降服公民权利诉求的紧箍咒，由此将可能极大地摧毁公民对宪法的信心，使本来就十分脆弱的宪法意识雪上加霜。

我国的宪法实施除遭遇了上述制度上的困局之外，还面临着文本自身的难题。把既有的"民主事实""革命成功""改革开放"等"各族人民奋斗的成果"，不断地用根本法的形式加以确认和巩固，是我国宪法的首要任务和重要内容。因此，宪法的主要功能并不在于为未来提供一套政治运行规则，设计一套宪法纠纷解决机制，而在于对既成事实的确认。这种事实性的描述和记录当然不存在实施的问题。而宪法中的不少禁止性条款，又往往是前述确认性条款的延续，是进一步补强对既有成果的保护，而且这些条款针对的主要是普通的"组织和个人"而非应该作为违宪主体的国家机关。此外，宪法还规定了大量的政策性条款、纲领性目标以及经济制度、公民的积极权利和宪

---

① 其实，在"齐玉苓案"的第一波学术讨论热潮中，就有学者冷静地提出了此案面临的困局与难题。参见童之伟《宪法司法适用研究中的几个问题》，《法学》2001 年第 11 期；许崇德、郑贤君：《"宪法司法化"是宪法学的理论误区》，《法学家》2001 年第 6 期。

② 参见《原告余崇华与被告安康市尧柏水泥有限公司土地侵权纠纷一案》，http：//www. 110. com/panli/panli_ l1162496. html，最后访问日期：2013 年 8 月 5 日。

法义务等方面的内容。宪法对这些事项的规定不仅体现了宪法观念上的混乱以及对宪法性质与功能的误读，而且由于这些条款的共同特征是难以甚至不可能获得实施，其结果反而是极大增加了实施宪法的难度。① 在宪法文本呈现如此面貌的情况下，在宪法条款已经成为客观事实或者难以实施的情况下，无论是制宪者，还是普通民众，自然不会对宪法实施抱太多的热情与期盼，更难以形成浓郁的保障宪法实施、捍卫宪法尊严的社会氛围。实际上，除了学者们对宪法实施倾注了巨大的学术热情之外，许多人可能并没有把它放在心上，套用"无所谓合宪不合宪"那句话，似乎也可以说"无所谓宪法实施不实施"。

　　行文至此，或许可以发现目前我国宪法实施的各种制度路径均存在着堵塞的困境。为此，我们没必要再沉湎于各种各样的方案准备和制度设计之中了，或者说根本就没有必要进行这些超前性的工作。问题的关键可能是首先要扎实有效地为宪法实施培育肥沃的社会土壤，并在此基础上充分利用现有的制度资源去努力寻找宪法实施的突破口和切入点。只有在宪法实施真正启动之后，才能为相关制度的建构与完善提供丰富的实证经验和理性思考，也才能使对相关制度和理论的检验与调适建立在真实生动的法治实践之中。

三　"造因工程"与宪法时刻：未来的坚守与期待

　　要打破宪法实施的沉寂局面，显然已经无法指望通过制度上的建言献策而求得毕其功于一役的效果。在制度创新屡屡受挫和举步维艰的情况下，就只有回过头来扎扎实实地培育和寻找法治建设的内生性能量。当然，我们也不能单纯依赖自然而然的渐进发展被动地静观其变，而应当积极争取在关键的临界点上经由宪法时刻的洗礼而实现宪

---

　　① 参见张千帆《论宪法的选择适用》，《中外法学》2012 年第 5 期。

法实施的突破。中国的宪法实施需要一种具有标志性意义的宪法时刻，[①] 需要一个撬动宪法实施的契机与支点，而这一时刻的到来，既需要我们耐心地寻求与等待，更需要积极创造条件以催生它的早日降临；在缺乏必要的前提条件的情况下，任何热诚的追求和美妙的设想都可能沦为孤芳自赏式的理论自慰。

从外观上看，宪法实施表现为一套合理而完善的制度建构及其有效运转，但是这套制度必须立基于一系列的社会政治经济文化条件之上，否则，只能是沙地造屋。可以说，中国的宪法实施问题从根本上讲不在宪法实施自身，而在于宪法实施之外的因素，在于宪法实施的前提条件是否已经具备。对于这一条件，政治宪法学认为，中国的现代化最为关键的是"立国"，是如何建构权力的问题。"立国"构成了最终的权利保护的有效前提。[②] 当然，这也是宪法有效实施的政治前提。规范宪法学则强调一个国家、一个社会要产生出名实相符的宪法，就要向它提供对其成活是恰到好处的水土条件，宪法必须在国家和社会的怀抱里成长。[③] 应当看到，我国的政治生态正在日趋成熟和理性，民主、法治、人权已经成为政治发展中的关键词，公开、透明、协商、参与以及已经制度化的选举、基层群众自治等则为公民真实体验宪法生活提供了现实可能；市场化的经济改革启动了中国社会由一元性走

---

① 纽约大学教授威勒认为：在所有政治体的历史上，都有一些难忘的、与宪法秩序的重大变迁相关的"宪法时刻"（constitutional moment），它们所反映的是大众精神或社会自我意识深刻变化的开始或终结（转引自李勇《欧盟迎来"宪法时刻"》，《南风窗》2005 年第13 期）。阿克曼认为美国宪法诞生以后就像一座活火山一样一共喷发了三次：独立战争后的"建国"、南北内战后的"重整"、经济大萧条后的"新政"。每次爆发期间，美国社会都会以不同于日常政治的程序进行对话和辩论，最后做出修宪决定。重新开始的日常政治便在这样一个新的共识基础上运作（参见苏永钦《中国语境中的宪法时刻》，《法令月刊》第 59 卷第 12 期）。当然，本文所使用的宪法时刻这一概念，不是阿克曼意义上的那种异乎寻常、全民沸腾的时刻，而仅仅意在寻找我国宪法实施的历史机遇和突破口。

② 参见高全喜、田飞龙《政治宪法学的问题、定位与方法》，《苏州大学学报》2011 年第 3期。

③ 参见林来梵《从宪法规范到规范宪法：规范宪法学的一种前言》，法律出版社，2001，第261 页。

向多元化的历史进程，推动着利益格局的分化重组和社会结构的全面转型，强化着全社会的权利意识和民主法治观念；公共空间的逐步拓展与开放，社会舆论的日益活跃与强大活力，为各种利益之间的充分博弈提供了相互交流与沟通的平台，并潜移默化地滋养着宽容、妥协、合作的多元主义宪法文化。所有这些都在为宪法实施创造着不可或缺的历史性前提。而在宪法得以有效实施的诸多水土条件中，宪法理念的启蒙与更新无疑具有观念上的先导性意义，同时，这也是我国法治建设中一项极为复杂艰难的基础性工作。

　　经过 30 多年的社会转型与法治重建，尤其是依法治国方略的确立和人权保障条款的入宪，有学者认为我国的思想启蒙工作已基本完成，学术研究应当跨越这一阶段而转向具体的个案分析和精细的实证性研究。① 这种研究路向当然具有重要的学术价值和现实意义，也是彰显中国问题意识和学术自主性的必然要求。我们应当反对那种脱离中国问题与经验的纯粹主观宏大叙事，反对那种无病呻吟、故弄玄虚的乖戾习气，更应当反对那种简单地输入与移植的犬儒主义和拿来主义心态，但是，如果认为宪法理念的启蒙在当下中国已无足轻重甚至已经过时，则是一种过于乐观的判断。也许，宪法的价值和意义对知识精英来说已经成为常识，但对社会大众而言则可能仍然显得相当新鲜和陌生。笔者曾经亲身经历的一幕可能真实而直观地反映了普通民众对宪法的基本认识。某地举办的一次宪法知识大奖赛要求每个参赛队表演一个以宪法为内容的节目，而几乎所有的参赛队表演的内容基本上都是诸如"母亲偷看了女儿写的信，学习宪法之后知道自己'违

① 　林来梵教授认为：曾几何时，中国宪法学的一些研究往往脱离实际，徒有空言，但现在一下子则转到了另一个极端：但凡研究一个问题，动不动就被扣问"能不能解决现实问题"。这种极端的实用主义倾向，导致宪法学基础理论的研究不断受到忽视。而许多理论研究却因为紧贴"地面"反而看不见"地面"（林来梵：《中国宪法学的现状与展望》，《法学研究》2011 年第 6 期）。这种倾向还可能导致的结果就是过分强调"特色"和"现实"，从而要么用"特色"去包装"理论"，使理论成为现实的奴婢而失去引领与反思现实的能力；要么用"现实"去剪裁"理论"，使理论成为消解先进文化与价值的屏障。

宪'了""儿媳不孝敬公婆，学习宪法之后知道应该按宪法规定去赡养婆婆"等等之类的话题。这种自由活泼、无拘无束的形式可能比各种考试或问卷调查等更真实地反映了公民的宪法意识。显然，宪法究竟"是什么、是干什么的"，宪法究竟是"管谁的、是保护谁的"？诸如此类最朴素但同时也是最根本的宪法实施中的原点性问题，尚未成为一种基本的社会共识，更未成为公众普遍认知的宪法文化。在宪法的神圣感、崇高感荡然无存的情况下，在人们对宪法的价值和精神缺乏基本认同与感悟的情况下，期望社会成员把自己的命运托付给宪法，并进而形成实施宪法、捍卫宪法而百折不挠的勇气和行动，无异于缘木求鱼；宪法由此也失去了其得以实施的最雄厚的社会基础和力量源泉。"宪法的生命在于实施"，而宪法实施的生命力则在于共同体成员对宪法的敬仰；在一个缺失宪法信仰的社会中，是难以夯实宪法实施的社会根基的。

其实，自近代以来，启蒙问题、民智问题一直是中国思想史上争论不休的话题，并引发了各种政治观念和势力之间此起彼伏的交锋与对垒。梁启超、孙中山等人的训政论强调先开启民智，再实行宪法；而胡适、萧公权等人则认为随时可以开始践行宪法，强调"于实行宪法中'养成民治气质'"。① 然而，不管是训政论，还是反训政论，实际上关注的都是国民能力问题，只不过对于实行宪法与思想启蒙之间的关系认识不同。在这方面，胡适的"造因工程"思想显得尤为深刻："没有我说的'必要的前提条件'，无论是帝制还是共和都不能拯救中国。我们的工作就是提供这些必要的前提条件——去'创造新的

---

① 萧公权曾指出：梁任公认为必先实行开明专制，"牗进国民程度"，才可谈宪法的实行；孙中山认为在施行宪法之先，必须经过训政之阶段。而他本人则认为施行宪法随时可以开始，而且实行的过程实质上也是学习的过程，二者融为一片、不容分割（参见萧公权《宪政的条件》，《独立评论》第 238 号，1937 年 6 月 13 日）。胡适同样认为："民治政治制度本身便是最好的政治训练。这便是'行之则愈知之'；这便是'越行越知，越知越行之'。"（胡适：《我们什么时候才可有宪法》，载欧阳哲生编《胡适文集》，北京大学出版社，1998，第 537 页）

原因'。"① 在社会转型的宏大背景下来审视当下中国的宪法问题，这种"造因工程"思想同样具有鲜明的时代警示意义，其所强调的"前提条件"可能仍然是我们未竟的法治作业。可以说，在宪法生长的思想观念还不成熟的情况下，任何制度上或行动上的单兵突进，都难逃工具主义的历史魔咒；只有经过深入细致的文化积淀和基因培育，才能塑造出一个社会的宪法精神与气质。

要提升全社会的宪法意识，造就立宪主义的缔造者和承担者，最简单有效的途径就是实施宪法，只有当宪法得以实施而能够解决现实生活中各种各样的宪法问题时，宪法才能够成为人们看得见、摸得着的实在之物；只有当宪法成为一部活的宪法而走进寻常百姓的生活空间时，人们才能真切感受到宪法对自己"有用"。一次实实在在的适用宪法的过程，其对公民宪法观念的冲击和影响，要胜过千百遍的学习宣传和思想教育。即使一部宪法存在疏漏与残缺，但只要它能够运作起来，那就远比遥望未来那个完美的制度更接近法治的真谛。只有在不断的行动与实践中，才能积累起宝贵的点点滴滴的行宪经验和智慧，才能使法治进程获得实质性推进，也才能使人们真正习得宪法的规则和精神。

然而，由于目前我国宪法实施面临的上述困境与尴尬，难以指望其成为陶冶公民宪法情操的舞台，反而需要公民宪法意识的勃兴去推动宪法的实施。这就要求我们跳出建构论唯理主义的历史窠臼，摒弃政治浪漫主义的理性自负，充分注意从中国社会的经验与土壤之中汲取宪法的养分，充分关注民间社会所蕴藏的巨大能量与活力。应当看到，近年来所发生的一系列具有轰动性效应的民间维权行动或宪法事

---

① 胡适：《胡适留学日记》，商务印书馆，1947，第832～833页。胡适所强调的"必要的前提条件""创造新的原因"，实际上就是思想启蒙，就是通过积累经济、社会、道德以及思想文化等方面的条件来推行和维护宪法，这些前提条件比宪法规则和制度更具根本性。本节标题中"造因工程"一词正是意图借用胡适先生的概念来指称当下我国宪法实施中所面临的深层次问题。

件，引发了一些制度上的回应与变革，昭示着宪法时代正在向我们走来。但是，虽然这些民间力量的价值和作用不容低估，但其意义毕竟非常有限，其发生具有相当大的偶然性、自发性和不确定性，其所体现的宪法理性还相当稀薄和稚嫩，且尚缺乏一种与制度创新相连接的正常通道，更多时候往往是停留在个案层面的被动性反应和临时性措施，而没有成为催生制度整体性变迁的常态化动因。因此，在既有的秩序框架内，目前还不能对民间力量抱过于乐观的期待，单纯依靠民间行动来唤醒沉睡的宪法条款，仍然是一件十分困难的事情。

职是之故，我们也不能过于沉湎于进化论的魅力而忽视渐进改良的局限，在尊重既有秩序和追求现有制度真正实施的基础上，还应当积极促进作为历史催化剂的宪法时刻的到来，否则，渐进式发展就可能沦为裹足不前、因循守旧的借口。这样的时刻不是不期而至的偶然，而是在各种因素综合作用下艰难促成的历史机遇。它需要全社会对宪法实施产生强烈的期待和诉求，并身体力行地为维护宪法的尊严进行不懈的努力和奋斗；需要政治精英们对宪法实施产生包容性的认同和顿悟，并在立宪主义指引下勇于进行试错和在关键时刻临门一脚的胆魄与智慧。尤其是在我国由政府主导的发展模式中，政治精英阶层的主动选择与积极推动，对于宪法实施来说可能更为高效和便捷，且所付出的成本也会更为低廉。因此，在关注民间活力与创造热情的同时，还应当尊重和激励政治精英们在实施宪法方面的积极性和主动性。这就需要使公权力行使者认识到，宪法不仅是约束公权的利器，同时也是保护所有人的公器。只有在宪法框架内，一切利益博弈才能依照既定的规则与程序和平而有序地进行，所有社会成员的命运和前途（包括政治生命）才具有可靠的安全保障而不会遭遇突如其来的打击与厄运。上层推进宪法实施的动因可能来自于风起云涌的民间诉求，也可能来自于席卷全球的民主法治浪潮，还可能来自于其自省、自觉与自我克制的执政美德，当然，更多情况下应当是诸多因素的有机组合与良性互动。同时，上层的热情和努力终究需要得到民众的认同和支持，才能获得源源不竭的前行动力，而这则有赖于全社会对宪法的共同尊重与信奉。在这些合力的共同作用之下，一些具有里程碑意义的个案或事件，或许会为我们带来期盼已久的宪法时刻，由此成为中国宪法实施的一个全新开端。

（本文原载于《法学》2013 年第 11 期）

丛书后记

受社会科学文献出版社谢寿光社长、恽薇分社长、芮素平主任的信任和邀请，我担任了本丛书的执行主编，统筹了本丛书的出版工作。

本丛书各卷的主编都是我非常尊重的前辈。事实上，就我这一辈法科学生来说，完全是在阅读他们和他们那一辈学者主编的教材中接受法学基础教育的。之后，又因阅读他们的著作而得以窥法学殿堂之妙。不知不觉，时光已将我推到不惑之年。我以为，孔子所讲的"而立""不惑""知天命""耳顺""从心所欲不逾矩"，都是针对求学而言。而立，是确立了自己的方向；不惑，是无悔当下的选择；知天命，是意识到自己只能完成这些使命；耳顺，是指以春风般的笑容迎接批评；从心所欲不逾矩，指的是学术生命的通达状态。像王弼这样的天才，二十来岁就写下了不可磨灭的杰作，但是，大多数人还是循着孔子所说的这个步骤来的。有意思的是，在像我这样的"70后"步入"不惑"的同时，中国的法律发展，也开始步入它的"不惑"之年。法治仍在路上，"不惑"非常重要。另一方面，法律发展却与人生截然不同。人生是向死而生，法律发展却会越来越好。尤其是法治度过瓶颈期后，更会越走越顺。尽管改革不易，但中国法治必胜。

当代中国的法治建设是一颗浓缩丸，我们确实是用几十年走过了别的国家一百年的路。但是，不管是法学研究还是法律实践，盲目自信，以为目前已步入经济发展的"天朝大国"，进而也步入法学和法律实践的"天朝大国"，这都是非常不可取的态度。如果说，改革开放以来的法律发展步入了"不惑"，这个"不惑"，除了坚信法治信念之外，另一个含义就应该是有继续做学生的谦逊态度。"认识你自己"和"认识他者"同等重要，由于学养仍然不足，当代人可能尚未参透中国的史与今，更没有充分认识世界的法学和法律实践。中国的法律人、法学家、法律实践的操盘手，面对世界法学，必须有足够的做学生的谦逊之心。

除了郑重感谢各位主编，丛书的两位特约编辑张文静女士和徐志敏女士，老朋友、丛书责编之一李晨女士也是我必须郑重致谢的。

董彦斌
2016 年早春

图书在版编目（CIP）数据

依宪治国/韩大元主编.—北京：社会科学文献
出版社，2016.3
　（依法治国研究系列）
　ISBN 978 - 7 - 5097 - 8147 - 0

　Ⅰ.①依…　Ⅱ.①韩…　Ⅲ.①宪法 - 研究 - 中国 ②社
会主义法制 - 建设 - 研究 - 中国　Ⅳ.①D920.4

　中国版本图书馆 CIP 数据核字（2015）第 232644 号

·依法治国研究系列·

依宪治国

主　　编／韩大元

出 版 人／谢寿光
项目统筹／芮素平
特约编辑／张文静　徐志敏
责任编辑／李　晨　恽　薇　侯春杰

出　　版／社会科学文献出版社·社会政法分社（010）59367156
　　　　　　地址：北京市北三环中路甲 29 号院华龙大厦　邮编：100029
　　　　　　网址：www. ssap. com. cn
发　　行／市场营销中心（010）59367081　59367018
印　　装／北京季蜂印刷有限公司

规　　格／开　本：787mm × 1092mm　1/16
　　　　　　印　张：16.75　字　数：221 千字
版　　次／2016 年 3 月第 1 版　2016 年 3 月第 1 次印刷
书　　号／ISBN 978 - 7 - 5097 - 8147 - 0
定　　价／69.00 元

本书如有印装质量问题，请与读者服务中心（010 - 59367028）联系